改正民法・品確法対応

Q&A 住宅紛争解決ハンドブック

第二東京弁護士会
住宅紛争審査会運営委員会
編著

ぎょうせい

◆はしがき◆

　この度第二東京弁護士会住宅紛争審査会運営委員会が『改正民法・品確法対応　Q&A住宅紛争解決ハンドブック』を発刊するに至りました。

　同委員会は住宅品質確保促進法（品確法）に基づいて第二東京弁護士会住宅紛争審査会の運営を主たる目的とし，一方で住宅紛争審査会に係属する紛争処理事件の処理に建築士と共に携わり，一方で会員向けの研修も活発に行っております。

　今回の民法（債権関係）の改正は，幅広い分野に適用されるものですが，住宅問題，特に従来の瑕疵担保責任に関する問題に特化したQ&A形式の書物として実務経験豊富な弁護士によるものとして専門性が極めて高く，その一方で分かりやすさも追求した書物として傑出したものであると確信しております。

　本書が，弁護士のみならず，住宅関連の関係者並びに住宅を取得する一般消費者にとって有益な書物となることを心より願っております。

　平成29年8月

　　　　　　　　　　第二東京弁護士会会長　　伊　東　　　卓

◆監修者を代表して◆

　第二東京弁護士会住宅紛争審査会運営委員会は，住宅品質確保促進法（品確法）に基づいて第二東京弁護士会が運営する住宅紛争審査会の運営を担当するメンバーで構成される委員会です。

　委員会のメンバーには，紛争審査会の紛争処理委員を担当する弁護士もおり，それぞれ責任のある紛争処理を実行すべく，毎年行われる紛争処理委員向け研修以外にも自己研さんに取り組んでおります。

　今回民法（債権関係）の改正法の成立に伴い，住宅紛争で最も多いといわれる瑕疵担保責任の問題並びにそれに付随する問題について，委員それぞれが日頃の研究の成果をQ&A形式で表してみました。

　執筆者がQ&Aを作成した上で，監修者が内容を再検討し，正確性をより確保し，読者にとって重要な情報をより的確に提供することに心がけました。

　民法は幅広い分野に適用され，瑕疵担保規定（「瑕疵」という文言は今後使用されなくなりますが）も全ての売買，請負契約に適用されます。そこで住宅関係に特化して民法改正が与える問題点を整理する必要があることから，本書を執筆いたしました。特に新築住宅に関しては品確法に基づく瑕疵担保責任との関連があり，専門的な見地から詳しく説明を実施しており，民法改正に伴う住宅関連の問題に焦点を当てた秀逸な内容となっております。

　住宅の提供者・取得者並びにそれぞれの関係者にとって有益なものとなることを心から願っております。

　最後に執筆者の奮闘に心より敬意を表し，当委員会の益々の発展を心より願っております。

平成29年8月

弁護士　犬　塚　　　浩

執筆者等一覧

監修者

犬塚　　浩（いぬづか・ひろし）／京橋法律事務所
河合　敏男（かわい・としお）／河合敏男法律事務所
小林　　誠（こばやし・まこと）／立﨑・小林法律事務所
日野　義英（ひの・よしひで）／東京八丁堀法律事務所
山田　敏章（やまだ・としあき）／石井法律事務所

編集者

大橋　正典（おおはし・まさのり）／愛宕山総合法律事務所
楠　　　慶（くすのき・けい）／ひかり総合法律事務所
竹下　慎一（たけした・しんいち）／竹下法律事務所
南淵　　聡（みなみぶち・さとし）／九段北シティ法律事務所
宮田　義晃（みやた・よしあき）／京橋法律事務所
吉田可保里（よしだ・かほり）／T&Tパートナーズ法律事務所

執筆者

阿部　通子（あべ・みちこ）／竹橋法律事務所
磯部　　まな（いそべ・まな）／三菱重工業株式会社総務法務部
稲垣　　司（いながき・つかさ）／石井法律事務所
今井多恵子（いまい・たえこ）／ist総合法律事務所
上田　裕介（うえだ・ゆうすけ）／弁護士法人法律事務所オーセンス
大橋　正典　上　掲
小川　隆史（おがわ・たかし）／ひかり総合法律事務所
川端　啓之（かわばた・ひろゆき）／中野坂上法律事務所
川本　一徳（かわもと・かずのり）／ウェール法律事務所

蒲原　茂明（かんばら・しげあき）／野田総合法律事務所
楠　　慶　　上　掲
柴田　亮子（しばた・りょうこ）／キーストーン法律事務所
鈴木　隆志（すずき・たかし）／新堂・松村法律事務所
髙杉　謙一（たかすぎ・けんいち）／共永総合法律事務所
髙原　崇仁（たかはら・たかし）／森大輔法律事務所
武井　宏晶（たけい・ひろあき）／弁護士法人大西総合法律事務所横浜事務所
辻　勲雄（つじ・いさお）／新橋辻法律事務所
永盛　雅子（ながもり・まさこ）／株式会社ザイマックス法務部
牧野友香子（まきの・ゆかこ）／原後綜合法律事務所
宮田　義晃　　上　掲
宮野　浩臣（みやの・ひろおみ）／小山・宮野法律事務所
森下　寿光（もりした・としみつ）／日本橋フォーラム綜合法律事務所
吉田可保里　　上　掲
吉村　薫（よしむら・かおる）／弁護士法人霞門法律事務所
和久田玲子（わくだ・れいこ）／T&Tパートナーズ法律事務所

［五十音順／所属は執筆時］

◆目　次◆

I　新築売買

Q1 不動産売買契約の締結の具体的流れと注意点等 ……………… 3
 1　物件調査等 …………………………………………………… 3
 2　重要事項説明 ………………………………………………… 4
 3　契　約 ………………………………………………………… 4
 4　代金決済，引渡し …………………………………………… 6

Q2 手付解約，ローン解約 …………………………………………… 8
 1　手　付 ………………………………………………………… 8
 2　ローン条項 …………………………………………………… 11
 3　設問の解答 …………………………………………………… 13

Q3 契約締結上の過失 ………………………………………………… 15
 1　契約締結上の過失 …………………………………………… 15
 2　交渉破棄型の契約締結上の過失についての裁判例 ……… 18
 3　損害賠償の範囲 ……………………………………………… 20
 4　設問の解答 …………………………………………………… 20

Q4 住宅が，買主の想定と異なっていたために問題となる事項
（説明義務違反，錯誤，詐欺） ………………………………… 21
 1　売主の責任を追及する根拠 ………………………………… 21
 2　説明義務違反の効果 ………………………………………… 23
 3　契約に基づく責任の効果 …………………………………… 24
 4　錯誤及び詐欺の効果 ………………………………………… 25

Q5 契約締結後，住宅が買主に引き渡されないために問題となる事項
（危険負担，売主の破産） ……………………………………… 28
 1　危険負担について …………………………………………… 28
 2　売主の契約締結後引渡し前の破産について ……………… 31

Q6 瑕疵担保責任①（民法，品確法，履行確保法等に基づく売主等に
対する請求／国及び確認検査機関に対する請求） ………… 33

	1	瑕疵担保責任（民法570条に基づく請求）……………………33
	2	特定住宅瑕疵担保責任（品確法95条に基づく請求）…………35
	3	履行確保法に基づく請求………………………………………37
	4	保証金の還付……………………………………………………39
	5	国及び確認検査機関に対する請求……………………………39

Q7 瑕疵担保責任②（隠れた瑕疵の具体的内容）………… 41

1	「隠れた瑕疵」の要件…………………………………………41
2	瑕疵の判断に関する近時の裁判例……………………………42
3	設問について……………………………………………………45
4	改正民法（契約不適合の要件）………………………………45

Q8 瑕疵担保責任③（損害）……………………………………… 47

1	はじめに…………………………………………………………47
2	瑕疵修補費用……………………………………………………48
3	建替費用相当額…………………………………………………49
4	仮住まいの賃料，引越費用……………………………………50
5	調査費用…………………………………………………………50
6	弁護士費用………………………………………………………51
7	逸失利益…………………………………………………………51
8	評価損……………………………………………………………52
9	慰謝料……………………………………………………………54
10	売買代金及び契約費用…………………………………………54
11	民法改正について………………………………………………55

Q9 新築住宅に欠陥がある場合にとり得る手続について………… 56

1	はじめに…………………………………………………………56
2	制度創設の経緯（品確法と履行確保法）……………………56
3	住宅の性能に関する表示基準及びこれに基づく評価の制度の概要と住宅性能評価書の機能等……………………………………57
4	住宅建設（販売）瑕疵担保責任保険契約について…………59
5	指定住宅紛争処理機関による紛争処理の体制について……61

Q10 新築売買と不法行為……………………………………………… 65

1	不法行為責任が問題となる場合………………………………65
2	売主に対する請求………………………………………………65

II 新築請負

- **Q1 瑕疵①〜主観的瑕疵** ……………………………………… 69
  - 1 瑕疵の判断基準—請負契約における瑕疵とは ……………… 69
  - 2 瑕疵担保責任の効果①—修補請求 ……………………………… 69
  - 3 瑕疵担保責任の効果②—損害賠償請求 ………………………… 70
  - 4 瑕疵担保責任の効果③—解除 …………………………………… 71
  - 5 改正民法における変更内容 ……………………………………… 72
  - 6 本問における検討 ………………………………………………… 73

- **Q2 瑕疵②〜雨漏り** …………………………………………… 74
  - 1 原因(瑕疵)の特定 ……………………………………………… 74
  - 2 品確法及び履行確保法 …………………………………………… 75
  - 3 同時履行の抗弁権 ………………………………………………… 76
  - 4 相　殺 ……………………………………………………………… 76
  - 5 改正民法における変更内容 ……………………………………… 77

- **Q3 瑕疵③〜地盤沈下** ………………………………………… 78
  - 1 地盤と基礎の構造 ………………………………………………… 78
  - 2 設計の瑕疵と施工の瑕疵 ………………………………………… 79
  - 3 瑕疵担保責任の効果—解除・建替費用の賠償 ………………… 80
  - 4 瑕疵担保責任と不法行為 ………………………………………… 81
  - 5 改正民法における変更内容 ……………………………………… 82

- **Q4 請負契約成立(追加変更工事)** ………………………… 83
  - 1 追加変更工事 ……………………………………………………… 83
  - 2 事情変更に基づく増額請求 ……………………………………… 86

- **Q5 契約解除(建築条件付土地売買)** ……………………… 89
  - 1 建築条件付土地売買とは ………………………………………… 89
  - 2 解除の可否 ………………………………………………………… 92

- **Q6 履行遅滞・受領遅滞** ……………………………………… 94
  - 1 請負契約締結後，請負業者が完成期限を過ぎても建物を完成していない。この場合，注文者はどのような措置をとり得るか ……… 94

2　請負契約締結後，建物完成期限前ではあるものの，請負業者が工事を中止したために完成期限に完成しないことが明らかである場合，注文者はどのような措置をとり得るか ················96
　　3　建物は完成したものの注文者がクレームを付けて建物の引渡しを受けることを拒否している場合，請負業者はどのような措置をとり得るか ··97

Q7　請負人の倒産 ··99
　　1　請負業者が建物建築途中に倒産してしまい工事が中断している場合，注文者は既に支払った代金分の返還を請求できるか ········99
　　2　元請業者が倒産したために，下請業者が下請代金を受領していないと主張して完成途中の建物を占拠している場合，注文者はどうしたらよいか ··101
　　3　請負代金を支払って引渡しを受けた完成建物に瑕疵（種類又は品質に関して契約の内容に適合しない状態）が見つかったものの，請負業者は倒産してしまっていた場合，注文者はその瑕疵についてどうしたらよいか ··102

Q8　近隣トラブル ··104
　　1　設問前段について（隣地使用）····························· 104
　　2　設問後段について（近隣土地の沈下）····················· 107

Q9　損害賠償請求債権の消滅時効 ·······································110
　　1　損害賠償請求の根拠 ··· 110
　　2　債務不履行に基づく損害賠償請求 ························· 110
　　3　不法行為に基づく損害賠償請求 ···························· 112

Q10　請負契約における消滅時効（品確法の適用がある場合の消滅時効）··113
　　1　請負契約における損害賠償請求権の消滅時効 ··········· 113
　　2　相殺の可否 ·· 114

Q11　新築請負工事と不法行為 ··116
　　1　損害賠償の相手方 ·· 116
　　2　指定確認検査機関の責任 ···································· 116
　　3　指定確認検査機関が行った建築確認に関する地方公共団体の責任·· 118
　　4　建築設計を行った建築設計事務所の責任 ················ 119

目 次

Ⅲ 中古売買

Q1 瑕疵担保責任の免責 …………………………………………123
  1 担保責任を負わない旨の特約 ………………………… 123
  2 売主が宅建業者の場合 ………………………………… 125

Q2 民法改正に伴う瑕疵概念 ……………………………………126
  1 改正民法の内容 ………………………………………… 126
  2 「契約不適合」の意味 ………………………………… 128
  3 「契約不適合」の判断基準 …………………………… 129

Q3 経年劣化と瑕疵の区別 ………………………………………133
  1 経年劣化と瑕疵 ………………………………………… 133
  2 裁判例 …………………………………………………… 135
  3 まとめ …………………………………………………… 136

Q4 値段との均衡 …………………………………………………137
  1 担保責任の追及 ………………………………………… 137
  2 本件における検討 ……………………………………… 139
  3 まとめ …………………………………………………… 141

Q5 改正民法における売買契約の瑕疵担保責任の内容 …………142
  1 瑕疵担保責任の内容 …………………………………… 142
  2 瑕疵担保責任の存続期間 ……………………………… 144
  3 中古住宅の場合 ………………………………………… 145

Q6 既存（中古）住宅売買瑕疵保険 ……………………………146

Q7 設計者・監理者の責任をカバーする保険 …………………149
  1 保険契約締結等の努力義務 …………………………… 149
  2 保険契約の内容 ………………………………………… 149

Q8 弁済業務保証金制度 …………………………………………151

Q9 売買における仲介業者の説明義務違反による責任 ………155
  1 仲介契約の法的性質 …………………………………… 155
  2 第三者との関係における裁判例 ……………………… 157

- Q10 中古物件売買の注意点 ································159
  - 1 売る場合の注意点 ·······························159
  - 2 買う場合の注意点 ·······························159
  - 3 担保責任の免責 ·································161
- Q11 設計者・監理者とは ································162
  - 1 設計者及び監理者 ·······························162
  - 2 まとめ ···164
- Q12 設計の具体的内容 ··································165
  - 1 設計の意味 ·····································165
  - 2 基本設計 ·······································166
  - 3 実施設計 ·······································167
  - 4 工事施工段階で設計者が行うことに合理性がある実施設計 ·····169
  - 5 書類の保存期間 ·································170
- Q13 監理の具体的内容 ··································174
  - 1 監理の意味 ·····································174
  - 2 監理の具体的内容 ·······························174
- Q14 設計・監理者の報酬請求権の時効 ······················178
- Q15 書類の保存期間 ····································179
- Q16 設計・監理と不法行為 ······························181

Ⅳ リフォーム

- Q1 中古住宅における請負工事（リフォーム）の類型 ············187
  - 1 リフォームの定義 ·······························187
  - 2 建築基準法による分類 ···························187
- Q2 リフォームをめぐる紛争の特性 ························190
  - 1 瑕疵であるか否かの判定の困難性 ·················190
  - 2 追加工事に関わるトラブル ·······················191
  - 3 小規模な工事が多いことによるトラブル ···········192
  - 4 高齢者が発注者であることが多いことによるトラブル ········193

目　次

Q3　リフォーム工事に関する各種制度 ･････････････････････････195
　　1　リフォームにも性能評価制度や紛争処理制度はあるか ････････ 195
　　2　リフォーム瑕疵保険 ･････････････････････････････････････ 195
　　3　トラブルなど相談窓口 ･･･････････････････････････････････ 197
　　4　住宅リフォーム事業者団体登録制度 ････････････････････････ 198
　　5　一般社団法人住宅履歴情報蓄積・活用推進協議会 ･･････････････ 199
　　6　国土交通省既存住宅インスペクション・ガイドライン ･･････････ 200

Q4　リフォームと消費者 ････････････････････････････････････201
　　1　特定商取引に関する法律 ･･････････････････････････････････ 201
　　2　消費者契約法 ･･･ 204
　　3　割賦販売法（クレジット契約） ･････････････････････････････ 205
　　4　本問における解決 ･･･････････････････････････････････････ 206

Q5　リフォーム請負工事契約締結の際の注意点 ･････････････････207
　　1　契約の各段階で注意すべきポイント ････････････････････････ 207
　　2　注文者が注意すべきポイント ･････････････････････････････ 211
　　3　請負者が注意すべきポイント ･････････････････････････････ 212
　　4　一般社団法人住宅リフォーム推進協議会の契約条項 ････････････ 212

Q6　リフォームの瑕疵 ･･････････････････････････････････････216
　　1　瑕疵の判断基準 ･･･ 216
　　2　本件紛争の特性 ･･･ 217
　　3　争点の考え方 ･･･ 217

Q7　リフォーム追加工事の紛争 ･･････････････････････････････219
　　1　追加工事をめぐる紛争の特徴 ･････････････････････････････ 219
　　2　追加工事をめぐる紛争の争点の考え方 ･･････････････････････ 220
　　3　本件ケースの検討 ･･･････････････････････････････････････ 223

Q8　住宅のリフォームに際して注文者が業者に請求できる内容 ････225
　　1　注文者が業者に対して請求できる一般的な内容 ･･･････････････ 225
　　2　リフォーム工事特有の問題点 ･････････････････････････････ 226
　　3　本件設例の検討 ･･･ 226

Q9　マンションのリフォーム ････････････････････････････････229

         1　マンションの専有部分と共用部分 ･････････････････････ 229
         2　専有部分のリフォーム ･･･････････････････････････････ 231
         3　共用部分のリフォーム ･･･････････････････････････････ 232
    Q10　住宅のリフォームに関する資料収集 ････････････････････････ 234
         1　リフォーム工事に関する紛争の解決にとっての資料の不可欠性･･ 234
         2　契約内容を特定するために必要となる資料 ･････････････ 235
         3　瑕疵・不具合の原因を特定するために必要な資料 ･･････ 237
         4　資料の収集方法 ･････････････････････････････････････ 238
    Q11　時効の完成猶予と更新 ･･･････････････････････････････････ 240
         1　請負代金債権の消滅時効 ･････････････････････････････ 240
    Q12　リフォーム瑕疵と不法行為 ･･･････････････････････････････ 243
         1　請負人の責任 ･･･････････････････････････････････････ 243
         2　損害について ･･･････････････････････････････････････ 244
    Q13　リフォーム工事と騒音，振動 ･････････････････････････････ 246
         1　リフォーム工事に伴う騒音，振動が問題となる場合 ････ 246
         2　設計・監理者，施工者の責任 ･････････････････････････ 246
         3　注文者の責任 ･･･････････････････････････････････････ 247

V　保証・約款・不法行為

    Q1　保証債務の付従性 ･･･ 251
         1　保証債務の付従性 ･･･････････････････････････････････ 251
         2　一部保証と主たる債務の一部弁済 ･････････････････････ 252
    Q2　主債務者に生じた事由の効力・連帯保証人に生じた事由の効力･･ 254
         1　主債務者に生じた事由の効力（小問①） ･･･････････････ 254
         2　連帯保証人について生じた事由の効力（小問②） ･･････ 257
    Q3　個人保証の制限・情報提供義務 ･･･････････････････････････ 260
         1　個人保証の制限 ･････････････････････････････････････ 260
         2　契約締結時の情報提供義務 ･･･････････････････････････ 262
         3　契約締結後の情報提供義務 ･･･････････････････････････ 264

Q4 根保証 ································· 267
　1　根保証規制の拡張 ························· 267
　2　元本確定事由 ···························· 269
Q5 建設工事請負契約の前金払の保証 ················ 272
　1　建設工事における前金払 ····················· 272
　2　建設業法の建設工事における前金払に関する保証 ········· 272
　3　保証人の種類 ···························· 273
　4　効　果 ······························· 274
Q6 定型約款とは ··························· 275
　1　定型約款とは ··························· 275
　2　定型約款の効果 ························· 276
　3　建築・住宅関連分野における定型約款規定適用の可能性 ······ 276
　4　不当条項規制 ··························· 277
　5　その他の定型約款に関する規定 ················· 278
Q7 不法行為債権の時効と合意による時効完成猶予 ········ 280
Q8 隣家の工事について ······················· 283

裁判例年月日別索引 ·························· 289

◆凡　　例◆

1　法令名略語

本文中の法令名は，特に言及のない限り原則として正式名称で記したが，（　）内（一部の法令は本文中も）は次に掲げる略語を用いた。

改民	改正民法	特商法	特定商取引に関する法律
建基	建築基準法	品確法	住宅の品質確保の促進等に関する法律
建基令	建築基準法施行令		
区分所有法	建物の区分所有等に関する法律	民	民法
宅建業法	宅地建物取引業法	履行確保法	特定住宅瑕疵担保責任の履行の確保等に関する法律
独占禁止法	私的独占の禁止及び公正取引の確保に関する法律		

2　裁判例

裁判例を示す場合，「判決」→「判」，「決定」→「決」と略した。また，裁判所の表示及び裁判例の出典（代表的なもの一つに限った。）については，次に掲げる略語を用いた。

ア　裁判所名略語

大	大審院	○○高	○○高等裁判所
最大	最高裁判所大法廷	○○地	○○地方裁判所
最○小	最高裁判所第○小法廷	○○支	○○支部

イ　判例集・雑誌等出典略語

民録	大審院民事判決録	訟月	訟務月報
民集	大審院民事判例集／最高裁判所民事判例集	金判	金融・商事判例
		判時	判例時報
裁判集民	最高裁判所裁判集民事編	判自	判例地方自治
下民集	下級裁判所民事裁判例集	判タ	判例タイムズ

Ⅰ

新築売買

Ⅰ 新築売買

Q1 不動産売買契約の締結の具体的流れと注意点等

> 住宅の売買は，一般的にどのように進められますか。
> また，各段階で注意すべき点，民法改正による影響があるのはどういったところでしょうか。

1 物件調査等

住宅の売買において，まず対象物件の各種調査を正確に行うことは，売買を成立させるためにも，紛争を招来しないためにも，言うまでもなく重要であり，必須である。

物件調査の内容は多岐にわたるが，代表的なものとして以下の事項が挙げられる。

① 現地調査，内覧

これを行うことで，地形，境界や隣地との高低差等，物件の状態，日照の状況，占有者がいないか等が確認できる。

② 不動産の特定

公図，地積測量図等との照合で，対象物件を確実に特定できることを確認すべきである。

③ 登記記録の確認

表題部の記載による現況の確認，甲区乙区の記載による権利関係の確認は，売買の大前提となる。

④ 近隣を含めた法令上の制限調査

特に都市計画制限は，用途地域や市街化区域の区分により近隣の環境が変わることもあるために重要である。

なお，対象物件に関する事項ではないが，取引の当事者が法人であれば，早い段階で，商業登記事項証明書等で権利主体の確認をすることも必要である。

2 重要事項説明

上記の物件調査を経て，売主の価格設定，買主の資金計画も踏まえた条件交渉が行われて契約を目指す場合，宅建業者が仲介業者や売主であるときには，「契約の成立までの間に」重要事項説明が行われる必要がある。これは不動産の取引を業として専門に行う者に，法律の定める事項について説明することを義務づけて，それによって買主等の保護を図る趣旨である。

宅建業法は，35条において，①契約が成立するまでの間に，②宅地建物取引士が，③取引士証を提示の上，④重要事項を記載した書面を交付して説明する必要があると定めている。

3 契　約

(1) 契約の締結

取引条件が合致した場合，契約書を作成し，売買契約を成立させることとなる。

住宅の売買において契約書上必要となる主な条項としては，①当事者と目的物件の表示，②売買代金の額，支払時期，方法，③手付に関する条項，④契約違反による解除の取決め，⑤いわゆるローン条項（住宅は高額なため買主は融資を受けて売買代金を賄うことが多く，契約締結後に融資が行われないこととなった場合には買主は代金支払が行えないこととなってしまう。そのため，その場合に売買契約の解除を認める条項を設けることが多い。ローン条項についての詳細は，**Q2参照**），⑥所有権の移転，引渡しの時期，⑦危険負担，瑕疵担保責任の特約条項，⑧抵当権等の抹消に関する条項（負担や制限のない完全な所有権を移転することを売主に義務づけるもの），⑨公租公課等の分担に関する条項，等が挙げられる。

契約に関しては，次のように，民法改正に関わる問題がある。

(2) 契約の成立

改正民法522条1項は，契約の成立に関し，「契約は，契約の内容を示し

てその締結を申し入れる意思表示(以下「申込み」という。)に対して相手方が承諾をしたときに成立する。」とする。

　不動産取引において買付証明書や売渡承諾書の授受をもって売買契約が成立しているのか問題になることがあるが、買付証明書や売渡承諾書が取り交わされたとしても、なお未調整の条件についての交渉が継続されるために確定的な意思表示は留保されており、改正民法によれば、これらの授受をもって売買契約が成立しているとはいえないこととなる。

(3) 手付、申込証拠金、予約金

　不動産の売買契約においては、契約締結の際に手付と称される金銭の授受がなされることが多い。手付の趣旨につき、特段の合意がなければ、民法上は解約手付と扱われる(557条1項)。解約手付は、不動産の売買契約に関する紛争の予防、解決に機能することがあるため、手付に関する取決めは重要である(手付についての詳細は、**Q2**参照)。

　改正民法557条1項は、民法の手付に関する規定を「買主が売主に手付を交付したときは、買主はその手付を放棄し、売主はその倍額を現実に提供して、契約の解除をすることができる。ただし、その相手方が契約の履行に着手した後は、この限りでない。」と改めるが、民法の規定の解釈である、相手方が履行に着手するまでは履行に着手した当事者による手付解除が可能であるとする判例法理、売主がなすべき「提供」は相手方の態度いかんによらず現実の提供を要するとする判例法理を明文化したものであるから、これまでの実務が影響を受けるものではないといえる。

　なお、宅建業法39条により、宅建業者が自ら売主となる売買契約においては、代金の額の10分の2を超える手付を受領することはできず、また、自ら売主となる宅建業者が手付を受領したときは、その手付がいかなる性質のものであっても、当事者の一方が契約の履行に着手するまでは、買主はその手付を放棄して、宅建業者はその倍額を償還して、契約の解除をすることができ、これよりも買主に不利な特約は無効となる旨定められている。

　一方、申込証拠金や予約金と称され、売買契約締結前に授受される金銭は、

購入の意思確認や買主の順位確保を目的としており，通常は，契約が成立した場合には手付の一部に充当され，契約不成立の場合には返還されるものである。

(4) 定型約款

改正民法548条の2以下は，①定型取引（ある特定の者が不特定多数の者を相手方として行う取引であって，その内容の全部又は一部が画一的であることがその双方にとって合理的なもの）において，②契約の内容とすることを目的としてその特定の者により準備された条項の総体を「定型約款」と定義し，定型約款の個別の条項について合意したとみなすための要件，定型約款の内容の表示義務，定型約款の変更に関する規律を設ける（定型約款についての詳細は，**V**の**Q6**参照）。

この点，特に大手業者において，住宅の売買契約にいわゆるひな形契約書が用いられる場合に定型約款に該当するかが問題になり得るが，不動産売買契約においては，取引の内容の全部又は一部が画一的であることが双方にとって合理的であるとはいえず，定型約款に該当するとされることは考えにくい（土地総合研究所編著『民法改正と不動産実務』130頁（大成出版社，2015））。

(5) その他

改正民法は，上記のほかにも，買主に第三者対抗要件を備えさせる売主の義務，目的物の滅失又は損傷に関する危険の移転，買戻し等，種々の場面でこれまでの規定と異なる扱いとするものであるが，多くは任意規定であり，契約書上の特約により改正民法の扱いを排除することも可能である。その意味では，売買契約書の各条項を慎重に確認，検討することの重要性は高まったといえる。

4 代金決済，引渡し

代金決済，物件引渡しは，売買契約当事者にとって取引の仕上げとして，確実に履行されるようにすることが必要である。特に，融資や登記が関係す

るために多数の関係者によって行われることがあるので，事前の連絡，調整が大切である。

　登記関係については，事前に司法書士への依頼を行い，登記のための必要書類の確認を行っておく必要がある。また，登録免許税と司法書士費用は決済日当日に現金で支払う扱いが多いため，この点も事前の確認と準備が必要である。

　代金支払については，融資の実行について金融機関に確認しておき，小切手や現金等，代金の支払い方も金種表で確認する必要がある。また，諸費用の清算についても事前に確認しておく。

　これらの事前準備に基づき，決済日当日は，書類の授受，代金の支払，諸費用の清算が行われる。物件の引渡しについては，鍵の授受（及び売買物件引渡確認書の交付）によって行われることが一般的である。

Q2 手付解約，ローン解約

① 手付金を支払って新築住宅を購入するため売買契約を締結しましたが，決済日が来る前に，気持ちが変わってしまった場合，手付を放棄して売買契約を解除することができるでしょうか。
② 住宅ローンを組んで，新築住宅を購入しようと思い，売買契約を締結しましたが，住宅ローンが組めなかった場合，売買契約を解除することはできるでしょうか。

1 手付

(1) 手付の種類

不動産売買契約においては，手付金として金銭が授受されることがよく行われる。手付金の金額については，決まった金額がなく，一般的には売買代金の1割から2割程度が授受されている。なお，宅建業者が売主となる宅地・建物の売買契約の場合には，宅建業法39条1項により，2割を超える額の手付を受領することが禁止されている。

手付は，売買契約締結の際に，買主から売主に対して支払われる金員であり，次のような三つの種類及び効果があると解されている。

① 証約手付

証約手付とは，契約締結の証拠として授受される手付であり，手付の持つ最小限度の効力であるとされており，全ての手付がこの効力を有している。

② 解約手付

解約手付とは，契約の相手方に債務不履行がない場合でも，買主は手付を放棄して，売主は手付の倍額を買主に提供すれば契約を解除できるとするものをいう。手付がどのような意味を持つかについては，当事者の合意の内容によって決定されるが，合意の内容が不明な場合は，民法557条1項により，

手付は原則として解約手付の性質を有するとされている（最三小判昭和24年10月4日民集3巻10号437頁）。また，宅建業法39条2項は，宅地建物取引業者が自ら売主となる宅地・建物の売買契約の締結に当たり手付を受領したときは，常に解約手付となる旨規定し，これは，同条3項により，前項の規定に反する特約で買主に不利なものは無効とするとして片面的強行規定とされている。

③ 違約手付

違約手付には，手付を交付した側に債務不履行がある場合に，違約罰として相手方に没収され，別途，債務不履行による損害賠償請求を妨げないとする「違約罰としての手付」と，現実に損害が発生した場合に，それ以上に損害賠償を請求しない趣旨の「損害賠償額の予定としての手付」の2種類があるとされている。

民法420条3項は，違約金は損害賠償額の予定と推定しているので，違約手付が交付された場合には，原則として「損害賠償額の予定としての手付」と解すべきとされている。

(2) 履行の着手

通常，手付金が交付された場合には，解約手付の性質を持つと解されるので，民法では，「当事者の一方が契約の履行に着手するまでは」手付を放棄して，売買契約を解除することができると規定されていた（民557条1項）。

この当事者の一方とは，相手方のことをいい，自分が履行に着手していても，その相手方が履行に着手するまでは，手付解除が認められる（最大判昭和40年11月24日民集19巻8号2019頁）。また，売主が手付の倍額を償還して売買契約を解除するためには，口頭の提供では足りず，買主に対して倍額につき現実の提供をすることが必要であるとされている（最三小判平成6年3月22日民集48巻3号859頁）。

この点，改正民法においては，「買主が売主に手付を交付したときは，買主はその手付を放棄し，売主はその倍額を現実に提供して，契約の解除をすることができる。ただし，その相手方が契約の履行に着手した後は，この限

りでない」と定め，上記の判例法理を明文化した。

　では，どのような場合に履行の着手があったといえるかについてだが，履行の着手とは，単なる履行の準備ではなく，債務の内容たる給付の実行に着手することであるとされ，客観的に外部から認識し得るような形で履行行為の一部をなし，又は履行の提供をするために欠くことのできない前提行為をした場合を指し（前掲最大判昭和40年11月24日），その判断は，当該行為の態様，債務の内容，履行期が定められた趣旨・目的等諸般の事情を総合勘案して決すべきであるとされる（最三小判平成5年3月16日民集47巻4号3005頁）。

ア　履行の着手を認めた裁判例

　履行の着手を認めた判例としては「土地の買主が約定の履行期後売主に対してしばしば履行を求め，かつ，売主が履行すればいつでも支払えるよう約定残代金の準備をしていたときは，現実に残代金を提供しなくても，民法557条1項にいわゆる『契約の履行に着手』したものと認めるのが相当である」と判示したものがある（最一小判昭和57年6月17日判時1058号57頁）。

　近時の裁判例では，残金決済の場で手付解除の意思表示をした買主に対し，売主が，根抵当権者，司法書士と共に決済に必要な書類一式を持参し残金決済の場に赴いたこと（東京地判平成25年9月4日ウエストロー），売主が買主名義の建物表題登記をしたこと（東京地判平成25年4月18日ウエストロー），売主が売買物件の抵当権を消滅させるために借入金の全額を返済したこと（東京地判平成21年11月12日ウエストロー），売主が売買物件の賃貸借契約を解消したこと（東京地判平成21年10月16日判タ1350号199頁），売主が売買物件と隣接地の境界を確定する作業を行ったこと（東京地判平成21年9月25日ウエストロー）について履行の着手が認められるとしたものがある。

イ　履行の着手が認められなかった裁判例

　履行の着手に当たらず，手付解除が認められるとしたものとしては，売主による売買物件についての司法書士への登記の委任，固定資産評価証明書の

取得，領収証の作成を単なる売買契約の履行提供のための準備行為にすぎないとしたもの（東京地判平成17年1月27日ウエストロー），履行の着手又は所定期日までは手付解除できる旨の特約がある場合に，履行の着手後も所定期日までは手付解除が有効としたもの（名古屋高判平成13年3月29日判時1767号48頁），履行期の1年以上前における買主の代金の口頭の提供及び土地の測量は履行の着手に当たらないとしたもの（前掲最三小判平成5年3月16日）などがある。

2 ローン条項

(1) ローン条項とは

　個人が住宅を購入する場合，銀行等の金融機関から売買代金の一部を住宅ローンとして借り入れて行うことが多い。このような場合，売買契約後に，買主が，住宅ローンを借りることできないということになると，買主は売買代金を支払えず，買主の債務不履行が問題となり，手付金が没収されるということになってしまい，買主に酷な結果となりかねない。そこで，住宅ローンでの借入で売買代金を支払うことを予定している場合には，住宅ローンが借りられなくなった場合には，売買契約を白紙にするという特約が付されることがあり，この特約をローン条項という。

　このローン条項に基づく解除（以下「ローン解約」という。）がなされた場合には，売買契約は締結時に遡って効力を失うので，買主は売主に対して，支払済の手付金等の返還を求めることができる。

　ローン条項には，一定の期日までに融資が不成立の場合に，当然に売買契約が効力を失うとする解除条件型と，一定の期日までに融資が不成立の場合，買主が売買契約を解除することができるとする解除権留保型の2種類がある。解除権留保型の場合は，買主の解除権行使がない限り売買契約を存続することになる。

(2) ローン条項についての問題点

　買主が，住宅ローンを借りられなくなった場合，いかなる場合でもローン解

約が認められるわけではない。買主には，ローン成立に向けて誠実に努力すべき義務があるとされ，買主が，返済能力について虚偽の申告をし，ローン不成立になった場合等にはローン条項に基づく解除は認められないとされる。

反面，買主のローン希望額に，金融機関の貸付可能額が満たないというローンの一部不成立の場合については，原則としてローン条項が適用されると解すべきとされている。

また，売買契約締結時に指定された金融機関からのローン契約が不成立になったが，別の金融機関からのローン契約が可能である場合，あるいは，金融機関と締結したローン契約の金利や返済期間が，売買契約締結時に明示された住宅ローンの返済期間や金利と異なる場合については，買主がローン条項を援用することが権利濫用にならない限り，ローン解約が認められると解すべきとされている。

ア　ローン解約が認められなかった裁判例

① 買主のローン申請が，あらかじめ金融機関から示された融資条件にそった内容でなかったためにローン条項の適用が認められなかったもの（東京地判平成26年4月18日ウエストロー）。

② AB2名が不動産を共同で購入し，Aが住宅ローンを申し込んだところ，Bが連帯保証を拒み，かつ，Aが当初申告しないでいた高血圧での通院の事実を自主的に申告したため団体信用生命保険の審査が通らなかった事案において，ローンが実行されなかったのは買主側の責めに帰すべき事由によるとしてローン解約が認められなかったもの（東京地判平成10年5月28日判タ988号198頁）

③ 特段の事情がない限り，当該ローン条項は，予定された金融機関等からの融資が実行されないことが買主にとって客観的な障害によるものであったといえる場合に買主に解除権を与える趣旨であるとして，客観的障害がないのに買主の判断で融資を受けなかった場合には，ローン条項は適用されないとしたもの（水戸地判平成7年3月14日判タ879号215頁）。

イ　ローン解約が認められた裁判例

① 買主がローンの事前審査が通ったが，その後，申請していた自己資金額の相当部分が不確定な実親からの援助によるものであること等が明らかになり，金融機関がローンの本審査において難色を示したため，買主が本審査の申出を取り下げた事案において，裁判所は，ローン条項は，予定された金融機関等からの融資が実行されないことが買主によって客観的な障害によるものであったときに解除を認める趣旨のものと解すべきであり，客観的な障害によるものか否かは，買主が誠実にローンの申請手続を進めていたとすれば金融機関が融資を承認していたと認められるか否かによって判断すべきとし，当該事案についても，買主が，誠実に客観的事実を全て申告していれば事前審査を通らなかったとみるのが自然であるとして，ローン解約を有効と認めたもの（東京地判平成23年6月22日ウエストロー）。

② 売買契約のローン条項の融資申込先に「都市銀行他」と記載されている場合に，当該記載は，都市銀行及びこれに類する金融機関を意味するものであるとし，都市銀行に比べ金利の高いノンバンクは含まれないと判断し，買主がノンバンクに融資申込をしながら必要書類の提出をせず，融資申込の撤回をした場合でも，ローン条項に違反しないと判断したもの（東京地判平成16年7月30日判時1887号55頁）

③ 買主の住宅ローンの申込みが，人的事情ではなく，売買物件が短期間に何件もの会社及び個人に正当な売買という形をとらずに所有権移転が行われている等の物件の物的事情を理由に否認された場合についてローン解約を認めたもの（東京地判平成8年8月23日判時1604号115頁）

3　設問の解答

以上で述べたことから，設問①については，売主が，履行の着手をするまでは買主は手付金を放棄した売買契約を取り消すことができる。履行の着手に当たるか否かは，当該行為の態様，債務の内容，履行期が定められた趣旨・

目的等諸般の事情を総合勘案して決すべきであるとされており，一概に決定されるものではないが，上記の裁判例が参考になると思われる。

　設問2については，売買契約にローン条項が付されていれば，特段の事情がない限りローン解約が認められるが，ローン条項が解除権留保型の場合には，解除の意思表示をする必要がある。ただし，上記で述べたように，買主には，ローン成立に向けて誠実に努力すべき義務があるとされ，この義務を果たしていない場合にはローン解約が認められない場合もあるので注意が必要である。

Ⅰ 新築売買

Q3 契約締結上の過失

> 新築住宅を購入しようと考え，買主と売主との間で交渉が開始されましたが，売買契約締結前に，買主の依頼で，売主が買主の要望に沿った内装の変更工事をした場合に，買主が売買契約の締結に応じなかったときには，どのような責任を負うでしょうか。

1 契約締結上の過失

(1) 契約締結上の過失とは

契約締結上の過失は，契約成立過程における一方当事者の故意・過失によって相手方が損害を被った場合には，一定の要件を充たせば，何らかの責任を肯定すべきであるという理論と理解されている。この契約成立過程には，契約締結段階だけではなく，契約準備段階も含む。

(2) 契約締結上の過失の類型

契約締結上の過失の類型としては，次の3種類があるとされている（加藤新太郎編『契約締結上の過失』（新日本法規出版，改訂版，2012））。

① 契約無効型

契約は締結されたが，原始的不能等の理由により契約が不成立又は無効とされる類型である。これは，いったん契約を締結したが，原始的不能により契約が当初から無効であったり，錯誤などの無効原因の存在により契約が遡及的に無効となる場合に，その事実を知らずに契約を締結した当事者が被った損害を，相手方に負担させることができるかという場面で問題となる。

② 交渉破棄型

契約締結に向けて交渉が行われたが，結局締結に至らなかったという類型である。これは，契約交渉をする当事者は最終的な合意に達するまでは，いつでも任意に契約交渉を打ち切ることができるのが原則（契約自由の原則）

であるが，交渉関係に入った当事者間には，契約本来の債務履行に付随する義務として，相手方の財産，信用，人格等を害しないように配慮すべき信義則上の注意義務があり，信義則に反する態様で交渉を破棄した場合に，相手方に生じた損害を交渉を破棄した当事者に負担させることができるかという場面で問題となる。

③ **不当表示型**

契約は有効に締結されたが，その過程及び内容が一方当事者に不利であったという類型である。これは，売主が，虚偽の事実や誤信させる内容が含まれている説明を行い，これに基づき買主が売買契約を締結した場合に，買主に生じた損害を，売主に負担させることができるかという場面で問題となる。

なお，これらの類型は，必ずしも明確に区別されるものではなく，二つの類型にまたがっている事案もある。

(3) **契約締結上の法的性質**

契約締結上の過失の法的性質については，契約責任とする見解と不法行為責任とする見解とがある。そして，裁判例では，不法行為責任とするものが多いが，契約責任であるとするもの，あるいは，その性質を明らかにしないものもある。最高裁では，交渉破棄型とみられる事案において，「契約準備段階における信義則上の注意義務違反を理由とする損害賠償責任」とした判例があるが（最三小判昭和59年9月18日判時1137号51頁），これは不法行為責任か契約責任かという法的性質を明示していない。他方，不当表示型のうち，契約を締結するかどうかという意思決定に影響する説明義務違反については不法行為責任であるとした判例もある（最二小判平成23年4月22日民集65巻3号1405頁）。

(4) **交渉破棄型の場合の要件**

本設問の事例は，上記類型にいう交渉破棄型の場合である。

交渉破棄型の契約締結上の過失の要件は，以下の二つであるとされている（加藤・前掲書）。

ア　契約締結交渉の成熟度が高いこと
　イ　信義則違反と評価される帰責性があること
　そして，アの契約締結の成熟度が高いといえるための事実としては以下のようなものが挙げられる。
　① 交渉が重ねられ，代金その他契約の主要な内容がほぼ合意されていたこと
　② 契約書や覚書等の書面が取り交わされたこと
　③ 内金，証拠金等が支払済みであること
　④ 契約成立を前提として行政庁等関係機関との折衝や必要な手続を進めたこと
　⑤ 契約締結，代金決済の日時が決められたこと
　また，イの信義則違反と評価される帰責性があるという要件は，いいかえれば，ⅰ．信頼を惹起する先行行為があること，ⅱ．信頼を裏切る行為があることということであり，この信義則違反と評価される帰責性があるといえるための事実としては，以下のようなものが挙げられる。
　① 契約締結を妨げる事情を知っていたのに，これを相手方に伝えたり，契約が不成立になる危惧があると警告することなく，交渉を継続したこと
　② 契約締結の意思がないのに，締結後の履行について助言したり，相手方の準備行為を援助したりして，契約締結の意思があるかのように誤信させたこと
　③ 相手方に重大な事実誤認があるのを知りながら，それを放置したこと
　④ 曖昧な態度をとり続け，交渉を一方的に引き延ばしたこと
　⑤ 契約の内容とすべき重要な事実を当初から示すことなく，契約締結の直前に新たな条件を持ち出したこと
　⑥ 交渉打ち切りが，一方的であり，打ち切られた側に落ち度がないこと
交渉破棄型の契約締結上の過失を主張する場合には，これらに相当する事実を主張していく必要がある。

⑸ **民法改正との関係**

　契約締結上の過失については，中間試案段階において，交渉破棄型に関して，契約締結上の自由と契約交渉の不当破棄について明文化し，また，不当表示型に関して，契約締結過程における情報提供義務について明文化することが提案された。しかし，信義則や判例法理を具体化，明文化することの困難もあり，最終的に条文化は断念された。

2 交渉破棄型の契約締結上の過失についての裁判例

　交渉破棄型の契約締結上の過失を認めた裁判例としては，以下のようなものがある。

① 建築途上のマンション分譲契約の締結交渉に関し，買主となろうとする者が歯科医院を営む関係上マンションの電気容量不足を指摘し，売主となろうとする者が電気容量増加のための設計変更・施工等を行ったが，買主となろうとする者が当該工事費が売買代金に上乗せされることを聞いても中止を求めず，その後も隣接部分の賃借交渉や見積書の作成依頼等をしてきたにもかかわらず，一方的に購入を断った買主について契約締結上の過失による損害賠償を認めたもの（前掲最三小判昭和59年9月18日）

② 土地の売買契約について，買主が，不動産市況の悪化を理由に契約締結を拒絶した事案において，契約締結上の過失に基づき，売主に対する損害賠償責任を認めたもの（東京地判平成20年11月10日判時2055号79頁）

③ マンション用地の売買契約において，買主が契約交渉を打ち切ったことに正当な理由はないとして，契約締結が確実であると信頼したことによって売主が被った損害を賠償する義務を負うとしながら，売主の主張する費用は，契約締結が確実であるとの信頼を与えたことによる損害とはいえないとして，売主の請求を棄却したもの（東京地判平成15年6月4日ウエストロー）

④　売主が，マンション建築のための建築確認を取得して土地を売り渡すという内容の売買契約について，売主が委託した設計会社が建築確認申請をして建築確認を取得した後に，買主が売買代金が高すぎること等を理由に契約締結を拒絶した事案において，契約締結上の過失に基づき買主の責任を認めたもの（東京地判平成12年12月4日ウエストロー）

⑤　マンション用地の売買について，協定書が交わされ売却予定金額や売却予定時期についての合意がなされた後に，買主がマンション市場の冷え込みを理由に協定書に定める契約の締結を拒絶した事案において，買主について，売主に生じた損害を賠償する責任があるとしながら，売主の主張する費用は，契約成立を信頼して支出した費用ではないとして売主の請求を棄却したもの（東京地判平成10年10月26日判時1680号93頁）

⑥　土地付きリゾートマンションの売買に関する基本協定締結後，売主が開発許可及び建築確認を得たのに，買主が国土法の届出手続に協力せず，売買契約に至らなかったため，売主が買主に対し損害賠償を求めた事案において，買主には，契約準備段階にある当事者として信義則上の義務違反行為があり，損害賠償責任を負うとしたもの（東京地判平成8年12月26日判時1617号99頁）

⑦　分譲マンションの専有床売買に係る基本協定締結後に，不動産不況を理由に基本協定を破棄し契約締結を拒否したことが，信義則上の義務に反し不法行為に当たるとされたもの（東京地判平成8年3月18日判時1582号60頁）

⑧　買主業者が売主業者に分譲マンション用地購入の申入れをし，買付証明書，売渡承諾書を交換して，売買契約書の案文及び日取りも確定した段階で，本社の稟議決裁が下りないために買主業者が契約の締結を拒否した事案について，買主業者の契約締結上の過失を認めたもの（福岡高判平成7年6月29日判時1558号35頁）

⑨　リゾートマンションの建築・売買を目的とする協定に基づき売主が建

築確認を受けたにもかかわらず，買主が売買契約の締結を拒否した事案において，協定に基づく信義則上の義務違反により買主は売主の損害を賠償すべき責任を負うとされたもの（東京地判平成6年1月24日判時1517号66頁）

3 損害賠償の範囲

損害賠償が認められる範囲については，信頼利益と履行利益とがあるが，契約締結上の過失の場合において，通説・判例は，信頼利益すなわち契約が有効又は契約締結がされると信じて行動したことにより支出した又は被った損害を賠償すべきと解されている。

信頼利益に当たるものとしては，契約締結交渉に要した交通費・宿泊費・通信費等，代金支払のために金融機関から融資を受けた際の利息，契約調印のために準備した司法書士に対する謝礼等がある。転売利益，値上益，目的物の利用利益などは履行利益すなわち相手方が契約を履行すれば得られたであろう利益であり，信頼利益には含まれないと考えられている。

4 設問の解答

本設問の事例については，既に売買契約の交渉が開始されて，売主が買主の要望に応じて準備行為を行っているにもかかわらず，買主が契約締結を拒絶したという事案であり，上記にいう交渉破棄型に当たる。この場合は，上記で述べたような諸般の事実を検討して，契約締結交渉の成熟度が高く，買主に信義則違反と評価される帰責性があるといえる場合には，買主が売買契約の締結に応じなかったことは契約締結上の過失に当たり，買主は現に支出した工事費用やその他信頼利益についての損害賠償責任を負うことになる。

Ⅰ　新築売買

Q4 住宅が，買主の想定と異なっていたために問題となる事項（説明義務違反，錯誤，詐欺）

> 新築住宅を購入しましたが，購入から2年後に，近隣に大規模マンションが建ってしまい，日照や眺望が阻害されてしまいました。また，庭に埋設物が放置されていることが判明し，それにより土壌汚染が発生していることも分かりました。その他，近隣にパチンコ店が出店されたり，隣の家の住民が深夜まで音楽を大音量で流したりするため，夜も寝られない環境になってしまいました。これらの問題について，購入時に説明を受けていませんでしたが，売主に対してどのように責任を追及すればよいでしょうか。

1　売主の責任を追及する根拠

(1)　説明義務

　新築住宅（以下「本件住宅」という。）を購入するに当たり，近隣に大規模マンションが建つ予定があり，日照や眺望が阻害される可能性があることや，敷地内に埋設物が残置されていたために土壌汚染が発生していること，その他，近隣の騒音や隣人とのトラブルが発生する可能性について，本件住宅の売買契約（以下「本件売買契約」という。）締結時に，売主から説明を受けていなかった場合に，買主が，本件住宅の売主に対し，これらの日照や眺望の阻害や土壌汚染，近隣の騒音や隣人トラブルといった問題（以下「日照等の問題」という。）について，いかなる責任を追及できるかを検討するに際しては，日照等の問題が，買主と売主との間で契約の内容になっていたのか，それともなっていなかったのかを分けて考える必要がある。

　まず，日照等の問題が，契約の内容になっていなかった場合，買主と売主は，原則として互いに日照等の問題について権利義務を負担するという法律

関係には立たない。

　しかしながら，売買契約の締結に当たっては，一般的に，買主は売主に対し，「当該契約を締結するか否かに関する判断に影響を及ぼすべき情報を相手方に提供するべき義務」（最二小判平成23年4月22日民集65巻3号391頁），いわゆる説明義務が，信義則上認められる場合があることに，実務上争いはない。これは，買主よりも売主のほうが，通常，売買の目的物に関する情報や専門的知識をより多く有しているので，売主と買主との間の情報や専門的知識の格差を是正するため，売主に課せられた義務である。

　ただし，売買契約は，当事者の属性や契約の目的，契約の対象，契約の方法等が一様ではないため，当該売買契約において説明義務が信義則上認められるか否かは，当該売買契約の個別具体的な事情に基づいて判断される。

　本件売買契約について，売主に日照等の問題の有無についての説明義務が信義則上認められる場合には，買主は，本件売買契約締結時において，日照等の問題があることやそれが発生する可能性があることの説明を受けていないとして，その説明義務違反を根拠に，売主の責任を追及することができる。

　なお，売主の属性に応じて，説明義務が認められる根拠や程度は異なってくる。売主が専門家である宅建業者の場合には，説明義務は，信義誠実の原則（民1条）のほか，消費者契約法3条1項並びに宅建業法31条1項及び同法35条によって広く認められる。そして，売主が宅建業者ではないが事業者である場合には，説明義務は，信義誠実の原則（民1条）のほか，消費者契約法3条1項によって認められる。その他，売主が宅建業者でもなく事業者でもない場合であっても，説明義務は，信義誠実の原則（民1条）によって認められる場合がある。

(2) 契約に基づく責任

　上記とは逆に，本件売買契約を締結するに当たって，今後本件住宅には日照等の問題が生じないことが売買契約書に明記されるなど，契約の内容になっていた場合には，買主は，日照等の問題が生じたことを本件売買契約の不履行として，売主に対し責任を追及することができる。ただし，日照等の

問題が生じたことについて，売主の債務不履行を認容した裁判例はそう多くはない。そのため，日照等の問題が生じないことが契約の内容になっていたとしても，売主に対し責任を追及する場合には，上記説明義務違反も併せて売主の責任を追及していくことになろう。

(3) 錯誤及び詐欺

買主にとって，本件売買契約において，本件住宅についての日照等の問題が契約内容になっていたか否かは別として，日照等の問題がないことが，契約を締結するに当たっての重要な要素となっていたにもかかわらず，日照等の問題が生じてしまった場合には，買主は錯誤（民95条）を主張し本件売買契約の効力を否定して，売主の責任を追及することができる場合がある。

また，本件売買契約において，売主が，本件住宅には日照等の問題がないと買主を欺罔し錯誤に陥らせたという事実があった場合には，買主は，売主の詐欺（民96条）を主張し本件売買契約の効力を否定して，売主の責任を追及することができる場合がある。

なお，売主（事業者）が，本件住宅には日照等の問題があるということを，買主に対して故意に告知しなかったという事実があった場合には，買主は，消費者契約法4条に基づき，本件売買契約の効力を否定して，売主の責任を追及することができる場合がある。

2 説明義務違反の効果

(1) 解　除

「契約の一方当事者が，当該契約の締結に先立ち，信義則上の説明義務に違反して，当該契約を締結するか否かに関する判断に影響を及ぼすべき情報を相手方に提供しなかった場合には，上記一方当事者は，相手方が当該契約を締結したことにより被った損害につき，不法行為による賠償責任を負うことがあるのは格別，当該契約上の債務の不履行による賠償責任を負うことはない」（前掲最二小判平成23年4月22日）とされている。

そのため，この判例が出される以前においては，説明義務違反を理由とし

た売買契約の解除が認められた裁判例もあったが，今後は，説明義務違反を理由として当該売買契約の解除が認められる場合は少なくなると考えられる（なお，前掲最二小判平成23年4月22日の千葉裁判官の補足意見を前提とすると，契約の内容・趣旨から本来的に説明が必要な事項について，説明がなされなかったというような説明義務違反があった場合には，その不履行を理由として当該売買契約の解除が認められる可能性はあろう。）。

(2) 損害賠償

買主にとって日照等の問題が，「当該契約を締結するか否かに関する判断に影響を及ぼすべき情報」（前掲最二小判平成23年4月22日）であった場合には，買主が当該契約を締結したことによって被った損害について，不法行為（民709条）に基づく損害賠償請求が認められる場合がある（日照に関する裁判例として〔認容〕東京地判平成13年11月8日判時1797号79頁。眺望に関する裁判例として〔否定〕東京地判平成24年3月27日判時2159号88頁，〔否定〕大阪地判平成20年6月25日判時2024号48頁，〔認容〕東京地判平成20年5月16日ウエストロー。周辺施設の建設計画に関する裁判例として〔認容〕東京地判平成20年10月15日ウエストロー。近隣問題に関する裁判例として〔否定〕東京地判平成24年8月9日ウエストロー）。

3 契約に基づく責任の効果

(1) 解　除

売買契約の当事者間において，当該契約の目的達成に重大な影響を与える要素として，特別に合意した条件があった場合には，その要素たる債務の不履行によって，当該売買契約を解除できる場合がある（最二小判昭和43年2月23日民集22巻2号281頁）。

そのため，本件売買契約においても，日照等の問題がないことが，買主にとって本件住宅を購入する重要な要素となっていた場合には，本件売買契約を債務不履行に基づき解除できる場合がある（東京地判平成21年6月30日ウエストローなど）。

(2) 損害賠償

日照等の問題がないことが契約の内容となっていた場合において，日照等の問題が生じてしまった場合には，諸般の事情を考慮して当該債務の不履行を理由に損害賠償請求が認められる場合がある（眺望を阻害しない契約の不履行が認められた裁判例として東京地判平成18年12月8日判時1963号83頁などがある。なお，売主が遮音性を契約上保証していたことを肯定した裁判例として東京地判平成20年9月19日ウエストローなどがある。）。

4 錯誤及び詐欺の効果

(1) 錯誤（民95条）

ア 効果

錯誤の効果は，民法においては，「意思表示は，法律行為の要素に錯誤があったときは，無効とする。」として，無効と規定されていた。

しかし，改正民法において錯誤の効果は，取消しと改められた。この趣旨は，「判例（最判昭和40年9月10日民集19巻6号1512頁）は，原則として表意者以外の第三者は錯誤無効を主張することができないとしており，相手方からの無効主張をすることができない点で取消しに近似している上，無効を主張すべき期間についても取消しと扱いを異にする理由はないと考えられるからである。」（「民法（債権関係）の改正に関する中間試案の補足説明」平成25年4月法務省民事局参事官室）と説明されている。

イ 改正民法による影響

これまでは，錯誤の効果が無効であったため，法文上錯誤による意思表示の効力を喪失させることができる者に制限はなかった。しかしながら，今般の改正民法によって錯誤の効果が取消しと改められたことにより，今後は，錯誤による意思表示の効力を喪失させることができる者は，法文上も当該意思表示をした者に限られる。また，当該意思表示をした者が追認をした後は，当該意思表示を取り消すことができなくなり（民124条），追認が可能となった以後，当該契約の全部又は一部の履行をしたり，履行の請求をしたりすると，

追認したとみなされ,当該意思表示を取り消せなくなる(民125条)。さらに,追認をすることができる時から5年間取消しをしなかった場合及び当該意思表示をした時から20年間取消しをしなかった場合は,取消権は時効によって消滅し,当該意思表示を取り消すことができなくなる(民126条)。

なお,動機の錯誤も明文化された。この趣旨について上記「民法(債権関係)の改正に関する中間試案の補足説明」は,「動機が法律行為の内容として取り込まれていることを重視し,かつ,判例も同様の立場に立つものであるという理解に立って,動機が法律行為の内容になっている場合には民法第95条の錯誤として顧慮されるという規律を設けようとするものである。」と説明している。

【改正された錯誤】

(1) 意思表示は,次のいずれかの錯誤に基づくものであって,その錯誤が法律行為の目的及び取引上の社会通念に照らして重要なものであるときは,取り消すことができる。

　ア　意思表示に対応する意思を欠くもの

　イ　表意者が法律行為の基礎とした事情についてのその認識が真実に反するもの

(2) (1)イの錯誤による意思表示の取消しは,当該事情が法律行為の基礎とされていることが表示されていたときに限り,することができる。

(3) (1)の錯誤が表意者の重大な過失によるものであった場合には,次のいずれかに該当するときを除き,(1)による意思表示の取消しをすることができない。

　ア　相手方が,(1)の錯誤があることを知り,又は知らなかったことについて重大な過失があるとき。

　イ　相手方が表意者と同一の錯誤に陥っていたとき。

(4) (1)による錯誤による意思表示の取消しは,善意でかつ過失がない第三者に対抗することができない。

ウ　日照等の問題について錯誤が争われた裁判例

　日照が売買契約締結の重要な動機となっていたことを認容した裁判例として東京地判平成5年3月29日判時1466号104頁，日照が確保されることが契約の要素となっていたことを認容した裁判例として東京地判平成10年9月16日判タ1038号226頁（なお，同裁判例は説明義務違反も認容している。），騒音による周辺環境について錯誤を認容した裁判例として大阪高判平成12年12月15日判時1758号58頁，隣人トラブルについての錯誤を否定した裁判例として大阪高判平成16年12月2日判時1898号64頁（ただし，説明義務違反を認容している。）等がある。

(2)　詐欺（民96条）

ア　効　果

　詐欺による意思表示は，取り消すことができる。

イ　要件と詐欺取消が争われた裁判例

　詐欺の要件は，①欺罔行為があること，②それによって相手方が錯誤に陥ったこと，③詐欺の故意があること，である。本件売買契約においても，売主が，日照等の問題について実際は存在するにもかかわらず，買主を故意に欺罔し，それによって買主が錯誤に陥った事実が認められる場合には，本件売買契約は，詐欺により取り消される場合がある。

　なお，いわゆる原野商法の欺罔行為を認定した裁判例として東京地判平成21年4月10日ウエストロー，シロアリ被害に関する詐欺取消しの主張が認められなかった裁判例として大阪地判平成20年5月20日判タ1291号279頁等がある。

Q5 契約締結後，住宅が買主に引き渡されないために問題となる事項（危険負担，売主の破産）

　住宅を購入することとし売主との間で売買契約を締結していましたが，引渡し前に発生した地震により建物が倒壊してしまったという場合に，買主の負っていた代金債務はどうなるでしょうか。売主が引渡しの提供をしていたのに買主が受領していなかった間に倒壊した場合はどうでしょうか。
　また，地震による倒壊ではなく，売主が契約締結後，登記・引渡し前に破産してしまった場合はどうでしょうか。

1 危険負担について

(1) 物の滅失と危険負担

　物の滅失とは，物理的滅失のみならず，紛失・盗難・公用徴収による権利の消滅を含む概念である（谷口知平ほか編集『新版注釈民法(13)』668頁（有斐閣，新版補訂版，2006）。地震による建物の倒壊は物理的滅失に該当する。
　住宅の売買契約締結後，引渡し前に，建物が売主の帰責事由によって滅失した場合には，売主の債務不履行の問題となるが，設問のように，滅失について売主に帰責事由がない場合には危険負担の問題となる。

(2) 民法の規定とその解釈

　民法534条は，危険負担につきいわゆる債権者主義を採用していたため，設問のような場合，買主の代金支払義務が存続することとなる。このような債権者主義によると，買主は目的物を取得できないのに代金は支払わなければならなくなり，大きな負担を負うことになる。
　このように民法が債権者主義を規定していた根拠については，売買契約の成立以降，約定された代金額に比べて目的物の価格が値上がりした場合の利

益は買主が取得するのだから,「利益の帰するところ損失も帰する」として,買主が危険を負担すべきである,あるいは,売買契約成立時点で売買目的物の所有権が買主に移転することを前提に,所有者が危険を負担すべしとする思想を反映したものと解されていた。そこで学説は,不動産売買契約における所有権の移転は,特約があればその時点で移転し,特約がなければ,契約の成立時点ではなく,代金の支払や登記の移転,目的物の引渡しなどが行われた時点で移転するのが当事者の通常の意思ないし慣習であるなどとし,したがって,目的不動産についての危険もそのような所有権の移転と同時に売主から買主に移転すると解すべきだとの見解が唱えられるようになった。さらに,その後は,危険負担の根拠は観念的な所有権の所在よりも,実質的に目的物を支配している者が危険を負担すべきであるとの考えから,目的物が買主に引き渡された時に初めて危険も移転するとする引渡し時説も有力に唱えられた(松本克美ほか編『建築訴訟(専門訴訟講座2)』106頁(民事法研究会,第2版,2013))。

(3) 改正民法の規定

このように異論が多かった危険負担の規定について,改正民法は,危険負担の債権者主義を定めた民法534条を削除し,同536条を次のように改めるものとしている。

① 当事者双方の責めに帰することができない事由によって債務を履行することができなくなったときは,債権者は,反対給付の履行を拒むことができる。

② 債権者の責めに帰すべき事由によって債務を履行することができなくなったときは,債権者は,反対給付の履行を拒むことができない。この場合において,債務者は,自己の債務を免れたことによって利益を得たときは,これを債権者に償還しなければならない。

このように,双方の責めに帰することができない事由によって履行不能となった場合,債権者は,反対給付の履行を請求されてもこれを拒むことができるものとされた。

一方で，反対債務の消滅までを効果として規定していないため，債務の消滅までを求める場合，債権者が解除を行う必要がある（その場合，意思表示の到達が必要になる。）。

また，改正民法567条は，売買に関しては，危険の移転について次のような新たな規律を設けるものとしている。

① 売主が買主に目的物（売買の目的として特定したものに限る。以下この条において同じ。）を引き渡した場合において，その引渡しがあった時以後にその目的物が当事者双方の責めに帰することができない事由によって滅失し，又は損傷したときは，買主は，その滅失又は損傷を理由として，履行の追完の請求，代金の減額の請求，損害賠償の請求及び契約の解除をすることができない。この場合において，買主は，代金の支払を拒むことができない。

② 売主が契約の内容に適合する目的物をもって，その引渡しの債務の履行を提供したにもかかわらず，買主がその履行を受けることを拒み，又は受けることができない場合において，その履行の提供があった時以後に当事者双方の責めに帰することができない事由によってその目的物が滅失し，又は損傷したときも，前項と同様とする。

このように，目的物の滅失又は損傷の危険が買主に移転する基準時が目的物の引渡しであることを明らかにした。

以上のように，改正民法の定める危険負担は，民法の規定を大きく変更するものであるが，民法の下でも，債権者主義の不合理さを回避するために，契約上の特約として，債権者主義が排除され，引渡しを危険移転の基準としていることが一般的であったため，不動産取引実務に与える影響は大きくないものと考えられる。

(4) **設問について**

以上により，設問前半部分の前段については，買主は代金債務の履行を拒むことができることとなる。なお，手付が交付されていた場合，手付の返還請求のためには買主の債務（反対債務）の消滅が必要であると考えるのであ

れば，買主は解除をすることが求められるが，改正民法も危険負担の債務者主義の趣旨（「債務者は，反対給付を受ける権利を有しない」）は存続させる意向であるとして，解除を要せず履行済み反対給付の返還請求が肯定されるとする見解（第一東京弁護士会司法制度調査委員会編集『要綱から読み解く債権法改正』65頁（新日本法規出版，2013））もある。

一方，設問前半部分の後段については，買主は代金債務の履行を拒むことができないこととなる。

(5) **裁判例**

危険負担が争点となった事例ではないが，住宅の売買契約締結後，引渡し前に発生した地震により生じた建物の毀損をめぐって争われた事案の下級審裁判例として東京地判平成25年1月16日判時2192号63頁がある。当該事案では，売買契約上の売主の修復義務や宅建業者の調査報告義務等が問題となり，裁判所は事案の具体的事情からこれらの責任を否定し，買主の請求を退けている。

2 売主の契約締結後引渡し前の破産について

(1) **買主の所有権取得について**

破産における所有権は，破産者の責任財産に属しない特定の財産を破産財団から取り戻す取戻権（破産法62条）の基礎となる権利であるが，そのためには当該所有権は，第三者に対する対抗要件を備えている必要がある（民177条）。

したがって，設問後半部分について，買主は，仮に所有権を取得していた場合でも所有権に基づく取戻権により破産財団から当該住宅を取り戻すことはできない。

次に問題となるのが，当該住宅の売買契約が双方未履行であった場合（すなわち，買主も破産手続開始決定前に代金を完済していない場合）の処理である。

この場合，破産管財人は，当該契約を解除するか破産者の債務を履行して相手方の債務の履行を請求できることとされている（破産法53条1項）。また，相手方も破産管財人にいずれを選択するか確答すべき旨を催告すること

ができる（同条2項）。

したがって，売主の破産管財人が履行を選択した場合には，買主は，売買代金を支払うことによって，当該住宅を取得することができる。なお，売主の破産管財人が解除を選択した場合，手付に関しては，その価額について財団債権として扱われる（破産法54条2項）。

(2) 手付金等の保全

宅建業者は，自ら売主になる場合，手付金等が一定範囲を超える金額の場合は，宅建業法に定める保全措置を講じた後でなければ，手付金等を受領することができない（宅建業法41条1項・41条の2第1項）。

これは，物件が未完成の段階や完成後引渡し未了の段階で，宅建業者が売買代金の一部を手付金等と称して受領することがあり，その後物件引渡し前に宅建業者が倒産すれば，買主は物件の所有権を取得することも手付金等の返還を受けることもできなくなる危険があるために，買主を保護するために設けられた規定である（そのため，買主が宅建業者である場合には適用されない（宅建業法78条2項）。）。

具体的には，手付金等の額が，未完成物件については売買代金の5％を超える場合又は1000万円を超える場合に，完成物件については売買代金の10％を超える場合又は1000万円を超える場合に，それぞれ手付金等の保全措置を講じなければならない（宅建業法施行令3条の3）。

そして，保全の方法としては，宅建業者は，未完成物件の場合には，①銀行等による保証，又は②保険事業者による保証保険契約から保全の方法を選択し，完成物件の場合には，①銀行等による保証，②保険事業者による保証保険契約，又は③指定保管機関による保管から保全の方法を選択する（宅建業者が保全措置を講じないで手付金等を受領したときには，業務停止処分や免許取消処分の対象となり得る。）。

したがって，設問後半部分の場合，保全措置がとられているケースであれば，売主が破産しても，保全措置の相手方となった機関から手付金等を回収することができる。

Q6 瑕疵担保責任①（民法，品確法，履行確保法等に基づく売主等に対する請求／国及び確認検査機関に対する請求）

> 新築住宅を購入しましたが，引渡しを受けてから2か月後，壁にシミができているのを発見しました。そこで，専門業者に調査を依頼したところ，雨水が壁の内部に浸入していることが判明しました。売主に対して，どのような請求することができるでしょうか。また，このような欠陥のある住宅の施工に関して建築確認をした機関に対して，損害賠償請求をすることができるでしょうか。

1 瑕疵担保責任（民法570条に基づく請求）

売買目的物である不動産に「隠れた瑕疵」があった場合（「隠れた瑕疵」の要件については，**Q7**を参照されたい。），買主は，売主に対し，売主に過失があるか否かにかかわらず，当該不動産に欠陥が存在したことを理由とする損害賠償請求をすることができるのに加え，一定の場合には契約を解除することができる（民570条・566条1項）。

(1) **損害賠償請求**

買主は，売主に対し，売買目的物に「隠れた瑕疵」が存在することにより生じた損害の賠償を請求することができる（請求することのできる損害の範囲については，**Q8**を参照されたい。）。

(2) **契約の解除**

買主は，売買目的物に「隠れた瑕疵」が存在し，そのために，「契約をした目的を達成することができない」ときは，契約を解除することができる。当然，買主が売買契約を解除したとしても，上記損害賠償請求をすることは妨げられない（大判大正10年2月10日民録27輯255頁）。

ここでの契約目的不達成とは，瑕疵の程度や内容に照らし，瑕疵の修理が

不可能な場合や，修理が技術的に可能であっても修理費用が特に多額となる場合をいうとされている（大判昭和4年3月30日民集8巻226頁）。かかる契約目的不達成の要件の主張立証責任については，解除を主張する買主が負うとする請求原因説（司法研修所編『民事訴訟における要件事実　第1巻』213頁（法曹会，増補版，1989），司法研修所編『紛争類型別の要件事実：民事訴訟における攻撃防御の構造』14頁（法曹会，改訂，2006））と，解除の効力を争う売主が負うとする抗弁説（倉田卓次監修『要件事実の証明責任：契約法　上巻』410頁（西神田編集室，1993））とで争いがある。

　契約目的不達成を肯定し，解除を認めた近時の裁判例として，東京地判平成20年9月24日ウエストロー，東京地判平成23年4月20日ウエストローがある。これに対し，契約目的不達成を否定し，解除が認められないとした近時の裁判例として，東京地判平成19年12月25日判時2033号18頁，東京地判平成20年3月27日ウエストロー，東京地判平成20年10月15日ウエストロー，東京地判平成20年12月26日ウエストロー，東京地判平成21年6月26日ウエストロー，東京地判平成22年6月29日ウエストロー，さいたま地判平成22年7月23日裁判所ウェブサイトがある。

(3) **瑕疵修補請求**

　民法上，売買目的物である不動産に「隠れた瑕疵」があった場合に買主が売主に対して修補請求をすることができる旨の規定はない。これに対して，後述する品確法においては，買主の瑕疵修補請求権に関する規定がある。この請求権は，改正民法でも認められている。

(4) **期間制限**

　瑕疵担保責任に基づく損害賠償請求や契約の解除は，買主が瑕疵の事実を知った時から1年以内に権利を行使することが必要とされている（民570条・566条3項）。かかる期間は，除斥期間と解されており，時効と異なり中断は認められない（最三小判平成4年10月20日民集46巻7号1129頁）。また，ここでの「瑕疵の事実を知った時」とは，単に瑕疵があるらしいと気付くだけではなく，一般通常人が解除や損害賠償の判断をなし得る程度に瑕疵の内

容程度を知ったことを要するとされている（京都地判平成12年10月16日判時1755号118頁）。なお，かかる権利の行使としては，訴えを提起する必要はないが，具体的に瑕疵の内容とそれに基づく損害賠償請求をする旨を表明し，請求する損害額の算定の根拠を示すなどして，売主の担保責任を問う意思を明確に告げる必要がある（前掲最三小判平成4年10月20日）。

さらに，瑕疵担保責任に基づく損害賠償請求権は10年の消滅時効にもかかる（損害賠償請求の起算点は目的物の引渡し時（最三小判平成13年11月27日民集55巻6号1311頁））。

かかる期間制限に関する主張が認められた近時の裁判例として，東京地判平成20年6月24日ウエストロー，東京地判平成21年1月27日ウエストロー，東京地判平成21年10月29日ウエストローがある。

(5) **任意規定性**

民法上の瑕疵担保責任に関する規定は任意規定と解されており，瑕疵担保責任を免除し，あるいは限定する特約も有効とされている（**Ⅲ**の**Q1**を参照されたい。）。特約が有効とされた近時の裁判例として，東京地判平成20年11月19日判タ1296号217頁がある。当該裁判例は，買主が，売主に対し，買い受けた土地に環境基準値を大幅に超える高濃度のヒ素が含まれていたことを理由として損害賠償請求をしたところ，売主が瑕疵担保責任制限特約の存在を主張した事案である。

2 特定住宅瑕疵担保責任（品確法95条に基づく請求）

新築住宅の売買契約において，売買目的物である住宅の構造耐力上主要な部分及び雨水の浸入を防止する部分に「隠れた瑕疵」があった場合，買主は，売主に対し，損害賠償請求や契約の解除のほか，瑕疵修補請求をすることができる（品確法95条1項。以下これらの請求を合わせて「修補請求等」という。）。ただし，一時使用のために建設されたことが明らかな住宅についての売買の場合は請求できない（品確法96条）。

(1) 要　件

同法に基づき修補請求等をするためには，①新築住宅の売買であること，②当該住宅に構造耐力上主要な部分又は雨水の浸入を防止する部分として政令で定めるもの（以下「構造耐力上主要な部分等」という。）の瑕疵があることが必要である（なお，同法に基づき損害賠償請求又は契約の解除をする場合には，それぞれ，以下の要件に加えて，上記❶の民法上の要件を充たす必要がある。）。

ア　新築住宅の売買

同法にいう「新築住宅」とは，人の居住の用に供する家屋又は家屋の部分（人の居住の用以外の用に供する家屋の部分との共用に供する部分を含む。）のうち，建築工事の完了から起算して1年以内のもので，かつ，人の居住の用に供したことのないものをいうとされている（品確法2条1項・2項）。

イ　構造耐力上主要な部分

同法にいう「構造耐力上主要な部分」とは，耐震性や耐久性などにとって重要な部分である基礎・柱等をいい，品確法施行令5条1項において，住宅の基礎，基礎ぐい，壁，柱，小屋組，土台，斜材（筋かい，方づえ，火打材その他これに類するものをいう。），床版，屋根版，横架材（はり，けたその他これに類するものをいう。）で，住宅の自重若しくは積載荷重，積雪，風圧，土圧若しくは水圧又は地震その他の震動若しくは衝撃を支えるものをいうと定められている。

ウ　雨水の浸入を防止する部分

同法にいう「雨水の浸入を防止する部分」とは，雨漏り対策のために設置されている部分の屋根や外壁などをいい，品確法施行令5条2項において，住宅の屋根若しくは外壁又はこれらの開口部に設ける戸，わくその他の建具，及び，雨水を排除するため住宅に設ける排水管のうち，住宅の屋根若しくは外壁の内部又は屋内にある部分をいうと定められている。

(2) 期間制限

新築住宅の買主は，当該買主が売主から新築住宅を引き渡された時（当該

新築住宅が住宅新築請負契約に基づき請負人から当該売主に引き渡されたものである場合は，その引渡し時）から10年間（ただし，買主が瑕疵の事実を知ってから1年間），修補請求等の請求を行うことができる（品確法95条1項・3項）。

(3) 片面的強行規定

新築住宅の買主の保護の観点から，品確法95条2項により，同条1項の規定に反する特約で買主に不利なものは無効となる。不利な特約としては，期間10年を下回る特約や，対象部位を構造耐力上主要な部分等よりも狭くする特約，売主に過失がある場合にのみ請求権が生ずるとする特約，賠償請求の上限を定めるなど請求内容を限定する特約，解除権の要件を限定する特約などである。

3 履行確保法に基づく請求

(1) 概　要

履行確保法は，品確法に定める新築住宅の売主（及び請負人）が負う10年間の瑕疵担保責任を前提として，売主（及び請負人）に対しその履行を確保するための資力確保措置を義務づけるものである。すなわち，宅建業者（宅建業法の免許を受けた宅地建物取引業者）は，一般消費者との間で新築住宅の売買契約を締結する際，当該一般消費者に対する瑕疵担保責任の履行（買主に対する損害賠償額の支払）を確保するために，一定額の保証金（住宅販売瑕疵担保保証金）を供託するか，保険契約（住宅瑕疵担保責任保険契約）を締結しなければならないとされている（履行確保法11条・2条3項）。

したがって，宅建業者との間で新築住宅の売買契約を締結した買主は，その住宅に品確法に定める瑕疵が存在していた場合，供託金の還付請求又は保険金の支払請求をすることができることがある。

(2) 供託金の還付請求

住宅販売瑕疵担保保証金の供託をしている宅建業者から新築住宅の引渡しを受けた買主は，宅建業者が品確法上の瑕疵担保責任を負う期間内（10年

以内)に,住宅の構造耐力上主要な部分等に瑕疵が判明したことによって損害を受けた場合のうち,以下に列挙するときは,その損害賠償請求権に関して,宅建業者が供託している住宅販売瑕疵担保保証金から優先弁済を受けることができる(履行確保法14条1項・2項)。

① 裁判等によって瑕疵に基づく損害賠償請求権について強制執行し得る債務名義を取得したとき
② 和解等によって取引業者側が損害賠償責任の存在及び内容を公正証書等によって認めており,当事者間で争いがないことが証明されるとき
③ 個人である業者の死亡や法人である業者の倒産等によって責任を負うべき業者側の権利能力が消滅し,損害賠償責任の履行が困難と認められるとき

なお,供託金が供託されている供託所は,契約締結時までに宅地建物取引業者から交付される書面(履行確保法15条)により,把握することができる。

(3) 保険金の支払請求

住宅販売瑕疵担保責任保険契約とは,宅建業者(及び建築業者)が,一般消費者に対する品確法上の瑕疵担保責任の履行を確保するために,住宅瑕疵担保責任保険法人との間で締結する保険契約をいう(履行確保法2条6項)。

当該保険契約を締結した宅地建物取引業者が品確法上の瑕疵担保責任を負う期間内(10年以内)に,住宅の構造耐力上主要な部分等に瑕疵が判明したにもかかわらず,当該業者が相当の期間を経過しても責任を履行しないとき(当該業者が倒産している場合や,損害賠償請求権について裁判等によって強制執行し得る債務名義を取得した場合を含む。)は,一般消費者たる当該住宅の買主は,住宅瑕疵担保責任保険法人に対し,瑕疵の修補等に要した費用について,保険金の支払を請求することができる(履行確保法2条6項2号ロ)。当該保険は,宅建業者による品確法上の瑕疵担保責任についての任意の履行を促すものであるため,保険金の支払は,原則として,買主に対してではなく,品確法上の瑕疵担保責任を負う宅建業者に対してなされるものであるが(履行確保法2条6項2号イ),建物の瑕疵により損害を被った一

般消費者を保護するために，当該業者が責任を任意に履行しない場合に限り，一般消費者に保険金の直接請求権を認めたものである。また，一般消費者保護の観点から，買主が当該保険金支払請求をする場合は，宅建業者が瑕疵について故意・重過失を有していたとしても，これを理由に支払請求権が否定されることはない。なお，買主が請求できる保険金額には，上限額が定められているのが一般的であるが（上限額は契約の内容によって異なる。），上限額は，少なくとも2000万円以上とされている（履行確保法2条6項3号）。

売主たる宅建業者がどのような住宅瑕疵担保責任保険契約を締結しているかについては，買主は，宅建業者から交付を受ける重要事項説明や契約内容に関する書面により，把握することができる（宅建業法35条1項13号・37条1項11号）。

4 保証金の還付

建物に瑕疵があり，建築物の販売業者に対し，損害賠償請求をすることができる場合，買主は，売主たる宅建業者が供託した営業保証金又は宅建業者に代わり保証協会が供託した弁済業務保証金の還付を受けることができる（宅建業法27条・64条の8）。なお，営業保証金等の制度の具体的な内容については，ⅢのQ8を参照されたい。

5 国及び確認検査機関に対する請求

(1) 国に対する請求

建物に瑕疵がある場合，販売業者に対して損害賠償請求をすることができることは上記**1**(1)のとおりであるが，これとは別に，建築確認を行った機関に対して行政上の法的責任を追及することはできないか。

この点に関して，山口地岩国支判昭和42年8月16日訟月13巻11号1333頁では，建築主事が建物の建築確認申請の際に提出された設計書に添付された構造計算の誤りを看過したという事案において，裁判所は「建築基準法第6条所定の確認は，地方公共団体の機関である建築主事が，当該建築計画が

建築物の敷地，構造及び建築設備に関する法令に適合するものであることを，公権的に判断確定するものであるから，それは行政庁が具体的事実について公権力の行使として何が法であるかを宣言し，法律的規則を加えるところの一の準法律行為的行政行為である。又当該建築計画が適法なりや否やを判断するについては，法令に詳細な客観的基準が示されているのであるから，この規準に違反してなされた確認行為は単に不当であるにとどまらず違法である。よつて，被告の機関として建築主事……がなした本件確認行為は，公権力の行使に当る公務員がその職務を行うにつきなした違法な行為といわなければならない。」と判示している。すなわち，建築確認は，地方公共団体の機関である建築主事が，当該建築計画が法令に適合するものであることを，公権的に判断確定するものであるから，行政庁による「公権力の行使」（国家賠償法1条1項）として，国家賠償法適用の対象となる（名古屋地判平成21年2月24日判時2042号33頁も同趣旨）。

(2) **指定確認検査機関に対する請求**

建築確認は必ずしも地方公共団体の機関が行わなければならないわけではなく，民間企業であっても指定を受ければ，指定確認検査機関となり，建築確認を行い建築確認済証を交付することができる（建基6条の2）。

指定確認検査機関の事務は，特定行政庁の監督下において行われるものといえることから，当該機関の事務は，地方公共団体の事務であり，その事務の帰属する行政主体は地方公共団体であると解されていることから（最二小決平成17年6月24日判時1904号69頁），指定確認検査機関の確認事務の過誤を理由として，国家賠償法上の賠償責任を追及することは可能と思われる（横浜地判平成17年11月30日判自277号31頁は，指定確認検査機関の従業者には審査業務において求めた是正に関する修正が適正であるかを確認する義務があり，その義務を怠ってなされた建築確認には過失があるとして，指定確認検査機関の損害賠償責任を肯定した。）。

Ⅰ 新築売買

Q7 瑕疵担保責任② (隠れた瑕疵の具体的内容)

新築住宅のモデルルームを見学した際,モデルルームに,ある大理石が使用されている点を気に入り,また,販売会社の営業者も,当該大理石を使用していることが本件建物の大きな魅力の一つであると説明したため,本件建物を購入することにしました。しかし,この新築住宅の引渡しを受けた際,実際に使用されている大理石が,モデルルームに使用されていた大理石と異なるものであることに気付きました。引渡しを受けた新築住宅に実際に使用されている大理石がモデルルームの大理石と異なるものであったことは,民法570条の「隠れた瑕疵」に当たるでしょうか。

1 「隠れた瑕疵」の要件

「瑕疵」とは,契約の目的物が,当該契約において通常有すべき品質・性能を欠いていることをいうとされており,かかる瑕疵が表見していない場合を「隠れた瑕疵」というとされている(大判昭和5年4月16日民集9巻376頁)。

(1) 「瑕疵」

瑕疵には,物理的欠陥だけでなく,心理的欠陥や法令上の制限が含まれるとされている。瑕疵の存否は,売買契約の趣旨・目的,売買代金,目的物の特性,当事者の合意等の事由を総合考慮して判断される。

学説上は,「瑕疵」の意義について,目的物がその種類の物として通常有すべき品質・性能を欠いていることとする見解(客観的瑕疵概念)と,目的物が当該契約において予定された性質を欠いていることとする見解(主観的瑕疵概念)があるが(山本敬三著『民法講義4-1 契約』281頁(有斐閣,2005)),判例上は,上記定義のとおり,当事者の合意等の事由を考慮することとされており,主観的瑕疵概念が採用されている。

(2) 「隠れた」瑕疵であること

請負契約の瑕疵担保責任（民634条）には，このような要件はないのに対し（詳しくは，ⅡのQ1を参照されたい。），上記のとおり，売買契約の瑕疵担保責任の場合に当該要件が要求されているのは，売買契約成立時に瑕疵の存在が明らかであるならば，当事者においては，瑕疵の存在を前提として，契約を締結し，それに応じた代金額を決めたものと解されるから，後から買主が瑕疵を理由に損害賠償を求めたり解除したりすることを認める必要がないとの理由によるものである（小久保孝雄，徳岡由美子編著『建築訴訟（リーガル・プログレッシブ・シリーズ14）』198頁（青林書院，2015））。したがって，瑕疵担保責任を主張する買主は，目的物の瑕疵が，通常人が普通の注意を用いても発見できないものであることを主張・立証しなければならず，これに対し，瑕疵担保責任を争う売主は，瑕疵の存在について買主に悪意又は過失があることを主張・立証することになる（司法研修所編『民事訴訟における要件事実　第1巻』214頁（法曹会，増補版，1989））。もっとも，かかる要件について，主観的瑕疵概念を徹底すれば，瑕疵の判断の際に当事者の合意を斟酌する以上，瑕疵が表見のものであったり，買主がその瑕疵を知っていたときは，そもそも「瑕疵」がなかったと評価すべきであるから，「隠れた」という要件と「瑕疵」という要件を切り離して観念することはできないとする見解もある（潮見佳男著『契約各論1』（信山社出版，2002））。

隠れた瑕疵であることが否定された近時の裁判例として，東京地判平成20年9月24日ウエストロー，東京地判平成21年6月15日ウエストロー，東京地判平成21年9月11日ウエストロー，東京地判平成21年9月29日ウエストロー，東京地判平成22年3月26日ウエストロー，東京地判平成23年1月27日判時2110号83頁，東京地判平成26年5月23日判タ1416号165頁などがある。

2　瑕疵の判断に関する近時の裁判例

新築売買に関する近時の裁判例を，争いとなった瑕疵の種類について，物

理的欠陥，心理的欠陥とその他合意違反に分類すると以下のとおりとなる（新築売買以外に関する裁判例は，ⅢのQ3等を参照されたい。）。

(1) 物理的欠陥

ア 瑕疵が認められた裁判例

東京地判平成17年12月5日判時1914号107頁は，買主が，目的物たる建物がいわゆるシックハウスであることが瑕疵に当たると主張した事案であるが，裁判所は，本件売買契約においては，本件建物の備えるべき品質として，本件建物自体が環境物質対策基準に適合していること，すなわち，ホルムアルデヒドをはじめとする環境物質の放散につき，少なくとも契約当時行政レベルで行われていた各種取組において推奨されていたというべき水準の室内濃度に抑制されたものであることが前提とされていたとみることが，両当事者の合理的な意思に合致すると判断した上で，本件建物の室内空気に含有されたホルムアルデヒドの濃度が厚生省指針値の水準を相当程度超えるものであったとして，瑕疵を認めた。

福岡高判平成18年3月9日判タ1223号205頁は，買主が，購入したマンションの外壁タイルに，剥離・剥落が発生したことが瑕疵に当たると主張した事案であるが，裁判所は，当該瑕疵を認めた上で（当事者間に争いなし），共用部分に瑕疵が存在した場合であっても，これにより専有部分の経済的価値が低下している以上，その共用部分を共有する区分所有者の損害賠償請求が否定される理由はないとした。

東京地判平成21年2月13日ウエストローは，目的物たる建物の軀体に欠陥があり，引渡し時に漏水が発生していたとして，瑕疵が認められた事案である。なお，本事案では，裁判所は，本件建物の竣工図が存在しないことのみをもって瑕疵があるとまではいえないとしている。

イ 瑕疵が認められなかった裁判例

東京地判平成22年5月27日判タ1340号177頁では，裁判所は，売買目的物たる本件マンションの床材に，住戸の売買契約の締結及びマンションの建築後の法改正により化学物質過敏症を防止する見地から使用が禁止された

床材が使用されていたことは，住戸の瑕疵に当たらないとした。

(2) **心理的欠陥（瑕疵が認められなかった事案）**

東京地判平成19年4月25日ウエストローは，買主が，目的物たる建物に隣接する建物に設置された喫煙室に出入りする従業員の視線が気になり，心の平穏が得られない状況にあるとして，当該喫煙室の存在が本件建物の瑕疵に当たると主張した事案であるが，裁判所は，本件喫煙室から本件建物の内部を容易にのぞくことができる状況にはないとして，瑕疵を認めなかった。

東京地判平成24年4月17日ウエストローは，マンションの一室の買主が，当該マンションのエレベーターレールの設置工事を行っていた作業員らが転落死するという事故が発生したことが目的物たる当該マンションの専有部分の瑕疵に当たると主張した事案であるが，裁判所は，当該事故が売買契約の締結後に発生したものであることを理由に瑕疵を認めなかった。

(3) **その他合意違反**

ア 瑕疵が認められた裁判例

東京地判平成20年9月19日ウエストローでは，裁判所は，本件売買契約締結前の交渉段階において，売主は，建物について，パンフレットに記載された遮音性能を保証していたと認めた上で，本件建物が当該性能を有していないことが瑕疵に当たるとした。

イ 瑕疵が認められなかった裁判例

東京地判平成20年4月11日ウエストローは，買主が，買い受けたマンションの居室に設置されたエアコンが，モデルルームに設置されていたエアコンと異なることが瑕疵に当たると主張した事案であるが，裁判所は，本件モデルルームを見学した購入者の中で，モデルルームに設置されていたエアコンのメーカーや機器能力の詳細に関心を持ち，これを居室購入の重要な考慮要素として位置づけ，モデルルームと同一のエアコンが設置されることが居室の売買契約の内容となるといった認識を有していた者は，ほとんどいなかったものと推認されるとした上で，本件で，売主はモデルルームに設置されたエアコンと同一のものを本件居室に施工する契約上又は条理上の義務を負う

とは認められないと判断し，瑕疵を認めなかった。

東京地判平成22年10月7日ウエストローは，買主が，建物に使われている大理石等の部材が，モデルルームの部材等やパンフレットの写真に写っている部材と異なることが瑕疵に当たると主張した事案であるが，裁判所は，建物に使われている部材とモデルルーム等の部材との差異を確定することはできないことを理由に瑕疵を認めなかった。

3 設問について

モデルルームに大理石が用いられており，販売会社の営業者も「当該大理石を使用していることが本件建物の魅力の一つである」と説明していることからすると，買主と販売会社との間で，当該大理石を使用することが本件建物の売買契約における合意の一内容となっていたといえ，この合意に違反したことは本件建物の瑕疵に当たると評価することができそうである。また，引渡しを受けるまで大理石の種類を確認することができなかったのであれば，「隠れた」瑕疵であると評価されるであろう。

もっとも，当該買主が，訴訟において，かかる瑕疵の存在を主張するためには，モデルルームにおいてどのような種類の大理石が使われていたのかを証拠上明らかにする必要がある。

4 改正民法（契約不適合の要件）

改正民法は，現行民法の瑕疵担保責任に関する規定に代わる規定として，改正民法562条を設け，「引き渡された目的物が……品質……に関して契約の内容に適合しないものである時は，買主は，売主に対し，目的物の修補，代替物の引渡し又は不足分の引渡しによる履行の追完を請求することができる。」と定めている。このように，改正民法では，「瑕疵担保責任」という規定はなくなり，「追完請求権」という権利が新設され，この追完請求権の定めは，「隠れた瑕疵」という文言を使わず，契約適合性という観点から規律している（中間試案補足説明399頁）。

このような文言の変更は，瑕疵担保責任が債務不履行の一種であることや主観的瑕疵概念を採用することを明確にしたにすぎず（部会資料75A9頁），従来の「隠れた瑕疵」の判断が，そのまま「契約不適合」の判断に当てはまるものと思われる。もっとも，文言の変更を受けて，契約不適合性の判断（現在でいう瑕疵の判断）に影響が及ぶ可能性は否定できない。また，瑕疵についての買主の善意無過失を基礎づける事実については，契約不適合性の判断に吸収されるため，買主が主張立証責任を負うという整理に変更されるものと思われる。

Ⅰ 新築売買

Q8 瑕疵担保責任③（損害）

　賃貸用に新築住宅を購入しましたが，建物に欠陥があることが判明したため，売主に瑕疵担保責任を追及することにしました。
1　売買契約を解除せず，損害賠償のみ請求する場合，以下の各項目について，売主に対する請求は認められるでしょうか。
　① 　修補費用相当額
　② 　建替費用と建替に伴う諸経費相当額
　③ 　調査費用
　④ 　弁護士費用
　⑤ 　得られなかった賃料収入相当額
　⑥ 　目的物の減価相当額
　⑦ 　慰謝料
2　売買契約を解除して，売主に対して，売買代金の返還を請求するとともに，損害賠償の請求もする場合，どのような内容の請求が認められるでしょうか。

1　はじめに

　購入した不動産に欠陥がある場合，一般に，買主は，売主に対して，①瑕疵担保責任（民法改正後は，債務不履行責任としての契約不適合責任）に基づき，損害賠償請求，又は契約の解除とともに損害賠償請求を行うか，②いわゆる説明義務違反等を理由に不法行為に基づく損害賠償請求（なお，説明義務違反の法的性質が債務不履行か不法行為かについて従前争いがあったものの，最二小判平成23年4月22日民集65巻3号1405頁が，不法行為である旨を判示している。）を行う。

　売買契約の瑕疵担保責任やいわゆる説明義務違反を理由に賠償請求できる

損害の範囲については，信頼利益（無効あるいは原始的に不能な契約を有効と誤信したために生じた損害）に限られるとするのが，従来の通説的な考え方であった。このような考え方に立つと，債務不履行責任の特則とされる請負契約に基づく瑕疵担保責任の損害の範囲が履行利益（本来の履行がなされた場合に得られたであろう利益相当額の損害）とされていることから，売買と請負の場合とで，瑕疵担保責任の追及により塡補される損害の範囲が異なり得る。

しかしながら，近時の裁判実務においては，契約類型や法律構成の違い，瑕疵担保責任の損害の範囲に関する法的見解の違いに拘泥することなく，実質的な観点から，事案に応じて，損害の範囲を認定する傾向がみられる（なお，瑕疵担保責任の損害の範囲については，小久保孝雄，徳岡由美子編著『建築訴訟（リーガル・プログレッシブ・シリーズ14）』209頁以下（青林書院，2015)，中野哲弘，安藤一郎編『住宅紛争訴訟法（新・裁判実務体系第27巻）』208頁以下（青林書院，2005）等に詳説されている。)。

そこで，以下では，売買契約に基づく瑕疵担保責任の追及として損害賠償請求を行う場合を基本としながら，必要に応じて他の契約類型や法律構成による請求の場合についても言及しつつ，損害の費目ごとに，損害賠償の範囲について述べることにする。

2 瑕疵修補費用

(1) 売買契約に基づく瑕疵担保責任の性質につき，通説とされる法定責任説に立つと，不動産に瑕疵があった場合，当該瑕疵は契約締結時点において存する以上，当該瑕疵部分の契約は原始的に不能であり，したがって，当該部分の履行は理論的に想定できず，損害の範囲は信頼利益に限られることになる。そして，信頼利益とは，無効あるいは原始的に不能な契約を有効と誤信したために生じた損害をいうことから，不動産の売買契約の瑕疵担保責任については，本来，契約を解除した場合の契約の締結に要した費用等のみが塡補される損害ということにもなりそうである。

Ⅰ 新築売買

しかしながら，近時の裁判例においては，瑕疵の補修費用についても信頼利益の範囲内にあるとしたり，あるいは信頼利益／履行利益について言及することなく，瑕疵の修補費用（あるいは地中埋設物等の除去費用）相当額の損害賠償請求を認容するのが，一般的な傾向といえる（建物の瑕疵につき，東京地判平成24年6月8日判時2169号26頁，千葉地松戸支判平成6年8月25日判時1543号149頁等。土地の瑕疵につき，東京地判平成20年7月8日判時2025号54頁，東京地判平成19年7月23日判時1995号91頁，名古屋地判平成17年8月26日判時1928号98頁等）。

(2) 修補費用相当額の主張立証については，一級建築士等が作成した見積書や意見書が用いられることが一般である。一方当事者が提出した見積書や意見書の内容について，他方当事者から別の見積書が提出されるなどして具体的な異議が出された場合には，裁判所から，当事者双方に対して，個別の瑕疵ごとに具体的な修補方法を主張立証するよう求められ，かかる具体的な修補方法等について，調停委員会の意見（調停に付されていた場合），専門委員の説明，鑑定の結果等を踏まえ，妥当な修補費用相当額の認定が行われることになる（小久保，徳岡編著・前掲書211頁～213頁）。

(3) なお，新築住宅については，品確法95条により，住宅の構造耐力上主要な部分等の瑕疵について，瑕疵の修補請求，修補請求に代えて損害賠償請求又は修補請求とともに損害賠償請求ができるとされており，法律の明文上も，買主に，欠陥の修補費用相当額の損害賠償を請求する権利が認められている。

3 建替費用相当額

(1) 売買契約の場合，当該不動産の瑕疵が重大で契約の目的を達成することができない場合，買主は，契約を解除することができる。また，買主は，当該建物の瑕疵が重大で，当該瑕疵の修補を行うには，当該建物を解体し，再築する以外に方法がない場合には，建替費用相当額の損害賠償を請求することができる。例えば，名古屋高判平成21年6月4日消費者法ニュース82

号264頁は，新築戸建住宅の瑕疵について，品確法の瑕疵担保責任に基づいて，当該住宅の取壊しと建替費用相当額の損害賠償を認容している。

請負契約については，民法635条ただし書で，社会経済的な損失等を避けるべく建物その他の工作物を目的とする請負契約の解除ができない旨規定されていることとの関係で，建替費用相当額の損害賠償請求が認められるのか否か争いがあったが，最三小判平成14年9月24日判時1801号77頁は，当該建物に重大な瑕疵があって建て替えるほかない場合は，当該建物を収去しても社会経済的に大きな損失にならない等として，請負の場合でも，注文者は請負人に対して建替費用相当額の損害賠償を請求できる旨を判示し，この点が明確になった。

(2) 建替費用相当額の損害賠償請求が認められる場合に，売主あるいは請負人側から，建替えまでの間当該建物に居住していたことの利益や当該建物を建て替えて耐用年数の伸長した新築建物を取得することの利益（以下「居住利益」という。）を損益相殺の対象として控除すべきとの主張がなされるが，前掲名古屋高判平成21年6月4日の上告審の最一小判平成22年6月17日民集64巻4号1197頁は，建物が倒壊するおそれがあるなど，社会通念上，建物自体が社会経済的な価値を有しないと評価すべきものであるときには，上記建物の買主がこれに居住していたとの利益については，損益相殺等の対象として損害額から控除できないと判示し，同旨の原審の判断を是認した。

4 仮住まいの賃料，引越費用

当該建物について，瑕疵の修補工事や建替工事のために，仮住まいに転居する必要がある場合には，仮住まいの賃料と引越費用について，必要かつ相当な範囲内で損害賠償請求をすることができる（前掲名古屋高判平成21年6月4日等）。

5 調査費用

当該建物について，瑕疵があることを主張立証するためには，一級建築士

等の専門家に調査と書面作成を依頼することが一般であるが，そのために支払った調査費用については，瑕疵との相当因果関係が認められる範囲内で損害賠償請求することができる（換言すると，調査費用のうち，瑕疵と認められない項目に関する部分については，直ちに損害と認められないものと思われる。）。

例えば，前掲東京地判平成24年6月8日は，建物の基礎に隠れた瑕疵があるとして，補修費用1830万円のほかに調査費用として約102万円を損害として認定した。また，前掲名古屋高判平成21年6月4日も，建替費用相当額（約2412万円），仮住まいの賃料及び引越費用とともに，調査費用として約133万円を損害として認定した。

6 弁護士費用

訴訟において，当該建物に瑕疵があること，すなわち本来あるべき施工と実際の施工との違いと，かかる違いが法的に瑕疵に該当することを裏付ける具体的事実を主張立証していくには，弁護士に委任することが，不可欠といっても差し支えない。

そこで，一般的には，認定された損害額の1割程度の金額の弁護士費用が損害として認められている。例えば，前掲東京地判平成24年6月8日は弁護士費用190万円，前掲名古屋高判平成21年6月4日は弁護士費用250万円を損害として認定した。また，東京地判平成20年7月8日判時2025号54頁は，土地に土壌汚染との瑕疵があるとして，土壌汚染等の調査・対策費用として約5億6970万円のほか，弁護士費用として2000万円を損害として認定した。ただし，信頼利益に含まれない等として弁護士費用を売買契約の瑕疵担保責任に基づく損害として認めない裁判例もある（神戸地判平成9年9月8日判時1652号114頁）。

7 逸失利益

賃貸するために購入した建物や店舗営業をするために購入した建物に瑕疵

があり，当該建物を一定期間賃貸できない，当該建物で一定期間店舗営業ができないといった場合に，かかる期間中の賃料収入や営業上の利益に関して，瑕疵担保責任に基づく損害賠償請求を認め得るか否かについては，売買契約に基づく瑕疵担保責任の損害の範囲を信頼利益と解した場合，これを直ちに認めることは難しいと思われる。

　しかしながら，裁判例の中には，瑕疵のある建物を引き渡すべき債務があった等として債務不履行に基づいて逸失賃料の損害を認めたり（東京高判平成6年2月24日判タ859号203頁），売買契約に際して建物の瑕疵について説明を怠った等として不法行為に基づいて補修工事期間中の賃料相当額の損害を認めたり（東京地判平成21年1月28日ウエストロー）するものがある。また，購入したマンションの化学物質により化学物質過敏症に罹患したとして，不法行為に基づいて将来の労働能力喪失分の損害を認めた裁判例（東京地判平成21年10月1日消費者法ニュース82号267頁）もある。

　裁判例には，売買契約の瑕疵担保責任に基づき逸失利益の損害を認めるのではなく，債務不履行や不法行為といった他の法律構成により，かかる損害を認めることで妥当な結論を導こうとする傾向がある。

8　評価損

(1)　性質上修補することが不可能な瑕疵，例えば，購入した不動産について，近隣問題，周辺環境の問題，いわゆる心理的瑕疵の問題がある場合には，当該瑕疵の存在によって，不動産の交換価値が減少したとして，いわゆる評価損が認定されることがある。

　近隣問題については，土地の買主が隣人の脅迫的言辞により建物の建築が事実上制限されたことにつき当該瑕疵により土地が15％減価したとした裁判例（東京高判平成20年5月29日判時2033号15頁），近くに暴力団事務所があることを知らずに購入した土地につき隠れた瑕疵の存在を認め20％の減価を認めた裁判例（東京地判平成7年8月29日判時1560号107頁）等があり，特に暴力団関係の問題については，評価損が認められやすい傾向が

ある。

　眺望や日照といった周辺環境の瑕疵については，瑕疵担保責任の事例ではないが，花火の観望を売りにしたマンションにつき同じ売主が花火の観望を妨げる別のマンションを着工したことにつき，信義則上の義務違反を認めたが，評価損を否定した裁判例（東京地判平成18年12月8日判時1963号83頁），土地売買に際して，売主が隣地に高架道路建設計画があることを買主に告知しなかったことにつき当該土地に日照，通風等の被害が生じたとして，説明義務違反を理由に土地につき10％の減価を認めた裁判例（東京地判平成10年5月11日判タ994号187頁）等があり，必ずしも評価損が認められるとは限らない。

　自殺等の心理的瑕疵については，売買された土地上にあった建物で約3年半前に火災による焼死者が出たことが，心理的瑕疵に該当するとして，土地代金の1割程度の損害を認めた裁判例（東京地判平成22年3月8日ウエストロー），瑕疵担保責任の事例ではないが，売買されたマンションで約2年前に飛び降り自殺があったことについて説明しなかったことにつき説明義務違反に該当するとして，当該マンション価格につき自殺発生当初25％の減価（ただし，2年の経過により減価要因が相当程度逓減するとした。）を認めた裁判例（東京地判平成20年4月28日判タ1275号329頁）等がある。

(2)　他方，性質上，修補が可能な瑕疵については，修補されれば瑕疵が存在しなくなり，原則として，減価は生じないと考えられるが，修補後も減価が残存する旨判示する裁判例もある。

　例えば，東京地判平成23年10月21日ウエストローは新築マンション購入後に生じた外壁のひび割れにつき既に補修されたとして減価を否定したが，他方で，福岡高判平成18年3月9日判タ1223号205頁は，新築マンションで共用部分である外壁タイル，階段部やエレベータホール壁の剥離が発生した事案で，売主が外壁タイルを全面補修したが，補修方法が新築工事の工法と異なることや，他にも欠陥があるのではないかとの不安感や不快感があること等を理由に，補修後もなお当該マンションの交換価値5％分の減価が

あるとした。

9 慰謝料

　売買の目的である建物や土地に瑕疵があることによる損害は，原則として財産的損害であり，精神的な損害は対象外である。しかし，瑕疵の程度，性質，内容等によっては，財産的損害の賠償を受けただけでは塡補されない精神的苦痛が発生することがある。

　そこで，このような場合には，慰謝料が損害として認められる。例えば，前掲名古屋高判平成21年6月4日は，建物建替費用を認めるとともに，慰謝料100万円を認めた。また，東京地判平成15年4月10日判時1870号57頁は，新築マンションにつき浸水対策がないとの瑕疵により浸水被害が生じた事案で売買契約の解除を認めるとともに慰謝料100万円を認めた。さらに，前掲東京地判平成18年12月8日は，信義則上の義務違反を理由に花火観望の喪失による慰謝料60万円を認めた。前掲東京地判平成10年5月11日は，説明義務違反を理由に隣地の高架道路建設による日照，通風等の被害につき慰謝料200万円を認めた。

10 売買代金及び契約費用

　瑕疵担保責任により売買契約が解除されたり，あるいは錯誤により売買契約が無効になった場合，売買代金の返還請求が認められる（前掲東京地判平成15年4月10日，東京地判平成17年12月5日判時1914号107頁，東京地判平成10年9月16日判夕1038号226頁）。

　また，その場合，売買契約に際して買主が支出した諸費用や借入金利息についても，当該瑕疵（あるいは当該説明義務違反）と相当因果関係にある範囲で，損害として認められる（前掲東京地判平成15年4月10日，前掲東京地判平成10年9月16日）。

11 民法改正について

　今般の民法改正により，瑕疵担保責任の概念は解体され，売主には，種類・品質・数量の点で契約の内容に適合した物を供与すべき義務が課されることとなり，その違反の責任，すなわち契約不適合責任は債務不履行として評価される。

　そのため，瑕疵担保責任を理由とする損害賠償の範囲につき信頼利益に限定され履行利益については認められないとする従来の議論は通用しなくなり，瑕疵（改正民法では契約不適合）を理由とする損害賠償の範囲は，一般の債務不履行責任の規定による損害賠償の範囲と異ならないことになる。

　もっとも，これまで見てきたとおり，裁判例では，既に，瑕疵担保責任，債務不履行責任あるいは不法行為責任といった法律構成の違いや，瑕疵担保責任の損害の範囲に関する法的見解の違いに拘泥することなく，実質的な観点から，損害の範囲を認定する傾向が定着してきているため，民法改正後も，裁判で認定される損害の範囲について，必ずしも大きな変化が生ずるものではないものと思われる。

Q9 新築住宅に欠陥がある場合にとり得る手続について

> 購入あるいは工事の発注をして引渡しを受けた新築住宅に欠陥があった場合，買主あるいは注文主は，どのような手続で，被害回復を図ることができるでしょうか。

1 はじめに

住宅に欠陥がある場合にとり得る手続として，裁判所における訴訟や調停等といった手続があることはもちろんであるが，これらに加えて，いわゆる評価住宅と保険付住宅の欠陥については，指定住宅紛争処理機関による紛争の処理体制が整備されている。

以下では，この指定住宅紛争処理機関による紛争の処理体制について述べる。なお，指定住宅紛争処理機関における紛争の処理体制は，新築住宅の売買のケースと新築住宅の請負のケースとで異なるものではないので，以下，両ケースにつき区別せずに，まとめて述べることとする。

2 制度創設の経緯（品確法と履行確保法）

(1) 欠陥住宅のトラブルに対する社会的関心の高まりを受けて平成11年6月に制定された品確法により，①住宅の性能に関する表示基準及びこれに基づく評価の制度の創設，②住宅に係る紛争の処理体制の整備，③新築住宅における瑕疵担保責任の特別の定めが行われたが，この②に該当するのが，指定住宅紛争処理機関による紛争処理体制である。

(2) また，平成17年に，いわゆる耐震強度偽装事件が発覚したが，同事件では，住宅の売主業者が倒産して買主の被害回復が困難となる事態が生じ，住宅購入者の保護の課題が浮き彫りになった。

すなわち，上記(1)③に関して，品確法により，新築住宅について，ア．構

I 新築売買

造耐力上主要な部分と雨水の浸入を防止する部分について瑕疵担保責任の期間を引渡しから10年間とし、イ．売買における修補請求を認め、また、ウ．品確法と異なる特約の効力を否定するとの、瑕疵担保責任の特別な定めが既に設けられていたが、この事件により、事業者に瑕疵担保責任を履行するだけの資力がなければ、結局のところ被害回復が図れないとの問題が顕在化した。

これを受け、品確法により強化された瑕疵担保責任の履行を確保するために、平成19年5月に制定されたのが履行確保法である。同法では、品確法によって強化された瑕疵担保責任を、「特定住宅瑕疵担保責任」と定義し（履行確保法2条4項）、この特定住宅瑕疵担保責任の履行を確保するために、新築住宅の建設を請け負う建設業者と新築住宅の売買を行う宅建業者に、資力確保の措置を講ずることを義務づけている。

資力確保の措置の方法としては、①住宅建設（販売）瑕疵担保保証金の供託と、②住宅瑕疵担保責任保険法人の引き受ける住宅建設（販売）瑕疵担保責任保険契約への加入の二つがある（履行確保法3条・11条）。

(3) 指定住宅紛争処理機関による紛争処理の対象となる住宅は、いわゆる評価住宅と保険付住宅であるため、以下では、まず、上記(1)①の住宅の性能表示制度と、上記(2)②の住宅建設（販売）瑕疵担保責任保険契約の内容について述べ、その上で、上記(1)②の指定住宅紛争機関による紛争処理の体制について述べる。

3 住宅の性能に関する表示基準及びこれに基づく評価の制度の概要と住宅性能評価書の機能等

(1) 住宅の性能に関する表示基準及びこれに基づく評価の制度の概要

ア　国土交通大臣及び内閣総理大臣は、住宅の性能に関する表示の適正化を図るため、日本住宅性能表示基準を定めている（品確法3条）（この住宅性能表示基準では、新築住宅に関する基準のほか、既存住宅に関する基準も定められている。）。なお、新築住宅に関する基準としては、下記項目が掲

げられている。
　①　構造の安定（耐震等級，耐積雪等級，地盤又は杭の許容支持力，基礎の構造方法等）
　②　火災時の安全（感知警報装置設置等級，避難安全対策，脱出対策，耐火等級）
　③　劣化の軽減（劣化対策等級）
　④　維持管理・更新への配慮（給排水管等の維持管理対策等級，間取り変更を容易にするための対策等）
　⑤　温熱環境（省エネルギー対策等級）
　⑥　空気環境（ホルムアルデヒド対策，換気対策，室内空気中の化学物質の濃度等）
　⑦　光・視環境（単純開口率，方位別開口比）
　⑧　音環境（重量床衝撃音対策，軽量床衝撃音対策，透過損失等級等）
　⑨　高齢者等への配慮（高齢者等配慮対策等級）
　⑩　防犯（開口部の侵入防止対策）
　イ　また，国土交通大臣は，同時に，この住宅性能表示基準に従って表示すべき住宅の性能に関する評価と検査の方法の基準も定めている（品確法3条の2）。
　ウ　そして，国土交通大臣の登録を受けた登録住宅性能評価機関が，当事者の申請を受け，上記の住宅性能表示基準と評価・検査方法の基準に従って，住宅の性能評価を行い，国土交通省令・内閣府令で定める標章を付した住宅性能評価書を交付する。
(2)　**住宅性能評価書の機能**
　請負人又は売主が，住宅性能評価書若しくはその写しを請負や売買の契約書に添付したり，これらを注文者や買主に交付した場合には，当該住宅性能評価書又はその写しに表示された性能を有する住宅について，請負契約により建設工事を行うこと，若しくは売買契約により引き渡すことを契約したものとみなされる（品確法6条）。

その結果として，建設工事や引渡しが行われた住宅に，住宅性能評価書の記載内容と異なる箇所や状況がある場合，請負人又は売主は，当然に補修義務を負うことになる。

(3) 住宅性能表示制度の利用状況

住宅性能表示制度は，任意の制度であり，利用が強制されているものではない。国土交通省が公表している「住宅性能表示制度の利用状況」によれば，平成25年度の新設着工住宅戸数（約99万戸）のうち，住宅性能表示制度が利用されたのは約2割（戸建約10.0万戸，共同住宅約13.1万戸）であった旨が記載されているとおり，近時の利用率は概ね2割程度である（http://www.mlit.go.jp/common/001047038.pdf）。

4 住宅建設（販売）瑕疵担保責任保険契約について

(1) 保険法人の指定

国土交通大臣は，新築住宅の請負・売買についての瑕疵担保責任の履行を確保するための保険の引受けを行う一般社団法人，一般財団法人又は株式会社を，住宅瑕疵担保責任保険法人（以下「保険法人」という。）として指定している（履行確保法17条，同法施行令7条）。現在，国土交通大臣から指定されている保険法人としては，株式会社住宅あんしん保証，住宅保証機構株式会社，株式会社日本住宅保証検査機構，株式会社ハウスジーメン，ハウスプラス住宅保証株式会社の5社がある。

(2) 保険法人による現場検査

住宅は，設計や仕様がそれぞれ異なり，また，各現場での施工状況でも品質が異なるなど，個別性の高い商品である。

そこで，瑕疵の発生のリスクに対処するために，保険法人の現場検査員が，建設中の住宅について，現場検査を行う。現場検査は，原則として，構造耐力上主要な部分と雨水の浸入を防止する部分に関して，建設中の各段階で実施するものとされている（住宅瑕疵担保責任保険法人業務規程の認可基準別紙2）。

(3) 保険契約の内容

　住宅建設（販売）瑕疵担保責任保険契約は，新築住宅の建設業者（宅建業者）が，履行確保法上の資力確保措置を講ずる義務を履行するため，保険法人の引き受ける保険に加入する契約である。

　住宅建設（販売）瑕疵担保責任保険契約は，その契約内容が，下記の要件に適合している必要がある（履行確保法2条5項）。なお，下記②にあるとおり，保険金は，基本的には特定住宅瑕疵担保責任を履行した建設業者（宅建業者）が保険法人に請求するが，これらの業者が特定住宅瑕疵担保責任を履行しない場合には，発注者（買主）が直接保険法人に保険金を請求できる。また，下記④のとおり保険契約の期間が10年以上とされているのは，新築住宅の構造耐力上主要な部分と雨水の浸入を防止する部分の瑕疵担保責任は，品確法により引渡しから10年間存続するとされているためである。

① 建設業者（宅建業者）が保険料の支払を約すること
② 保険法人が以下の事項を約して保険料を収受すること
　ア　新築住宅につき，建設業者（宅建業者）が特定住宅瑕疵担保責任を履行したときに，当該業者の請求により，その履行により生じた当該業者の損害を塡補すること
　イ　新築住宅につき，建設業者（宅建業者）が相当の期間を経過しても特定住宅瑕疵担保責任を履行しないときに，当該住宅の発注者（買主）の請求に基づき，その瑕疵によって生じた当該発注者（買主）の損害を塡補すること（直接請求）
③ 上記②の損害を塡補するための保険金額が2000万円以上であること
④ 発注者（買主）が新築住宅の引渡しを受けてから10年以上保険契約が有効であること
⑤ 国土交通大臣の承認を受けた場合を除き保険契約を変更又は解除できないこと
⑥ 塡補の内容が，国土交通省令で定める基準に適合すること

Ⅰ 新築売買

(4) 住宅建設（販売）瑕疵担保責任保険への加入状況

前記のとおり，履行確保法上義務づけられた資力確保措置の方法としては，住宅建設（販売）瑕疵担保保証金の供託と，住宅建設（販売）瑕疵担保責任保険への加入の二つがある。

国土交通省の報道発表資料によれば，平成27年度の１年間の資力確保措置の実施状況は，建設業者が引き渡した新築住宅では保証金の供託が49.9％で保険への加入が50.1％，宅建業者が引き渡した新築住宅では保証金の供託が49.3％で保険への加入が50.7％とされており，保険への加入の割合は，新築住宅の概ね50％程度となっている（http://www.mlit.go.jp/report/press/house04_hh_000689.html）。

(5) 紛争処理制度

もともと，指定住宅紛争処理機関の取り扱う紛争は，建設住宅性能評価書が交付された評価住宅に関するものに限られていた。

しかし，履行確保法の制定に際して，住宅建設（販売）瑕疵担保責任保険に加入した新築住宅については，保険金請求の場面において，瑕疵の有無や当該瑕疵が特定住宅瑕疵担保責任に係る瑕疵に該当するか否かが争いになることが見込まれたことから，指定住宅紛争処理機関が，建設住宅性能評価書が交付された住宅のほか，住宅建設（販売）瑕疵担保責任保険に加入した住宅に関する紛争も取り扱うこととされた（履行確保法33条）。

5 指定住宅紛争処理機関による紛争処理の体制について

(1) 指定住宅紛争処理機関と住宅紛争処理支援センター

ア　指定住宅紛争処理機関

国土交通大臣は，弁護士会又は一般社団法人若しくは一般財団法人であって，紛争処理の業務を公正かつ適確に行うことができると認められるものを，紛争処理の業務を行うもの，として指定できる（品確法66条）。この指定を受けた機関が，指定住宅紛争処理機関である。

現在，全国の52の弁護士会の住宅紛争審査会が，指定住宅紛争処理機関

として指定されている。

イ 住宅紛争処理支援センター

　紛争処理業務を行うのは指定紛争処理機関であるが，国土交通大臣は，指定紛争処理機関の行う紛争処理業務の支援や住宅購入者等の利益の保護及び住宅に係る紛争の適正な解決を図ることを目的とする一般財団法人について，全国に一つのみ，住宅紛争処理支援センターとして指定できるとされており（品確法82条），これを受け，現在，公益財団法人住宅リフォーム・紛争処理センターが，住宅紛争処理支援センターとして指定を受けている。

　公益財団法人住宅リフォーム・紛争処理センターでは，住宅購入者等向けに，「住まいるダイヤル」（電話番号0570-016-100（ナビダイヤル））と呼ばれる電話相談窓口を設けているほか，専門家との対面相談（実際に相談を実施しているのは全国52の弁護士会の住宅紛争審査会である。）も実施しており，これらの相談業務の中で，必要に応じて，指定住宅紛争処理機関による紛争処理制度の利用が案内されている。

(2) 紛争処理の対象となる住宅，取り扱う紛争の内容と当事者

　ア 前記のとおり，住宅紛争処理機関による紛争処理の対象となる住宅は，建設住宅性能評価書（新築住宅のほか，既存住宅についても交付される。）が交付されたいわゆる評価住宅（新築住宅・既存住宅）と，住宅建設（販売）瑕疵担保責任保険に加入したいわゆる保険付住宅である。

　イ なお，住宅紛争処理機関で扱う紛争の内容は，評価住宅について性能評価の項目をめぐる紛争に限定されるものではなく，また，保険付住宅についても（保険金の支払対象となる）特定住宅瑕疵担保責任に係る瑕疵に限定されるものではない。例えば，広く瑕疵一般に関する紛争はもちろん，工事代金や売買代金の支払遅延に関する紛争も対象となる。

　ウ 住宅紛争処理機関による紛争処理手続は，住宅の発注者や買主が，その請負人や売主を相手方として申請できるのはもちろんだが，請負人や売主が，発注者や買主を相手方として申請することもできる。

(3) 住宅紛争処理機関による紛争処理の手続の種類

住宅紛争処理機関による紛争処理の手続は，裁判によらない紛争解決手続（ADR）であり，あっせん，調停，仲裁の3種類がある。各手続の概要は，下記のとおりである。

① あっせん

特　　徴：調停の手続を簡略にしたもの。技術的な争点が少ない場合や早急な解決が必要な場合に適する。

あっせん委員：原則として1名

審理回数：概ね1～3回程度

② 調　停

特　　徴：当事者双方の主張を聴き，争点を整理し，調停案を作成して当事者にその受諾を勧告するなどし，解決を図る。

調停委員：3名以内

審理回数：概ね3～5回程度

③ 仲　裁

特　　徴：当事者双方の主張を聴き，証拠調べ等をした上で仲裁委員が仲裁判断を行う。当事者双方はその判断に服する。仲裁判断は確定判決と同じ効力を有する。仲裁を申請するには当事者間の仲裁合意が必要。

仲裁委員：3名以内

審理回数：必要に応じて

(4) 手続の特徴

住宅紛争処理機関による紛争処理の手続の特徴は，下記のとおりである。

① 専門性

紛争処理を担当する紛争処理委員は，弁護士と一級建築士等の建築の専門家であり，住宅紛争に関する専門家による公平な判断を得られる。

② 非公開

手続は非公開とされるため，プライバシーや営業上の秘密の保持を図るこ

とができる。

　③　迅速性

　基本的には，当事者の合意による解決を目指すため，迅速な解決を図ることができる。

　④　経済性

　上記(3)のいずれの手続でも，申請手数料は1万円（非課税）と安価である。

(5)　**住宅紛争処理の実施状況**

　公益財団法人住宅リフォーム・紛争処理支援センターが発表している（「紛争処理の実施状況と傾向など」）ところによれば，近時，評価住宅についての申請件数は，概ね30件前後で推移しているのに対して，保険付住宅の申請件数については，2011年度74件，2012年度99件，2013年度99件，2014年度137件，2015年度127件，2016年度157件と増加の傾向が顕著である（https://www.chord.or.jp/trouble/trend.html）。

　この傾向は，今後も続くものと思われる。

Q10　新築売買と不法行為

新築売買建物に関して不法行為責任が問題となる場合はどのような場合でしょうか。

1　不法行為責任が問題となる場合

　新築売買において不法行為責任が問題となるのは，購入した建物に瑕疵があり，それに基づいて損害が発生したような場合である。具体的な例としては，購入した建物が建ぺい率違反であるなど建築基準関係法規に違反する場合や，購入した建物が原因でシックハウス症候群や化学物質過敏症に罹患したようなケースが挙げられる。

　このような場合，損害を被った買主としては，売主に損害賠償請求をするほか，設計者，施工者又は工事監理者に請求をすることが考えられる。設計者，施工者又は工事監理者に対する責任については，ⅡのQ11で述べる。また，建築確認を行った自治体又は指定確認検査機関の責任が問われることもあるが，これらについてはⅡのQ11を参照されたい。

2　売主に対する請求

(1)　売主に対する損害賠償請求

　瑕疵担保責任を理由とする請求のほか，選択的な請求として，民法709条に基づく不法行為責任を追及することが考えられる。もっとも，売主が専門的知識を有していないことも多いことから，常に不法行為責任が負うとは考えられないと指摘されている（松本克美ほか編『建築訴訟（専門訴訟講座2）』854頁（民事法研究会，第2版，2013））。下記の裁判例のように，不動産販売業者などが売主になっている事例においては，比較的不法行為責任が認められている。

(2) **裁判例**

 ア 東京地判平成2年2月27日判タ743号180頁は，売却されたマンションに建ぺい率違反があったという事案において，「被告Tは，本件マンションの売主の立場にあったものであるから，建築主と同様，敷地面積に不足のない建築基準法上適法な建築物を販売すべき義務があるところ，遅くとも行政庁から右のような指摘があった後も，建ぺい率違反の事実を買主らに告知せず，漫然販売を継続し，登記手続きを行ったものである。したがって，買主らとの関係において，被告Sとともに不法行為に基づく責任は免れない。」と判示して，売主の責任を認めた。

 イ 東京地判平成13年1月29日欠陥住宅判例2集126頁は，「被告Y1が不動産の販売及び仲介を業とする会社であること，本件不動産について前記二及び三で認定の瑕疵の内容，特に，本件建物が多くの点で建築基準法などの法令の定める安全性に関する基準を満たさない内容のものであることに照らすと，同被告の本件不動産の販売行為は，専門業者として尽くすべき注意義務を怠ったものとして，不法行為を構成するものと認められる。」と判示して，不動産の販売行為が不法行為を構成することを認めた。

 ウ 東京地判平成21年10月1日消費者法ニュース82号267頁は，シックハウスの事例について，「被告には本件マンションの開発に当たり，設計業者や施工業者に対し，厚生省指針値に適合するようF1等級の建材を使用させなかったこと，若しくは原告に対し本件マンションがF2等級の建材を使用していること及びそのリスクを説明しなかったこと，また，完成後にホルムアルデヒド室内濃度を測定して適切な措置をとらなかったことについて過失があるというべきである。同過失は，被告の個々の従業員の不注意に還元することが困難なものであって，代位責任である使用者責任と構成することは相当でなく，マンションの開発から販売行為にかけての一連の企業活動による組織的過失と構成することが実態に合致しているから，被告は，原告に対し企業責任として法人の不法行為に基づく損害賠償責任を負うと解するのが相当である。」と判示して，売主の不法行為責任を認めた。

Chapter

新築請負

II 新築請負

Q1 瑕疵①〜主観的瑕疵

> 請負契約を締結して建物が完成したのですが，契約書で定めたものに比べて，柱の太さが足りませんでした。これは瑕疵ではないのでしょうか。この場合に注文者はどうしたらよいでしょうか。

1 瑕疵の判断基準──請負契約における瑕疵とは

請負契約における「瑕疵」（民634条1項）とは，「完成された仕事が契約で定めた内容通りでなく，使用価値もしくは交換価値を減少させる欠陥があるか，または当事者があらかじめ定めた性質を欠くなど，不完全な点を有すること（我妻榮著『債権各論中巻二（民法講義Ｖ3）』631頁（岩波書店，1962）」とする折衷説が通説となっている。もっとも，その内容においては，実際上，売買契約における瑕疵と異なるところはない。

よって，瑕疵の判断基準については中古住宅売買に関するⅢのQ2及びQ5を参照されたい。

2 瑕疵担保責任の効果①──修補請求

(1) 修補請求権の行使要件

仕事の目的物に瑕疵があった場合には，注文者は，瑕疵の存在を具体的に特定して主張立証し，請負人に対し瑕疵の修補を請求することができる（民634条1項）。この点が，売買契約における瑕疵担保責任の効果との最も大きな違いである。ただし，新築住宅の売買で，構造耐力上主要な部分及び雨水の浸入の防止に関する部分の瑕疵については，売買であっても瑕疵の修補を請求することができる（品確法95条）。なお，請負契約における瑕疵担保責任は無過失責任と解されているから，請負人に過失があることまでの主張立証責任は負わない。

もっとも，重要ではない瑕疵の修補に過分の費用を要するときは，注文者は修補請求権を行使することができない（民634条1項ただし書）。瑕疵が重要であるか否かは，請負契約の内容，建築物の種類・性質，瑕疵の性質・内容，瑕疵による使用価値や財産価値の毀損の程度といった諸要素を総合的に検討して判断される（松本克美ほか編『建築訴訟（専門訴訟講座2）』323頁（民事法研究会，第2版，2013））。

(2) 修補請求権の内容

修補請求による修補債務は行為債務であるから，代替執行も可能である。そのため，修補請求を訴訟で行う場合には，瑕疵を修補する内容を，図面を添付したり，仕様・材料を指定したりするなどして，代替執行が可能な程度に特定する必要がある（松本ほか・前掲書589頁）。

(3) 同時履行の抗弁権

注文者は請負人に対して，同時履行の抗弁権を行使することもできる。詳細は**Q2**を参照されたい。

3 瑕疵担保責任の効果②――損害賠償請求

(1) 損害賠償請求権の行使要件

注文主は，修補請求に代えて損害賠償請求をすることもできる（民634条2項）。したがって，修補請求権の行使要件が具備されていれば，損害賠償請求を行うことが可能となる。

(2) 損害賠償請求権の内容

ア 損害賠償の基準時

注文者が請負人に対して修補請求を行った時点で，修補の内容が特定され，修補費用としての損害が確定するとして，同時点が損害賠償の基準時となると解されている。

イ 修補費用

修補請求に代わる損害賠償請求であるから，請負人が第三者に依頼して修補を行った場合の相当費用を損害賠償として，請負人に請求できる。

ウ　建替費用

Q3を参照されたい。

エ　履行利益の賠償

請負契約の瑕疵担保責任においては，信頼利益のみならず履行利益の賠償請求ができると解されている。裁判例では，賃貸できなかった期間のアパートの賃料収入（東京地八王子支判昭和38年4月18日判タ147号114頁），喫茶店の休業損害（大阪高判昭和58年10月27日判時1112号67頁），旅館の一室の宿泊料（東京地判昭和47年2月29日判時676号44頁）などの賠償が認められている。

オ　その他の賠償項目

その他，裁判例では，瑕疵の有無や修補費用の調査に要した費用，鑑定費用，引越費用，代替建物の賃料，慰謝料（東京地判平成3年12月25日判時1434号90頁など），弁護士費用などの賠償が認められている。

(3) 同時履行の抗弁権，相殺

Q2を参照されたい。

(4) 期間制限

建物の建築工事の瑕疵担保責任は，工事を終えて引渡しを受けてから5年（コンクリート造や鉄骨造，その他これらに類する建物なら10年）以内でなければ行使できない（民638条1項）。

また，木造住宅であっても，新築工事であれば，構造耐力上主要な部分又は雨水の浸入を防止する部分の瑕疵については，除斥期間が10年間に延長される（品確法94条）。これは，除斥期間であると解されている。

除斥期間を超えて損害賠償請求権を保存するためには，「担保責任を問う意思を裁判外で明確に告げることをもって足り」るとするのが判例である（最三小判平成4年10月20日民集46巻7号1129頁）。

4　瑕疵担保責任の効果③——解除

Q3を参照されたい。

5 改正民法における変更内容

(1) 改正方針

改正民法の改正方針は，請負契約の瑕疵担保責任規定について，契約責任説を採用した売買契約の瑕疵担保責任の規定（改民559条）を準用することとする点にある。

もっとも，請負契約における瑕疵担保責任は，改正前から契約責任と考えられてきたものであり，従前の解釈論の変更を迫るものではない。

なお，請負契約の節には，瑕疵が注文者の指図による場合の特則（改民636条），及び除斥期間の規定（改民637条）が残るのみとなっている。

(2) 表現上の変更点

ア 瑕疵

「瑕疵」について，売買契約の規定に合わせて，「種類又は品質に関して契約の内容に適合しない」と言い換えられている（改民636条・637条）。

イ 修補

「修補」についても，売買契約の規定に合わせて，「履行の追完」と言い換えられている（改民636条）。

ウ 同時履行の抗弁権

Q2を参照されたい。

(3) 実質的変更点

ア 報酬減額請求権の新設

従前，報酬請求権と損害賠償請求権との相殺が，事実上報酬の減額請求権と同様の機能を果たしてきたが，改正によって減額請求権が明示で認められることとなった（改民563条・636条）

イ 期間制限

建物の建築工事の瑕疵担保責任の行使期間について，工事を終えて引渡しを受けてから5年又は10年以内に制限している現行民法638条1項は，注文者が不適合（瑕疵）を知った時から1年以内と改正された（改民637条1項）。

ウ　建物等土地の工作物に関する解除権

Q3を参照されたい。

6　本問における検討

　最高裁は，構造計算上は安全である場合，施工業者が約定より細い鉄骨をマンションの主柱に用いたことが，瑕疵に当たるか否かが争点となった事例において，太い鉄骨を使用することが当事者間で「特に約定され」，「契約の重要な内容になっていた」以上，約定に反して細い鉄骨を使用した工事には瑕疵があると判示している（最二小判平成15年10月10日判時1840号18頁）。これによれば，柱の太さが契約の重要な内容になっていたか否かが問題となりそうであるが，この後の下級審裁判例では，よりシンプルに，設計図書の仕様と完成物の現況が適合しているか否かによって，瑕疵の有無を判断している事例が多い。

　本問では，完成した建物の柱の太さが，契約書で定めた太さに足りなかったのであるから，近年の裁判例に照らせば，構造計算上安全性が認められたとしても，当事者が契約で定めた内容に反するとして，瑕疵があると判断される可能性が高い。

　瑕疵があると判断された場合には，注文者として以下の手段をとり得ると考えられる。

①　修補請求
②　損害賠償請求（瑕疵の調査費用，修補に要する費用，修補工事時の移転費用，仮住まい費用，営業補償，建物の価値の減価分の補塡，慰謝料，弁護士費用等）
③　解除（**Q3**参照）
④　民法改正後は，請負報酬の減額請求

Q2 瑕疵②～雨漏り

> 請負契約を締結して建物が完成し引渡しを受けましたが，入居後すぐに雨漏りが生じ始めました。その場合に注文者はどうすることができるでしょうか。
> 完成後8年経過後に雨漏りが生じ始めたが，請負業者は既に倒産していたという場合はどうでしょうか。

1 原因（瑕疵）の特定

(1) 雨漏りと瑕疵

本問のように，新築直後に雨漏りが発生した場合には，何らかの瑕疵の存在が強く疑われる。もっとも，訴訟においては，瑕疵の特定は，原則として発注者が主張・立証すべき事項となる。なお，新築建物の場合は，特段の事情がない限り，雨漏りが生じたという事実をもって，通常の施工として許容できない施工がされたことが事実上推定され，雨漏りの原因となり得る複数の具体的な施工不良の事実が概括的・択一的に認定される効果があるとする見解もある（小久保孝雄，徳岡由美子編著『建築訴訟』180頁（青林書院，2015））。

注意すべきことは，瑕疵とは材料や施工の適否に対する判断であるから，雨漏りの存在が瑕疵なのではなく，その原因となった事実こそが，法的に瑕疵と評価され得る対象となるという点である。

(2) 雨漏りが生じやすい箇所及び調査方法

雨漏りが発生する代表的な箇所として，屋根（ビルの屋上等の平坦な陸屋根を含む。），外壁面，窓や通風孔等の開口部などが挙げられる。

雨漏りの原因究明のためには，雨漏りを再現するためにこうした場所に実際に散水して漏水箇所をチェックするといった方法がとられることが多い。

もっとも，漏水が確認された箇所から離れた箇所に雨漏りの原因がある場合や，原因が複合的な場合もあり，雨漏りの原因究明は，工事を施工した業者であっても困難なことが多いとされる。そのため，建築士に依頼するほか，雨漏り対策を専門で行っている業者に調査を依頼するケースもある。調査費用についてはケースバイケースであるが，散水試験及び目視による確認に基づく意見書作成の場合で約30万円という例がある。

2 品確法及び履行確保法

(1) 品確法による除斥期間の延長

請負契約の瑕疵担保責任の除斥期間は，5年（コンクリート造や鉄骨造，その他これらに類する建物なら10年）であるが（民638条1項），品確法は，新築住宅について，以下の箇所の瑕疵担保責任の除斥期間を一律10年に延長している（同法94条1項，施行令5条1項・2項）。品確法の概要や対象となる住宅，手続の詳細については，**Q9**を参照されたい。

ア　住宅のうち構造耐力上主要な部分

住宅の基礎，基礎杭，壁，柱，小屋組，土台，斜材，床版，屋根版，横架材

イ　雨水の浸入を防止する部分

① 住宅の屋根，外壁，屋根・外壁の開口部に設ける戸，わくその他の建具
② 雨水を排除するため住宅に設ける排水管のうち，建物内にある部分

雨漏りが発生する場合は，外部の雨が建物内部に浸入しているのであるから，原因箇所はほぼ間違いなく，品確法が定める「雨水の浸入を防止する部分」に該当することになる。

したがって，工事の瑕疵によって雨漏りが発生した場合には，発注者は，引渡し後10年間，請負人に対して瑕疵担保責任を追及することができる。

(2) 履行確保法による救済の担保

品確法94条1項によって除斥期間が延長されている瑕疵の修補又は損害賠償の資力を確保するために，履行確保法は，住宅の新築工事を請け負う建

設業者（請負人）に，瑕疵の修補工事を行う費用を確保するため，住宅建設瑕疵担保保証金の供託又は住宅瑕疵担保責任保険への加入を義務づけている（同法3条・4条）。

　この供託金又は保険金は，請負人が瑕疵担保責任に基づいて修補や損害賠償を行った場合に，請負人の請求によって請負人に支払われる。

　例外的に，請負人が既に倒産しているなど修補を行えない場合には，注文主が自ら請求して供託金の還付又は保険金の支払を受けることができる。なお，その際は，自己負担分として10万円が支払額から控除される。

3 同時履行の抗弁権

　Q1で論じたとおり，雨漏りが瑕疵と評価された場合には，注文者は，請負人に対し，瑕疵の修補又は修補に代わる損害賠償を請求することができる。

　この場合，注文者は，請負人に対し，修補が終わるまで，又は損害賠償が支払われるまで，同時履行の抗弁権を行使して（民634条2項），未払いの請負代金の全額の支払を拒むことが可能であり，その全額について履行遅滞に陥らない。

　もっとも，損害額が少額であるにもかかわらず未払代金額が多額に上る場合などは，瑕疵の程度や当事者の態度等を勘案の上，未払代金債務全額について同時履行の抗弁権を行使することが信義則に反するとして，差額について履行遅滞が成立する場合もある（最三小判平成9年2月14日民集51巻2号337頁。他に，東京地判平成22年2月19日判タ1358号130頁など）。

4 相　殺

　損害賠償請求債権をもって，未払いの請負代金債権との相殺をすることも可能である。未払いの請負代金債権の額のほうが大きい場合，相殺をした日の翌日から，注文者は残額について履行遅滞となる（最三小判平成9年7月15日民集51巻6号2581頁）。

　なお，請負人側から，報酬債権を自働債権として，注文者の損害賠償請求

権に対して相殺の意思表示をすることは，同時履行の抗弁権の付着する自働債権の相殺となるが，これを認めても不公平であるとする合理的な理由は存在しないから，相殺は許されるとする裁判例がある（東京高判平成16年6月3日金判1195号22頁）。

5 改正民法における変更内容

(1) 品確法・履行確保法

品確法は，民法の請負契約における瑕疵担保責任の特則となっているため，民法改正に伴って以下のとおり改正される。

・「瑕疵」→「種類又は品質に関して契約の内容に適合しない」
・除斥期間「10年」→「注文者が不適合を知った時から1年以内」

履行確保法も同様の改正が行われる。

(2) 同時履行の抗弁権

改正民法では，修補請求権・損害賠償請求権と請負代金債権との同時履行の抗弁権を定めた現行634条2項が削除されている。

これは，「(現行)民法第571条については，担保責任の法的性質を債務不履行責任とする立場から確認規定にすぎないと説明される」（民法（債権関係）の改正に関する検討事項(10)詳細版44頁参照）という改正時の議論から，改正民法において現行571条が削除されたことに平仄を合わせたものである。

したがって，条文は削除されたが，「追完請求権や塡補賠償請求権は，本来の履行請求権の変形物であるため，同時履行の抗弁の規定（現行民法第533条）が適用される（民法（債権関係）の改正に関する検討事項(10)詳細版20頁参照）」と解されることから，同時履行の抗弁権に関する従前の解釈論に変更はないと考えられる。

Q3 瑕疵③～地盤沈下

> 土地を購入した上で建物建築を業者に依頼し建物は完成しましたが、完成後に徐々に建物が傾いているような気がし始めたので調査をしたところ、建物が傾斜していることが分かりました。業者は、建物建築前に地盤調査をしていなかったようです。この場合に、注文者はどのような措置をとることができるでしょうか。
> 傾斜が判明したのが、完成後10年を経過した後だった場合はどうでしょうか。

1 地盤と基礎の構造

(1) 建物の傾斜と瑕疵

Q2の雨漏りと同様に、建物の傾斜は瑕疵の存在を強く疑わせる事情となるが、建物が傾斜した原因となる事実が法的に瑕疵と評価され得る対象である。そのため、請負人の瑕疵担保責任を追及する際には、発注者が、傾斜の原因を特定する必要がある。

具体的には、建物の傾斜の原因が、経年劣化等ではなく基礎の構造又は基礎工事の施工精度によるものであることを、特定して主張することとなる。

(2) 基礎の構造

建築基準法施行令38条3項は、「建築物の基礎の構造は、建築物の構造、形態及び地盤の状況を考慮して国土交通大臣が定めた構造方法を用いるものとしなければならない」と規定し、これを受けて国土交通省の告示は、地盤の長期許容応力度(土圧や水圧などに地盤が耐え続けることができる限界点)に応じて、①基礎くい、②ベタ基礎、③布基礎の3種類から基礎の構造を選択するよう規定している(平成12年建設省告示第1347号第1)。

この基準に反した基礎の構造を採用した場合には、瑕疵が認定されるもの

と思われる。

(3) 地盤調査義務

上記法令の基準に従って基礎の構造を決定するためには，地盤の支持力及び沈下量を把握するための地盤調査又は確認を行うことが必須となるため，事実上，地盤調査又は確認を行うことが法的に義務づけられているのと同様の状態となっている。

もっとも，地盤調査又は確認の義務を怠ったから直ちに瑕疵があると評価されるのではなく，地盤調査又は確認の義務を怠った結果，法令の基準に反した基礎の構造を採用した場合に，基礎の構造に瑕疵があると評価されることになる。地盤調査又は確認の義務を怠った事実は，後述のように，設計業務における債務不履行として評価されることになろう。

2 設計の瑕疵と施工の瑕疵

(1) 設計者と施工者が同一の場合

発注者が，請負人に対して建物の設計と施工を一括で請け負わせ，請負人が法令の基準に反した基礎の構造を採用して施工した場合には，端的に請負人に対して，瑕疵担保責任を追及することになる。

(2) 設計者と施工者が別の場合

では，発注者が建築士などに設計を依頼し，完成した図面を施工者に交付して基礎工事を行った場合はどうか。

設計委託契約の法的性質を準委任契約と解した場合，地盤調査又は確認の義務を怠ったり，法令の基準に反した基礎の構造を採用した設計をした建築士に対しては，債務不履行責任を追及することになる。これに対し，設計委託契約の法的性質を請負契約と解した場合には，瑕疵担保責任を追及することになる。この他，設計委託契約の法的性質について無名契約と解する説もあるが，その場合は，解釈した無名契約の内容によって，瑕疵担保責任か債務不履行責任のいずれかを請求するという構成となろう。

一方，施工者としては，発注者から交付された図面どおりに施工したので

あるから，注文者の指示が原因であるとして，債務不履行責任も，瑕疵担保責任も生じないと解することもできる（民636条）。

この点，裁判例には，建築の専門家である請負人に，さらに主任技術者の配置を義務づけることで建築基準法令の基準を遵守させようとする建設業法の趣旨を指摘した上で，「工事請負人の担保責任を免除するような注文者の「指図」とは，注文者の十分な知識や調査結果に基づいて行われた指示，あるいはその当時の工事の状況から判断して事実上の強い拘束力を有する指示などであると制限的に理解しなければならない」と判示して，請負人は瑕疵担保責任を免れないとしたものがある（京都地判平成4年12月4日判時1476号142頁）（小久保孝雄，徳岡由美子編著『建築訴訟』91頁（青林書院，2015）も同旨を述べる。同旨の裁判例として神戸地判平成15年2月25日裁判所ウェブサイト。なお，注文者側の過失も認定して，過失相殺を行っている。）。

3 瑕疵担保責任の効果—解除・建替費用の賠償

(1) 解除の制限

基礎の構造の選択ミス，あるいは施工精度の不良（基礎杭が支持層まで到達していない等）によって，建物に傾斜が生じている場合は，建物の耐震性が法令の基準を満たしていないなど，深刻な事態に直結することが多い。

この場合でも，建物の場合は請負契約を解除することはできない（民635条ただし書）。

(2) 建替費用の賠償請求の可否

では，瑕疵の程度が著しく，瑕疵を修補するためには建て替える以外の方法がない場合に，建替費用を損害賠償請求することができるか。建替えと同等の費用を要するということは，事実上請負契約を解除するに等しいため，民法635条ただし書の趣旨に反しないか問題となる。

この点について，最高裁は，「請負人が建築した建物に重大な瑕疵があって建て替えるほかはない場合に，当該建物を収去することは社会経済的に大

きな損失をもたらすものではなく，また，そのような建物を建て替えてこれに要する費用を請負人に負担させることは，契約の履行責任に応じた損害賠償責任を負わせるものであって，請負人にとって過酷であるともいえないから，建て替えに要する費用相当額の損害賠償請求をすることを認めても，民法635条ただし書の趣旨に反しない」として，瑕疵が重大で建て替えざるを得ない場合には，注文者は請負人に対して，建替費用の損害賠償を請求できるとした（最三小判平成14年9月24日判時1801号77頁）。

4 瑕疵担保責任と不法行為

(1) 不法行為責任を追及する意義

瑕疵担保責任の除斥期間は品確法によっても最大10年であるが，不法行為の場合は，20年間の除斥期間（最一小判平成元年12月21日民集43巻12号2209頁。ただし通説は時効期間）が経過するまでは，不法行為責任を追及することができる。

そのため，瑕疵の発見が遅れ，瑕疵担保責任の除斥期間を経過してしまった場合に，不法行為責任を追及する意義がある。

(2) 瑕疵担保責任との競合

裁判例は，瑕疵担保責任と不法行為責任の競合を認めているが，不法行為責任を追及する場合は，注文者は，瑕疵があることに加えて，瑕疵が請負人の故意・過失によるものであることも主張立証する必要がある。

もっとも，瑕疵が軽微なものである場合には，不法行為責任を追及するほどの違法性があるとはいいがたい（松本克美ほか編『建築訴訟（専門訴訟講座2）』319頁（民事法研究会，第2版，2013））。

この点，最高裁は，請負人は，「建物としての基本的な安全性が欠けることがないように配慮すべき注意義務を負う」として，「（請負人が）この義務を怠ったために建築された建物に建物としての基本的な安全性を損なう瑕疵があり，それにより居住者等の生命，身体又は財産が侵害された場合には，……これによって生じた損害について不法行為による賠償責任を負う」とし，

建物の基本的な安全性の確保という基準のもとに，不法行為責任を認めている（最二小判平成19年7月6日民集61巻5号1769頁）。

加えて，同判決は，「違法性が強度である場合に限って不法行為責任が認められると解すべき理由はない。例えば，バルコニーの手すりの瑕疵であっても，これにより居住者等が通常の使用をしている際に転落するという，生命又は身体を危険にさらすようなものもあり得るのであり，そのような瑕疵があればその建物には建物としての基本的な安全性を損なう瑕疵があるというべきであって，建物の基礎や構造く体に瑕疵がある場合に限って不法行為責任が認められると解すべき理由もない」として，建物の安全性の基準を幅広く捉えている。また，最判は，生命・身体に限らず「財産」の侵害についても基本的安全性の対象に含めているから，同最判の射程範囲はかなり広いものと考えられる。

実務上は，地盤の欠陥，基礎構造の欠陥，耐火構造の欠陥，建物の安全性に関わる取締法規違反，外壁タイルの欠陥，給排水管の欠陥，漏水などについて，不法行為責任が追及されることが多いとされる（松本ほか・前掲書320頁）。

5 改正民法における変更内容

改正民法では，土地の工作物について瑕疵担保責任の効果としての解除を制限した現行635条が削除されており，建築物に瑕疵があった場合に，完成後に解除することが認められている。

不法行為の時効期間（改正民法では時効期間であることが明記された。）については20年から変更はないため，債務不履行責任の追及と不法行為責任の追及を競合させることに，引き続き意義があるといえる。

Ⅱ 新築請負

Q4 請負契約成立（追加変更工事）

> 請負契約書を取り交わして建築工事が開始され建物が完成しましたが，業者から，工事中に新たに追加工事を指示されたことを理由に追加変更工事代金を請求されました。私としては当初の請負契約どおりではなかったことから指示しただけですが，追加工事代金を支払わなければならないのでしょうか。また，建築途中で資材高騰を理由に代金増額を求められた場合はどうでしょうか。

1 追加変更工事

(1) 追加変更工事

「追加工事」とは，本工事（当初の請負契約において合意されていた工事内容）にはない新たな内容の工事を追加したり，本工事と同内容の工事を追加したり，本工事と同内容の工事を量的に追加することをいい，「変更工事」とは，本工事と同一の工事箇所についてその仕様等を変更したり，本工事と同一の工事項目についてその仕様等を変更したり，本工事と同一の工事項目についてその施工箇所を変更することをいい，「追加変更工事」とは，①追加工事，②変更工事又は③追加工事と変更工事が組み合わさったものをいう（永野圧彦ほか「請負報酬請求事件における追加変更工事に関する実務上の諸問題」判タ1412号87頁）。

住宅建築に係る工事請負契約においては追加変更工事の有無等が争われることが多い。これは，住宅建築における請負契約の特性が原因となっている。すなわち，住宅建築においては，①注文者が建築等について素人であり契約締結時に設計の詳細まで確定することが難しいこと，②請負人にとっても専門家でない注文者に建物の使用の細部まで説明した上で確定させることは相当な労力を要するためある程度概括的な仕様で建築請負契約を締結すること

が多いこと，③建築工事の請負においては工事期間が長期にわたるため現実的に追加変更に応ずる余裕があること等が影響している（小久保孝雄，徳岡由美子編『建築訴訟』223頁（青林書院，2015），中野哲弘，安藤一郎編『住宅紛争訴訟法（新・裁判実務大系第27巻）』96頁（青林書院，2005））。

(2) **追加変更工事の成立要件**

追加変更工事は請負契約の変更であり，追加変更工事の成立要件（追加変更工事代金を請求するための要件事実）は，以下のとおりとなる（小久保，徳岡・前掲書230頁）。

① 追加変更工事の合意
  ・当該工事が追加変更工事であること
  ・注文者と請負人が追加変更工事としてその工事を施行する合意をしたこと
② 追加変更工事の金額の合意，又は，有償合意及び相当額
③ 工事の完成

(3) **追加変更工事であるか否か（追加変更工事の合意）**

本件のように，追加変更工事が問題となった場合，請負人が追加変更工事を行ったとして代金を請求するのに対し，注文者は，本工事の範囲内である（当初の請負契約の範囲内である）として，これを争うことが多い。この場合，追加変更時の合意の有無，すなわち，当初に合意した本工事の内容の特定と問題となっている工事が本工事に含まれているか否かが審理・判断されることになる。

本工事の内容を特定するに当たっては，契約書，見積書，実施設計図書等が直接的かつ有益な証拠となり得る（小久保，徳岡・前掲書232頁。なお，見積書の記載が不十分であることから追加工事の成立を否定する一要素とした甲府地判平成18年6月30日判タ1268号204頁，追加変更時に係る見積書が提出されていることを発注の事実を肯定する一事情とした裁判例として東京地判平成16年5月26日LLI/DB判例秘書，東京地判平成15年8月15日LLI/DB判例秘書等がある。）。また，それ以外の証拠としては，請求書（東

京地判平成16年12月22日LLI/DB判例秘書は，工事残代金の請求書が交付されているのにもかかわらず，追加変更工事の請求書が交付されていないことを判断の一要素としている。），作業確認書（東京地判平成15年3月7日LLI/DB判例秘書は，工事が行われた場合に発効されるべき作業証明書が発行されていないことから，追加変更工事の施工を否定している。）及び交渉記録・打合せ記録（東京地判平成15年1月24日LLI/DB判例秘書は，打合せ記録の記載から追加変更工事の成立を認めている。また，前掲甲府地判平成18年6月30日は交渉記録等に追加工事があることを前提とした記載がないことを考慮要素としている。）等が参考になる。

請負人が追加変更工事であると主張する工事が見積書や当初の図面に記載されていれば，本工事であって追加変更工事ではない（東京地判平成19年6月29日LLI/DB判例秘書は，「設計図及び契約書の代金内訳明細にはそのような施工をすることを前提とした記載はなく，上記工事は，本件建物が竣工検査を受けた後に仕様変更をするまでの応急的工事であることを認めることができる。そうすると，上記工事は，原告と被告会社の合意に基づく追加工事であると推認できる」等と判示している。）。

また，見積りが一式見積りであり，かつ，図面等がない場合においては，特段の事情がない限り，「一式見積がされた工事項目に該当する標準的な内容（範囲，仕様及びグレード等）の工事を本工事とする」ことが請負契約締結時点における当事者間の合意内容というべきである（小久保，徳岡・前掲書251頁）。問題となっている工事が標準的な内容にとどまる限りは本工事であり，これを超えるときは追加変更工事であることになる。

(4) 報酬額

追加変更工事が認められる場合においても，報酬の要否及びその代金額が争われることが多い。建築訴訟において請負代金（変更工事代金）を請求する場合，請負人において報酬額の合意についても主張立証する必要がある。

もっとも，現実的には，①当該工事が客観的に追加・変更工事であること，②施工の合意をしたことが立証されれば，有償合意の存在を事実上推定する

ことができるとされている（小久保，徳岡・前掲書260頁）。建築請負契約の工事代金は，その時点で予定された工事内容を前提として定められたものであり，その後の工事内容の修正により増加した費用を請負人が全て負担すべき理由はないからである。追加変更工事を行う合意をした場合は，これを有償工事とすることが当事者の合理的な意思内容というべきである。

注文者が，有償合意を争う場合には，有償合意とする推定に対して，無償工事の合意の存在を反証しなければならない。

(5) **本件における検討**

本件においても，請負人が追加変更工事だと主張する工事が本工事に含まれるか否かについて，図面や見積書等から判断される必要がある。当初の請負契約の内容に含まれないようであれば，無償で工事を行う約束であったとの反証がなされない限り，注文者は追加変更工事の代金額を支払う必要があるといえる。

2 事情変更に基づく増額請求

(1) 事情変更の原則

事情変更の原則とは，「契約の締結時には当事者が予想することのできなかった社会的事情の変更が生じ，契約の内容の実現をそのまま強制することが不合理と認められる場合に，その内容を適切なものに変更したり，その法的効果を否定したりすることができるとする考え方」である。

請負契約においては，様々な場面で事情変更が問題となり得る。例えば，①労務・資材価格の変動により，②建築工事現場の状況が当事者の予測と異なっていたことにより（予測していない地下埋設物の存在等），③建築目的物の設計変更により，④施工中に建築目的物が天災等の不可抗力により滅失・毀損した場合にその滅失・毀損部分の再工事が必要となることにより，契約締結当時に考えられていた報酬額より増大することが起こり得る（中野，安藤・前掲書111頁）。

本件における建築途中における資材高騰を理由とした代金増額の請求の判

断に当たっても，事情変更による増額の可否が問題となる。

(2) **事情変更の要件事実**

事情変更に係る要件事実としては，以下の点が必要とされている（中野，安藤・前掲書116頁）。

① 契約が成立した時に基礎となっていた事情がその後変更したこと
② 契約が成立した当時，当事者がその事情変更を予見し，又は予見することができなかったこと
③ 事情変更が当事者の責めに帰することのできない事由によって生じたこと
④ 事情変更の結果，契約当事者を当初の契約内容に拘束することが信義則上著しく不当と認められること
⑤ 事情変更が事情変更を主張する当事者の履行遅滞中に生じたものでないこと

事情変更の原則が適用された場合には，契約内容の改訂又は契約解除ができるとされ，改訂の一内容として，追加報酬の支払義務が発生することになる。

(3) **事情変更の裁判例**

もっとも，裁判例を見ると，事情変更を認めた裁判例は見当たらず，本来の事情変更の原則の適用については消極的とみられている（中野，安藤・前掲書122頁）。

近時の裁判例においては，請負契約締結後に敷地の地盤調査を行ったところ，敷地の地盤が軟弱であることが確認され，そのために基礎杭の本数が増加し，当初の見積りよりも工事代金が増額したため，当該増額分を発注者に請求したという事例（東京高判昭和59年3月29日判時1115号99頁），産業廃棄物焼却施設の建築を注した注文者が，請負契約締結後に行われた大気汚染防止法の改正に伴い，焼却装置が完成しても当初想定していないダイオキシン対策等が必要となり事業の採算性の観点から契約の解除を求めたという事例（東京地判平成15年8月27日LLI/DB判例秘書）等がある。しかし，

いずれの裁判例においても事情変更の原則の適用を求める主張は認められていない。

(4) **本件における検討**

以上の裁判例の傾向からすれば，建築資材の高騰や，人件費の上昇等を理由に事情変更の原則の適用を求めることは困難であり，工事代金の増額に応ずる必要はないといえる。

Ⅱ 新築請負

Q5 契約解除（建築条件付土地売買）

> 建築条件付き土地売買として，土地売買契約締結と同時に建築工事請負契約も締結したものの，建物の設計が気に入らないので建築を断念して土地売買契約も含めて契約を解除したいと考えています。その場合に土地売買契約の解除もできますか。また，土地売買契約に手付解除が定められている場合はどうでしょうか。

1 建築条件付土地売買とは

(1) 建築条件付土地売買

建築条件付土地とは，宅建業者が自己の所有する土地を販売するに当たり，自己と土地購入者との間において，自己又は自己の指定する建設業を営む者（建設業者）との間に，当該土地に建築する建物について一定期間内に建築請負契約が成立することを条件として売買される土地をいう（公正取引委員会告示「不動産の表示に関する公正競争規約」4条6項1号）。

建築条件付土地の売買においては，売主又は売主の指定する業者との間で一定期間内に建築請負契約を締結することを条件として土地売買契約がなされ，実際の建物の建築に際しては，土地売買契約とは別途，建物に係る請負契約が締結されることとなる。

(2) 建売住宅との差異

これに対し，建売住宅とは，建物を売主である宅建業者が自己の企画と責任においてあらかじめ建築し，又は引渡時期までに建物を完成させて，土地と建物を一体として販売するものという（不動産適正取引推進機構編『不動産売買の手引』24頁（2011））。建売住宅において締結する契約は，土地建物に係る売買契約のみである。

建築条件付土地売買と建売住宅との差異は，建築する建物に係る設計等に

おける自由度である。建売住宅においては，既に売主である宅建業者において，新たに建築する建物の建築確認を得ていることから，買主において軽微な変更を除けば，基本的に建物の設計等を変更することは困難である。これに対し，建築条件付土地売買においては，通常，土地売買契約締結後に建築する建物についての詳細の協議を行い，間取りや仕様等を決定した上で建築請負契約を締結することになることから，買主の意向を反映させた建物設計が可能となる。

(3) 建築条件付土地売買における広告規制

宅建業法上，建売住宅の販売に際しては，建築確認を得た上でなければ，「宅地又は建物の売買その他の業務に関する公告をしてはならない」（同法33条）とされている。

過去には，かかる宅建業者の建売住宅に係る広告規制を潜脱するため，実質的に建売住宅の青田売りとして建築条件付土地売買が行われることが散見された。

このため，建築条件特約のある土地取引においては，主に次のような広告表示に係る規制が設けられている。すなわち，請負契約を締結すべき期限（売買契約締結後相当期間を経過した日）を表示すること，及び建築条件が成就しない場合においては，土地売買契約は解除され，かつ，土地購入者から受領した金銭は名目のいかんにかかわらず，全て遅滞なく返還する旨等を表示すること等が求められている（前掲広告表示規約6条は，具体的には次の表示を義務づけている。「ア　取引の対象が建築条件付土地である旨　イ　建築請負契約を締結すべき期限（土地購入者が表示された建物の設計プランを採用するか否かを問わず，土地購入者が自己の希望する建物の設計協議をするために必要な相当の期間を経過した日以降に設定される期限）　ウ　建築条件が成就しない場合においては，土地売買契約は，解除され，かつ，土地購入者から受領した金銭は，名目のいかんにかかわらず，すべて遅滞なく返還する旨　エ　表示に係る建物の設計プランについて，次に掲げる事項

(ア)　当該プランは，土地の購入者の設計プランの参考に資するための一例で

あって，当該プランを採用するか否かは土地購入者の自由な判断に委ねられている旨　(イ)　当該プランに係る建物の建築代金並びにこれ以外に必要となる費用の内容及びその額」）。

また，こうした広告規制の背景には独占禁止法上の問題があるといわれている。すなわち，建築条件付土地売買においては，本来，買主は，自由に自己の建物の建築業者，建築プランを選択できるにかかわらず，売主ないし売主の指定する業者との請負契約を締結することを強要されることから，独占禁止法19条の「不公正な取引方法」のうちの「抱き合わせ販売」に該当する可能性がある（公正取引委員会は，建築条件付土地取引に関する不動産公正取引協議会連合会からの照会に対して，「当該宅地建物取引業者の市場における地位，宅地建物の需給の状況等を踏まえて，公正な競争を阻害するおそれがあるかどうかで判断される」旨回答している（平成15年3月18日付け不動産公正取引協議会連合会からの照会に対する回答）。なお，物件広告には広告規制と同様の広告文言があるものの，売買契約書上には同記載を欠いていた事案において，「広告文言は，独占禁止法に抵触しないために顧客を保護する重要な意義を有するものであり，契約書の記載がなくても売買契約の契約内容となっている」と判断した裁判例（名古屋高判平成15年2月5日LLI/DB判例秘書）がある。

(4) 本件における建築条件付土地売買

本件においては，土地売買契約と同時に建築請負契約が締結されており，上述の広告規制に反している可能性が高い。もっとも，建築条件付土地売買に係る広告規制に反することが直ちに契約の効力を消滅させるものではない旨判示した裁判例もあり（東京地判平成26年5月14日ウエストロー），広告規制に反するからといって，直ちに契約を解除できるわけではないと解される。

しかし，契約法理上，買主が売主の提案した設計プランに拘束される理由はないから，設計条件が合わず建築請負契約締結に至らなければ，条件不成就となって，土地売買契約は不成立と解すべきことになろう。

2 解除の可否

(1) 請負契約の解除

請負契約は，仕事を完成しない間は，注文者は，「いつでも損害を賠償して契約の解除をすることができる」（民641条）。このため，注文者は，請負業者に対して一定の損害額を支払うことで請負契約を解除することができる。この解除は，注文者の必要又は便宜に従い，その単なる一方的な意思のみに基づいて，これをなし得るもので，何らの理由付けをも，何らかの理由を示すことも必要としない（広中俊雄，幾代通編『新版注釈民法16　債権(7)』170頁（有斐閣，1989））。

(2) 土地売買契約の解除

建築条件付土地取引において，土地売買契約と建物の請負契約とは別個の契約であり，建築請負契約が解除されたからといって，当然に土地売買契約が解除されるわけではない。

したがって，本件においても，売買契約の約定の中で解除に係る条項が定められていない限り，一方的に契約解除を求めることはできない。

なお，請負契約書が取り交わされていても，契約内容が不確定である等の事情により請負契約の成立の事実が認められないことも考えられる。そのような場合，一定期間のうちに建築請負契約が成立するという条件が成就しなかったことにより，売買契約の効力が失われることになる（前掲名古屋高判平成15年2月5日は，建築条件付土地売買契約と同時に請負基本契約が締結されていた事案について，建物に関する工事価格や建坪面積のみを定めた簡易な契約が締結されただけでは建物請負契約はいまだ成立したと評価できない旨判示し，建築条件付土地売買契約の解除を認めている。）。

(3) 手付解除の場合

ア　手付解除

手付とは，契約締結に際し又はその後の代金等の弁済期までに当事者の一方より相手方に対して交付される金銭その他の有価物をいう（柚木馨，高木

多喜男編『新版注釈民法14　債権(5)』171頁（有斐閣，1993））。

手付解除とは，解除権留保の対価たる意味を持つ手付をいい，「当事者の一方が契約の履行に着手するまで」手付金を支払った者は手付を放棄し，手付を受け取った者はその倍額を償還して契約を解除することができる（民557条1項）。

イ　手付解除の可否

売買契約における「契約の履行に着手」とは，債務の内容たる給付の実行に着手すること，すなわち，客観的に外部から認識し得るような形で履行行為の一部をなし又は履行の提供をするために欠くことのできない前提行為をした場合を指す（最大判昭和40年11月24日民集19巻8号2019頁）。そこで，本件においても「契約の履行に着手」したといえるか否かが問題となる。

本件に類似する裁判例としては，①売主が買主の代理人に依頼して，各種の登記申請書類の用意あるいは宅地の地積訂正等をしたときは，履行の着手があるとした例（仙台高判昭和37年6月11日下民集13巻6号1179頁）があるものの，②土地建物の売買において履行期が約1年9か月先に定められている場合に，土地測量や買主からの代金提供と履行の催告が行われても，買主に履行の着手があったとはいえないとした例（最三小判平成5年3月16日民集47巻4号3005頁）がある。

ウ　本件における検討

本件では，売買契約と建築請負契約とは別個の契約であることから，請負契約の履行行為に着手していたとしても，売買契約上の「履行に着手」とは評価されない。もっとも，敷地の地積更正を行っていたり，隣地との境界確定を進めた場合には，「履行に着手」と評価される可能性も否定できない。この場合，売買契約の履行期との関係が考慮されることになる。

Q6 履行遅滞・受領遅滞

　請負契約締結後，請負業者が完成期限を過ぎても建物を完成していません。この場合，注文者はどのような措置をとることができますか。また，完成期限前ではあるものの，請負業者が工事を中止したために完成期限に完成しないことが明らかである場合はどうですか。
　他方，建物は完成したものの注文者がクレームを付けて建物の引渡しを受けることを拒否している場合，請負業者はどのような措置をとることができますか。

1 請負契約締結後，請負業者が完成期限を過ぎても建物を完成していない。この場合，注文者はどのような措置をとり得るか

(1) 請負人の債務不履行を理由とする解除
ア 解　除
　建物完成前においては債務不履行を理由とする建物建築請負契約の解除は可能と解されている。したがって，本問において，注文者は，請負契約を履行遅滞により解除することが考えられる（民541条，改民541条・542条）。
　民法635条は，請負人の瑕疵担保責任として，「建物その他の土地の工作物については」契約の解除をすることはできないと規定することから，建物完成前における債務不履行を理由とする建物建築請負契約の解除はできないのかが問題となり得るものの，同条は，建物完成後に関する規定であり建物完成前の解除を禁ずるものではないと解されている。
　なお，民法653条は，改正民法では削除されている。改正民法では，請負人の担保責任は債務不履行責任と構成されていること（改民559条・562条～564条）から民法635条本文は不要であり，民法635条ただし書は必ずしも合理的な規定ではないと考えられたことによる。

イ　解除の制限

　建物完成前において債務不履行を理由とする建物建築請負契約の解除が可能であるとしても，契約全部の解除が常に可能とされているわけではない。判例は，「建物その他土地の工作物の工事請負契約につき，工事全体が未完成の間に注文者が請負人の債務不履行を理由に右契約を解除する場合において，工事内容が可分であり，しかも当事者が既施工部分の給付に関し利益を有するときは，特段の事情のない限り，既施工部分については契約を解除することができず，ただ未施工部分について契約の一部解除をすることができるにすぎないものと解するのが相当である」としている（最三小判昭和56年2月17日判時996号61頁）。このように解された理由は，請負契約が債務不履行解除された場合には原状回復義務を生ずるので（民545条1項。改正民法による改正はされていない。），請負人は既施工部分を撤去しなければならないかのようであるものの，「工事内容が可分であり，しかも当事者が既施工部分の給付に関し利益を有するとき」は，既施工部分を原状回復させなくとも当事者の意思に反するものではなく社会経済的な不利益を避けることもできるためであると考えられる。

　この判例法理を踏まえ，改正民法634条は，

　「（注文者が受ける利益の割合に応じた報酬）

第634条　次に掲げる場合において，請負人が既にした仕事の結果のうち可分な部分の給付によって注文者が利益を受けるときは，その部分を仕事の完成とみなす。この場合において，請負人は，注文者が受ける利益の割合に応じて報酬を請求することができる。

　　一　注文者の責めに帰することができない事由によって仕事を完成することができなくなったとき。

　　二　請負が仕事の完成前に解除されたとき。」

と規定し，解除を制限している。

ウ　報酬返還請求

　債務不履行解除の効果として請負人は原状回復義務を負うので，注文者は，

請負業者に対し，解除部分に係る支払済み報酬の返還を請求することができる（民545条1項。改正民法による改正はされていない。）。

　　エ　損害賠償請求

　注文者は，請負人に対し，債務不履行に基づく損害賠償を請求することができる（民545条3項（改民545条4項）・415条（改民415条））。例えば，注文者が別の請負業者に請け負わせて未完成建物を完成された費用などの賠償を請求することが考えられる。

　(2)　**民法641条による解除**

　本問の場合，民法641条（注文者による契約の解除）（同条は，改正民法による改正はされていない。）に基づく注文者による無理由解除も可能ではあるものの，注文者が損害を賠償しなければならないので，この解除をすることは考えにくい。

2　請負契約締結後，建物完成期限前ではあるものの，請負業者が工事を中止したために完成期限に完成しないことが明らかである場合，注文者はどのような措置をとり得るか

　かかる場合，履行期前であっても民法543条により債務不履行解除することができると考えられている（大判大正15年11月25日民集5巻763頁）。改正民法においても，債務不履行解除することができると考えられる（改民542条）。

　注文者は，上記**1**の場合に同じく，債務不履行解除に基づく請負報酬返還請求，損害賠償請求をすることができると考えられる。

　なお，本問の場合にも，民法641条（注文者による契約の解除）に基づく注文者による無理由解除も可能ではあるものの，注文者が損害を賠償しなければならないので，この解除をすることは考えにくい。

Ⅱ 新築請負

3 建物は完成したものの注文者がクレームを付けて建物の引渡しを受けることを拒否している場合，請負業者はどのような措置をとり得るか

(1) 受領義務はないこと

注文者に受領義務はないと解されている（最二小判昭和40年12月3日民集19巻9号2090頁）。改正民法413条においても，同様と解される。したがって，受領義務違反を理由として請負契約を解除することはできない。

(2) 報酬請求等

ア 報酬請求及び損害賠償請求

請負業者は，建物を完成しているので，注文者に対し請負報酬の支払を請求することができる（民632条。改正民法による改正はされていない。）。

また，完成建物の引渡しの履行の提供をして（民633条。改正民法による改正はされていない。），注文者の同時履行の抗弁権を喪失させることにより注文者の報酬支払義務を履行遅滞に陥らせ，同義務の履行遅滞を理由とする損害賠償請求をすることが考えられる。

イ 留置権主張

請負業者は，完成した建物につき留置権を主張することが考えられる（民295条。改正民法による改正はされていない。）。もっとも，本問では注文者が完成建物の引渡しを受けることを拒絶しているので留置的効果により請負報酬の支払を促すことは期し難い。

ウ 所有権主張

請負業者は，完成した建物の所有権を主張してその表示登記及び保存登記をすることにより，注文者の債権者から完成建物が差押えを受けることなどを阻止することが考えられる。

エ 不動産工事の先取特権

不動産工事の先取特権（民327条。改正民法による改正はされていない。）を行使することも考えられる。もっとも，不動産工事の先取特権の効力を保

存するためには工事前に登記しなければならないので（民338条1項前段。改正民法による改正はされていない。），請負業者が不動産工事の先取特権を有することは少ないと考えらえる。

(3) **増加費用の請求，建物の弁済供託**

請負業者は，注文者に対し，完成建物の保管に要した増加費用を請求することが考えられる（民485条ただし書，改民413条2項）。また，建物を弁済供託することも考えられる（民494条，改民494条）。

Q7 請負人の倒産

　請負業者が建物建築途中に倒産してしまい工事が中断している場合，注文者は既に支払った代金分の返還を請求できますか。
　また，元請業者が倒産したために，下請業者が下請代金を受領していないと主張して完成途中の建物を占拠している場合，注文者はどうしたらよいでしょうか。
　請負代金を支払って引渡しを受けた完成建物に瑕疵（種類又は品質に関して契約の内容に適合しない状態）が見つかったものの，請負業者は倒産してしまっていた場合，注文者はその瑕疵についてどうしたらよいでしょうか。

1 請負業者が建物建築途中に倒産してしまい工事が中断している場合，注文者は既に支払った代金分の返還を請求できるか

(1) 請負業者に対する請求

ア 請負業者が事実上の倒産にとどまっている場合

　請負人の責めに帰すべき事由による履行不能を生じているので，債務不履行解除をすることにより，解除の効果である原状回復請求として支払済み請負報酬の返還を請求すること（民543条（改民542条）・545条1項本文。545条1項は，改正民法による改正はされていない。）ができると考えられる。ただし，請負契約の解除には制限があるので（最三小判昭和56年2月17日判時996号61頁，改民634条），原状回復請求としての支払済み請負報酬返還請求の範囲もその限度に限られると考えられる。

イ 請負業者が破産手続開始決定を受けた場合

a 破産法53条の適用

　最高裁は，「法59条（編注：現行53条）は，請負人が破産宣告を受けた

場合であっても，当該請負契約の目的である仕事が破産者以外の者において完成することのできない性質のものであるため，破産管財人において破産者の債務の履行を選択する余地のないときでない限り，右契約について適用されるものと解するのが相当である」（最一小判昭和62年11月26日民集41巻8号1585頁）としている。この最高裁判例の見解は，現行破産法の下においても妥当するものと考えられている（通説）。

　　　　b　請負契約が破産法53条により解除された場合の原状回復義務の内容

　上記昭和62年最判は，「本件契約が解除されたものとされる場合には，上告人（編注：注文者）は支払ずみの請負報酬の内金から工事出来高分を控除した残額について，法60条（編注：現行54条）2項に基づき財団債権としてその返還を求めることができるものというべきである」としている。この点も，現行破産法の下においても妥当するものと考えられている（通説的見解）。

　　　　c　建物建築請負は，通常，「破産者以外の者において完成することのできない性質のもの」に当たらないと考えられる。

　　　　d　したがって，本問において，注文者は，破産管財人が契約の解除をした場合（破産法53条1項）又は契約の解除をしたものとみなされる場合（破産法53条2項後段）には，支払済みの請負報酬から工事出来高分を控除した残額について破産法54条2項に基づき財団債権としてその返還を求めることができるものと考えられる。

　改正民法においては，634条2号により仕事の完成とみなされる部分以外の部分について，同様の処理となるものと考えられる。

　　ウ　請負業者が民事再生手続開始決定を受けた場合

　上記昭和62年最判の見解により，民事再生法49条の適用があるとするのが通説的見解である。したがって，注文者は，再生債務者等が契約の解除をした場合（民事再生法49条1項）及び契約の解除をしたものとみなされる場合（同条2項）には，支払済みの請負報酬から工事出来高分を控除した残

額について民事再生法49条5項に基づき共益債権としてその返還を求めることができるものと考えられる。

エ　請負業者が会社更生手続開始決定を受けた場合

上記昭和62年最判の見解により，会社更生法61条の適用があるとするのが通説的見解である。したがって，注文者は，管財人が契約の解除をした場合（会社更生法61条1項）には，支払済みの請負報酬から工事出来高分を控除した残額について会社更生法61条5項に基づき共益債権としてその返還を求めることができるものと考えられる。

2　元請業者が倒産したために，下請業者が下請代金を受領していないと主張して完成途中の建物を占拠している場合，注文者はどうしたらよいか

最高裁は，「建物建築工事請負契約において，注文者と元請負人との間に，契約が中途で解除された際の出来形部分の所有権は注文者に帰属する旨の約定がある場合に，当該契約が中途で解除されたときは，元請負人から一括して当該工事を請け負った下請負人が自ら材料を提供して出来形部分を築造したとしても，注文者と下請負人との間に格別の合意があるなど特段の事情のない限り，当該出来形部分の所有権は注文者に帰属すると解するのが相当である。けだし，建物建築工事を元請負人から一括下請負の形で請け負う下請契約は，その性質上元請契約の存在及び内容を前提とし，元請負人の債務を履行することを目的とするものであるから，下請負人は，注文者との関係では，元請負人のいわば履行補助者的立場に立つものにすぎず，注文者のためにする建物建築工事に関して，元請負人と異なる権利関係を主張し得る立場にはないからである。」とする（最三小判平成5年10月19日民集47巻8号5061頁）。

したがって，本問において，「注文者と元請負人との間に，契約が中途で解除された際の出来形部分の所有権は注文者に帰属する旨の約定がある場合」には，注文者は，元請業者との間の請負契約が解除されたときは，下請

業者に対し，所有権に基づき「完成途中の建物」の明渡しを請求することができると考えられる。

3 請負代金を支払って引渡しを受けた完成建物に瑕疵（種類又は品質に関して契約の内容に適合しない状態）が見つかったものの，請負業者は倒産してしまっていた場合，注文者はその瑕疵についてどうしたらよいか

(1) 請負業者等に対する責任追及

瑕疵の担保についての請負人の責任は，民法においては債務不履行責任の特則としての請負人の瑕疵担保責任とされていた（民634条〜640条，品確法94条）。改正民法においては，債務不履行責任と構成されている（改民559条・562条〜564条・415条・541条・542条，改正民法整備法による改正後の品確法94条）。したがって，本問注文者は，請負業者に対し，かかる瑕疵担保責任ないし債務不履行責任を，法的に倒産していた場合には破産法，民事再生法，会社更生法などに従い，追及することが考えられる。

(2) 履行確保法による瑕疵担保責任の履行確保

本問瑕疵が品確法94条1項（改正品確法94条1項・2条5項）に規定する「瑕疵」であり（履行確保法2条4項・5項2号ロ・6条1項，改正履行確保法2条1項・5項・6項2号ロ・6条1項），本問注文者が履行確保法2条5項2号ロ（改正履行確保法2条6項2号ロ）にいう「発注者」であり，本問請負業者が同法2条2項（改正同法同条3項）にいう「建設業者」であり，本問完成建物が同法2条1項（改正同法同条2項）にいう「新築住宅」である等所定の要件に該当する場合には，本問請負業者は，同法3条に基づき，住宅建設瑕疵担保保証金の供託をし，又は住宅建設瑕疵担保責任保険契約を締結する義務を負っている。

そこで，かかる場合には，本問注文者は，本問瑕疵によって生じた損害賠償請求権（履行確保法6条1項，改正同法同項）及び改正民法による本問瑕疵を理由とする報酬返還請求（改正履行確保法6条1項，改民559条・563

条参照)に関して，本問請負業者が供託した住宅建設瑕疵担保保証金について還付を受けることにより他の債権者に先立って弁済を受け，又は当該住宅瑕疵担保責任保険法人に対しその損害を填補するための住宅建設瑕疵担保責任保険契約に基づき保険金の支払を請求することが考えられる（同法6条1項・2項3号，履行確保法施行規則8条・同法2条5項2号ロ，改正履行確保法6条1項・2項3号，履行確保法施行規則8条，改正履行確保法2条6項2号ロ）。

なお，改正民法では「契約の内容に適合しない」という概念がとられた（改民636条・562条）のに対して，品確法及び履行確保法において「瑕疵」概念が維持された（改正品確法2条5項・94条・95条，改正履行確保法2条2項）のは，「住宅の品質確保，あるいは住宅瑕疵担保の分野では，まさに法律の名前にも」あるように「『瑕疵』という言葉が十分に定着していること」（平成27年4月21日の国土交通省社会資本整備審議会住宅宅地分科会（第36回）議事録・36頁）が考慮されたものと考えられる。

Q8 近隣トラブル

> 建物を新築する請負契約を建築業者と締結しましたが,その工事のためには近隣の土地利用がどうしても必要であるにもかかわらず,当該近隣土地の所有者が利用を拒否しています。その場合にどのような措置をとることができますか。また,近隣住民から,建築工事の振動によって近隣の土地が地盤沈下したとクレームを受けましたが,どのように対応すべきでしょうか。

1 設問前段について(隣地使用)

(1) 隣地の使用請求とは

「土地の所有者は,境界又はその付近において障壁又は建物を築造し又は修繕するため必要な範囲内で,隣地の使用を請求することができる。」(隣地使用権:民209条1項本文)。

この隣地使用権は,隣人に対する請求権であり,隣人の承諾が得られなければ,承諾に代わる判決(民414条2項ただし書)を求めることができる(請求権説:東京地判平成22年3月18日判タ1340号161頁等。反対説として形成権説(谷口知平ほか編集代表『新版注釈民法7 物権(2)』331頁[野村・小賀野](有斐閣,2007)がある。)。

被告となる隣人とは,隣地の占有者(隣地所有者,地上権者,賃借人等)である(塩崎勤,安藤一郎編『建築関係訴訟法(新・裁判実務体系第2巻)』441頁[遠藤](青林書院,改訂版,2009)(ただし,不法占拠者については争いあり))。隣地の所有者であっても現に占有していなければ被告となり得ない(高松高判昭和49年11月28日判タ318号254頁)。

一方,原告には,当該土地の所有者のほか,地上権者,賃借権者又は使用借権者がなることができる(地上権者につき,民267条1項・209条1項。

賃借権者につき，東京地判昭和60年10月30日判タ593号111頁（民209条1項類推））。使用借権者につき，東京高判平成18年2月15日判タ1226号157頁（民209条1項類推。これに従うと，建築用地の所有者から使用借権の設定を受けた建築業者も，原告になることができる。）。

本件でも，隣地の占有者が誰かを確認し，また，誰が隣地の使用請求をするのかを検討する必要がある。

(2) 「必要な範囲内」とは

「境界又はその付近において障壁又は建物を築造し又は修繕するため必要な範囲内」であることが要件である（民209条1項本文）。本件では「建物の築造」のために「必要な範囲内」であることが要求される。なお，かかる「障壁」・「建物」の「築造」・「修繕」という列挙につき，現在では例示列挙と解する見解が多い（谷口ほか・前掲書331頁［野村・小賀野］）。

この隣地使用の必要性や程度の判断は，隣地使用者と被使用者との利益の比較衡量によるが，地域性や当該工事の規模，社会的価値及び緊急性，隣地の使用状況及び受ける損害の性質と程度，他手段の可能性などが考慮されることになる。また，隣地使用の具体的な場所・方法・期間・時刻などについては，隣人の事情をも考慮しなければならない（塩崎，安藤・前掲書440頁［遠藤］）。

本件でも，これらの事情を考慮する必要がある。

(3) 隣地使用の限度

「隣地の使用」（民209条1項本文）とは，単に隣地に立ち入るだけでなく，足場を組んだり，材料を一時置くことも含み，場合によっては，穴を掘ったり，岩を切り取るなど跡地の形状を変える行為や樹木を伐採したり移植するなどの行為も認められる。ただし，土盛，土砂の取り崩し，樹木の伐採など隣地所有者に損害が生ずるおそれのあるものは，不可能ではないにしても，よほどの強い必要性が認められなければならないと考えられる（塩崎，安藤・前掲書442頁［遠藤］）。

(4) 損害の塡補（償金支払）の要否

隣地使用権に基づき隣地を使用した場合，「隣人が損害を受けたときは，

その償金を請求することができる」（民209条2項）。その趣旨は，適法行為による損害の塡補を目的とするため，償金を請求するには，民法709条の場合と異なり，損害の証明さえなされればよいと解されている（塩崎，安藤・前掲書443頁［遠藤］）。

(5) **住家に立ち入ることはできない**

ただし，住家の場合には，隣人の承諾がなければ，その住家に立ち入ることはできない（民209条1項ただし書）。判決によっても，この承諾に代えることはできない（我妻榮著『新訂　物權法（民法講義2）』286頁（岩波書店，1983））。もっとも，その根拠は，隣人の生活の平穏を害さないことにあるから，そこへの立入りが直ちに隣人の生活を害さないときは，そこは「住家」に当たらない（東京地判平成11年1月28日判タ1046号167頁。例えば，都心の高層ビル街に所在するビルの外壁修理工事を行うために，隣接するビルの屋上及び非常階段に立ち入ることの承諾請求が認められる。）。

(6) **具体的な対応**

所有権に基づく隣地使用の承諾を求める場合，工事の妨害禁止請求と併せて請求されることが多い。その請求の趣旨は，「1　被告は，原告に対し，原告が別紙工事方法記載の工事をするために，別紙物件目録記載の土地を使用することを承諾せよ。2　被告は，原告に対し，原告が上記工事をすることを妨害してはならない。」（東京地判平成16年7月26日判例集未登載参照）などとされることが多い。ただし，併せて請求されることが多いというだけで，民法209条は，文言上，隣地の使用を請求できると規定しているにすぎず，同条に基づいて当然に妨害予防請求ができるわけではないことには注意を要する（東京地判平成25年3月26日判時2198号87頁）。

急を要するため，仮処分が申し立てられることも多い（瀬木比呂志著『民事保全法』（日本評論社，新訂版，2014）608頁［717］参照。なお，「承諾せよ」の部分は意思表示を命ずる仮処分である。この可否につき，東京地裁保全部は，「一般的には求めることができると解されるが，これを認めるべき事案は多くないと考えられる」（東京地裁保全研究会編著『民事保全の実

務　上』(きんざい，第3版，2012) 363頁～365頁等) とする。妨害禁止のみで仮処分の目的を達することができるという考え方である。この点につき，瀬木・前掲書319頁 [347] も参照。)。

(7) **本件における対応**

本件において，上記の要件を満たせば，仮処分決定や判決によって，隣地の使用をすることができる。ただし，償金の支払が必要になる場合がある。

2 設問後段について（近隣土地の沈下）

(1) **原則と例外**

地盤沈下の原因は種々のものが考えられる（一般的には，①圧密沈下，②造成不良による沈下，③荷重の偏りによる沈下，④ガス化による沈下，⑤液状化による沈下，⑥地下水採取の過剰による沈下，が挙げられている（第二東京弁護士会消費者問題対策委員会，99建築問題研究会共編『欠陥住宅紛争解決のための建築知識』86頁（ぎょうせい，2004）参照））が，仮に建築業者に損害賠償義務が生ずる場合でも，原則として，注文者は責任を負わない（民716条本文）。請負人である建築業者は，自己の知識経験に基づき仕事を完成する義務を負い，注文者の指揮命令に服することは通常ないからである。しかし，注文者が具体的に仕事の手順を指示し，その指示に過失がある場合や，注文内容自体から損害の発生が予測できるのにあえて注文した場合には，注文者の指示や注文が損害の発生原因と考えられることになる。このような場合には，注文者は，自らの行為によって損害を発生させたといえるため，注文者も損害賠償の責任を負うことになる（同条ただし書）。

(2) **注文者が責任を負う場合**

原則と例外は上記のとおりであるが，実際の裁判例等をみると，注文者の責任は，誤った指示をした場合だけでなく，損害防止措置に関して指示をすべきであったにもかかわらず指示を怠ったという不作為の場合にも，指示に過失があるとして責任が認められることがある。そして，かかる不作為による責任が認められた事案は，決して少なくない。

具体的には，注文者に工事に関して専門的な知識や経験がある場合には，注文者は，注文に当たって損害の発生を予測することが可能であり，請負人に対し損害防止措置を指示すべきであるとされることがある（東京地判平成6年7月26日判時1525号83頁等。なお，道路工事等による沈下につき，地方公共団体の責任を認める裁判例が目立つ。奈良地判平成24年3月29日判自372号93頁，京都地判平成24年2月7日判自361号90頁等）。

また，注文者に専門的な知識や経験があるとはいえない場合にも，注文工事自体又は工法などから損害発生を容易に予測できる場合には，請負人に損害防止措置を指示すべきであるとされることがある（最三小判昭和54年2月20日判タ397号72頁，東京高判平成9年2月19日判時1619号71頁，大阪地判昭和52年6月30日判タ366号273頁等）。例えば，隣接建物の基礎からの至近距離で地下を数メートルの深さに掘削するような場合には，何らかの損害発生を予測することは，素人にとっても容易であるといえることが多いだろう。

また，注文者が，事前に被害者や監督官庁から注意を受けていた場合にも，損害を予測できるので，注文者に責任を認めることがある（最三小判昭和43年12月24日民集22巻13号3413頁等）。

なお，注文者の注文時の指示に関して，注文者が損害発生の危険性を請負人に明示し損害発生防止措置の費用を考慮して請負代金が決定されているという事情の下で，注文者の過失を否定した判例がある（最一小判昭和45年7月16日民集24巻7号982頁）。

以上の裁判例等からすれば，少なくとも注文者自身が損害発生を予測している場合には，必ずこれを請負人に知らせ，損害防止措置を講ずることを要求しておいたほうがよい（実際，東京地判昭和53年3月16日判タ369号247頁では，請負人に注意を与えていたことから，注文者の責任が否定されている。東京地判昭和46年1月27日判タ261号314頁も同様である。）。また，その場合，請負人に対する要求は，後の紛争に備え，書面等にて行うことが必要であろう。

(3) **本件への対応**

 本件でも，注文者は，まず，地盤沈下のクレームがあることを速やかに書面等にて建築業者に伝えることが必要である。そして，建築業者にクレームを付けた者と直接引き合わせるなどして，クレームに理由があるかどうか慎重に吟味させる。その上で，クレームに理由があればそれに応じて，沈下を修復し，また，沈下の拡大を防ぐために適切な措置をとるようにすべきである。

Q9 損害賠償請求債権の消滅時効

　購入したばかりの住宅に雨漏りが出たので，急いで業者を頼んで修理してもらい，修理代金がかかりました。修理業者によれば，「もともとの施工が悪かったのではないか」とのことです。修理代だけでなく，雨漏りで住めなかった間のホテル代もかかっています。これらの損害について，いつまでに損害賠償請求すればよいのでしょうか。

1 損害賠償請求の根拠

　施工が，売買の「契約の内容に適合しない」ものであった場合には，売主に対し，修理代金について債務不履行に基づく損害賠償請求をすることができる。修理期間中のホテル代についても，損害賠償の範囲といえるであろう。
　また，施工会社に対しては不法行為を原因として損害賠償をすることが考えられる。

2 債務不履行に基づく損害賠償請求

(1) 債権の消滅時効

　改正民法では，債権の消滅時効は，債権者が「権利行使できることを知った時から5年」若しくは「権利行使できる時から10年」のいずれか早いほうとされている（改民166条1項）。「権利を行使できる時から10年」は従来と同様の規定である。これに加え，改正民法では，「権利を行使することができることを知った時」という主観的起算点が導入されることとなった。
　民法724条のような「加害者を知った」という要件が明示されていないが，これは，要件事実から外したという趣旨ではない。権利を行使するという場合には，特定の債務者に対して特定の権利を行使することが前提となってい

る。したがって，改正民法166条の「権利を行使することができることを知った」という要件には，「債務者を知った」ということも当然含まれていると考えてよい。ここでの「知った」とは，不法行為に関する民法724条の前段の「知った」と同じ意味であり，債権者が実質的な権利行使が可能な程度に事実を知った時をいうとされている。そうすると，「権利を行使することができることを知った時」とは，当該債権の発生，債務者，履行期の到来を現実に認識した時をいい，当該債権の発生を現実に認識したというためには，債権者が当該債権の発生を基礎づける事実を現実に認識する必要がある。

本件では，雨漏りの原因が施工にあると分かった時点が債権の発生及び債務者を現実に認識した時点と考えられるので，その時点から5年以内に請求しなければならない。また，ホテル代については，現実にかかる費用が明らかになった時，例えば，請求された時点が起算点になると考えられる。もっとも，現実に高額の宿泊費用がかかったとしても，損害賠償の範囲として合理的な額に制限されるところ，合理的な額を知らなかったとしても，そのことが起算点をずらす事由とはならないであろう。

(2) **経過措置について**

なお，時効に関しては経過措置が定められており，改正民法の施行日以前に債権が生じた場合にはなお従前の例によるとされている（附則10条）。これは，施行日前に債権が生じた場合について改正後の民法の規定を適用すると，当事者の予測可能性を害し，多数の債権を有する債権者にとって債権管理上の支障を生ずるおそれもあること等によるものである。

(3) **新築住宅の場合**

「新築住宅」の場合，品確法によって，「住宅のうち構造耐力上主要な部分又は雨水の浸入を防止する部分として政令で定めるもの」については，売主は，引渡しの時から10年間瑕疵担保責任を負うとされている（品確法95条）。改正民法では「瑕疵」という文言は用いられなくなったが，品確法の当該規定はそのまま有効である。したがって，当該住宅が「新築住宅」であった場合には，施工に隠れた瑕疵があれば引渡しから10年以内に損害賠償請求す

ればよいこととなる。契約でそれよりも短い期間が定められていたとしても無効であるが，長い期間（20年以内）が定められている場合には，そちらが有効となる（品確法97条参照）。

3 不法行為に基づく損害賠償請求

　不法行為に基づく損害賠償請求権は，原則として，従来どおりの3年である。

Ⅱ 新築請負

Q10 請負契約における消滅時効（品確法の適用がある場合の消滅時効）

> 注文住宅を建てましたが，住んでみると，床が傾いていました。施工業者に直してくれるよう申し入れたのですが，取り合ってくれなかったので，別の業者を頼んで修理してもらいました。注文住宅の工事費用のうち半額は引渡しの時に支払っていますが，残りの半額の弁済期は来月です。
> ① 床の修理代を払ってくれるまで工事費用の残額を払わない，ということはできますか。
> ② 床の修理代金と住宅の施工代金を相殺できますか。できるとすると，いつまでに相殺しなければならないのでしょうか。

1 請負契約における損害賠償請求権の消滅時効

(1) 土地の工作物に関する規定の削除

通常，床の傾きは契約不適合といえ，注文者は，請負人に対し，相当の期間を定めて，目的物の修補を請求することができるほか，債務不履行に基づく損害賠償請求の対象となる。

現行民法は，土地建物の請負人の責任について，石造，土造，れんが造，コンクリート造，金属造その他これらに類する構造の工作物については引渡しから10年，その他については5年と規定していた（民638条）。しかし，目的物が土地の工作物であっても，契約の趣旨に適合しないことが注文者に明らかになった以上，通知期間を他の一般的な場合に比べて長期のものとする必要性は乏しい。そこで，現行民法638条は削除されることになった。

このため，請負における土地の工作物についても，通常の債務不履行と同様に，「権利行使できることを知った時から5年」若しくは「権利行使でき

113

る時から10年」のいずれか早いほうが時効となる（改民166条）。

(2) 品確法の適用がある場合の消滅時効

もっとも，品確法により，住宅を新築する建設工事の請負契約においては，「住宅のうち構造耐力上主要な部分又は雨水の浸入を防止する部分として政令で定めるもの」について，注文者に引渡した時から10年間瑕疵担保責任を負うとされている（品確法87条，改民562条1項）。したがって，新築の場合，実質的には，民法改正による影響はほとんどないと思われる。

床の傾きは「構造体力上主要な部分」であるといえるから，10年間，損害賠償請求が可能である。

(3) 通知義務

もっとも，損害賠償請求するためには，注文者は，契約不適合を知った時から1年以内にその旨を請負人に通知していなければならない（改民637条1項）ことに注意が必要である。従前，判例は，売買における売主の瑕疵担保責任について，買主が損害賠償請求権を保存するためには，裁判上の権利行使をするまでの必要はないが，売主に対し，具体的に瑕疵の内容とそれに基づく損害賠償請求をする旨を表明し，請求する損害額の根拠を示す必要があるとしており（最三小判平成4年10月20日民集46巻7号1129頁），請負についても同様と考えられていた。しかし，改正後は，契約不適合があるという旨を伝えれば足りるとされた点で，注文者の負担が軽減されているといえる。

2 相殺の可否

注文者は，請負人からの代金請求に対し，瑕疵修補請求権あるいは瑕疵修補に代わる損害賠償請求権を理由とする同時履行の抗弁権を有するので，床の修理代を払ってくれるまで工事費用の残額を払わないということはできる。

また，注文者による請負代金請求権と損害賠償請求権の相殺も可能であるとするのが判例である（最一小判昭和53年9月21日判時907号54頁）。消

滅時効期間が経過した債権であっても，消滅時効以前に相殺適状にあれば相殺が可能であるが，請負代金の弁済期到来前の場合には期限の利益の放棄などにより弁済期が現実に到来していることを要する（最一小判平成25年2月28日民集67巻2号343頁）。他方，請負人からの相殺については，否定する見解が有力である。

Q11 新築請負工事と不法行為

> Aは，B市にある分譲マンション（以下「本件マンション」という。）の区分所有権をHから購入しましたが，本件マンションには耐震強度不足があることが判明しました。本件マンションは，指定確認検査機関Cが建築確認を行ったものであり，D建築設計事務所が，設計監理業務全般を行ったものです。Dは設計のうち構造設計をEに依頼しましたが，Eの作成した構造計算書に誤りがあったため本件マンションの強度不足が生じました。
> Aは，誰に対してどのような請求をすることができるでしょうか。

1 損害賠償の相手方

強度不足のあるマンションの購入者が，強度不足について損害賠償請求をする相手方としてまず考えられるのは，マンションの販売業者である。

売主に対する請求以外には，購入者は誰に，どのような請求をすることができるだろうか。

横浜地判平成24年1月31日判タ1389号155頁では，建築確認を行った指定確認検査機関，地方公共団体，設計を行った設計事務所に対する責任が問われた。

2 指定確認検査機関の責任

(1) 指定確認検査機関とは

指定確認検査機関とは，平成10年の建築基準法改正により制度化されたものであり，建築行政の民間開放の一つとして認められたものである（西口元「建築確認を巡る裁判例概観―建築確認の違法を理由とする賠償請求を中心として」判タ1218号19頁）。国土交通大臣又は都道府県知事から指定を

受けた民間の確認検査機関は，建築主事に代わって建築物の確認又は検査を行うことができる。そして，このような指定確認検査機関の確認を受け，確認済証の交付を受けたときは，当該確認は，建築主事の確認とみなされ，当該確認済証は建築主事の確認済証とみなされる（建基6条の2第1項）。

(2) 指定確認検査機関が負う責任

前掲横浜地判平成24年1月31日は，指定確認検査機関の確認検査員が，構造計算書について一定の数値を下回っている旨指摘し是正を求めたところ，構造計算書の作成者が構造計算書に手書きで修正を加えたが，同修正には構造設計の基本的事項に関する誤りがあったという事実関係の下で，「本件手書き修正は本件安全率の逆数倍の量に鉄筋量を増加するとの判断に基づくものであるところ，その判断内容に照らすと，本件手書き修正の目的は，本件安全率を1以上とすることにあったと認められる。この事実に，被告の指定確認検査機関の従業員である乙山が指摘して本件手書き修正がなされた事実（上記(2)）を総合すると，被告の指定確認検査機関の従業員である乙山は，本件安全率が1を切っていることを発見し，その改善を戊沢に指摘し，同事実に基づき，戊沢は本件手書き修正を行ったものと認められる。以上の事実と上記(1)ウ(イ)のとおり，本件手書き修正が誤りであることは，構造設計の基本ともいうべき事項であって，通常，構造設計者がこのように誤りをすることはあり得ないことからすると，建築確認の審査業務を行う乙山は，上記指摘に基づき，戊沢が行った本件手書き修正が適正なものであり本件安全率の数値が1以上となっていたかどうかを確認し耐力壁の種別をWAとして計算するのが適切かどうかを確認する義務があったところ，乙山は，本件手書き修正の誤りを修正せず，本件安全率の数値が1以上となっているかどうかを確認しないまま建築確認を行ったのであるから，上記義務を怠った過失があると認められる。」として指定確認検査機関の従業員の過失を認定した。

その上で，「被告の指定確認検査機関は，その従業員であった乙山の過失により，本件マンションの耐震強度不足を生じさせたのであるから，国賠法1条1項に基づき，耐震強度不足によって原告らに生じた損害を賠償する責

任を負う。」として，指定確認検査機関の国賠法上の責任を認めている。

(3) 指定確認検査機関の責任が問題となった裁判例

指定確認検査機関が行った建築確認に瑕疵があるとして同機関に対し損害賠償を請求した事例のうち，責任を否定した裁判例としては，奈良地判平成20年10月29日判時2032号116頁，福岡地小倉支判平成21年6月23日判タ1327号85頁，東京地判平成21年7月31日判タ1320号64頁，東京地判平成23年1月26日判タ1358号148頁，東京地判平成23年5月25日判タ1392号169頁等がある。他方，責任を肯定した裁判例としては，東京地判平成21年5月27日判タ1304号206頁がある。

3 指定確認検査機関が行った建築確認に関する地方公共団体の責任

(1) 地方公共団体が責任を負う要件

指定確認検査機関が行った建築確認に瑕疵がある場合，地方公共団体の責任を問うことはできるか。

この点について，前掲横浜地判平成24年1月31日は，「指定確認検査制度は，建築確認等の事務の主体を地方公共団体から民間の指定確認検査機関に移行したものであって，指定確認検査機関は自ら設定した手数料を収受して自己の判断で建築確認業務を行っており，その交付した建築確認済証は建築主事が交付した確認済証とみなされるものである。そうすると，指定確認検査機関は，行政とは独立して，公権力の行使である建築確認業務を行っているのであって，指定確認検査機関の行った建築確認に瑕疵がある場合には，その国賠法上の責任は指定確認検査機関自身が負うものと解するのが相当である。ただし，上記(1)ウのとおり，特定行政庁においても，一定の監督権限は与えられているから，特定行政庁が同権限の行使を怠った場合には，特定行政庁が属する地方公共団体も，国賠法上の責任を負うものと解される。」と判示しており，特定行政庁が監督権限の行使を怠った場合には，地方公共団体が責任を負うものとしている（ただし，同判決では，地方公共団体の責任は否定されている。）。

(2) 建築主事の責任が問題となった裁判例

建築主事が行った建築確認に瑕疵があるとして，地方公共団体に対し損害賠償請求をした事例のうち，肯定した裁判例としては，名古屋地判平成21年2月24日判時2042号33頁があるが，否定した裁判例としては，控訴審である名古屋高判平成22年10月29日判タ1363号52頁のほか，前橋地判平成21年4月15日判時2040号92頁，京都地判平成21年10月30日判時2080号54頁，東京地判平成22年11月25日判時2108号79頁，東京高判平成23年2月23日判タ1356号156頁，東京地判平成23年3月30日判タ1365号150頁，前掲東京地判平成23年5月25日，東京高判平成24年2月28日判時2167号36頁等がある。

4 建築設計を行った建築設計事務所の責任

(1) 最判平成19年7月6日の判断枠組み

マンションの購入者としては，強度不足の建築設計を行った建築設計事務所に対する責任追及をすることも考えられる。

建物の建築に携わる設計者，施工者及び工事監理者が居住者に対して負う責任について，最二小判平成19年7月6日民集61巻5号1769頁（以下「平成19年最判」という。）は，「建物の建築に携わる設計者，施工者及び工事監理者（以下，併せて「設計・施工者等」という。）は，建物の建築に当たり，契約関係にない居住者等に対する関係でも，当該建物に建物としての基本的な安全性が欠けることがないように配慮すべき注意義務を負うと解するのが相当である。そして，設計・施工者等がこの義務を怠ったために建築された建物に建物としての基本的な安全性を損なう瑕疵があり，それにより居住者等の生命，身体又は財産が侵害された場合には，設計・施工者等は，不法行為の成立を主張する者が上記瑕疵の存在を知りながらこれを前提として当該建物を買い受けていたなど特段の事情がない限り，これによって生じた損害について不法行為による賠償責任を負うというべきである。居住者等が当該建物の建築主からその譲渡を受けたものであっても異なるところはな

い。」と判示している。「建物としての基本的安全性」の具体的内容について判断した判例として，最一小判平成23年7月21日判時2129号36頁がある（ⅢのQ16参照）。

(2) **意匠設計者と構造設計者が異なる場合**

前掲横浜地判平成24年1月31日の事案は，建築士が行ったのは意匠設計のみであり，構造設計については，全て外注で他の建築事務所等に依頼をしてきたという事情があった。このような場合に，構造設計に関する瑕疵について，建築士及び建築設計事務所の責任を問うことはできるだろうか。

前掲横浜地判平成24年1月31日は，平成19年最判を引用した上で，「意匠設計と構造設計とでは専門分野が異なることから，被告丙川事務所が構造設計をZ事務所に依頼することは，やむを得ないとしても，被告丙川は，被告丙川事務所の代表者として本件マンションの設計業務全体について責任を持つべき立場であったから，構造設計についても，誤った設計がされないように注意すべき義務がある。」と判示して建築設計事務所の責任を認めている。

Chapter III

中古売買

Q1 瑕疵担保責任の免責

> 先日，遠方に住む私の母が亡くなり，実家の土地建物を単独相続しました。私は既に自宅を所有しているため，実家の土地建物を売却することにしました。実家は古い木造住宅なので，以前里帰りした際に，雨漏りもしており，私は，建物は取り壊して更地で売却しようと思ったのですが，買主から，「物置としてでも使える限りは使いたいので，建物を取り壊さないで引き渡してほしい」と言われました。
>
> 後日，「雨漏りがした」「不具合があった」などと言われて，売主の瑕疵担保責任を問われるようなことはされたくありません。どのような文言の特約を定めればよいのでしょうか。また，上記の状況で，売主（私）が宅建業者の場合はどうなるのでしょうか。

1 担保責任を負わない旨の特約

(1) 担保責任の免責の可否

民法561条，563条，570条等の瑕疵担保責任の規定は，任意規定であるので，瑕疵担保責任を負わないとすることが可能である。改正後もこの理論自体に変更はない（なお，「瑕疵」は，改正民法では「契約不適合」という概念となる。この点は，**Q2**にて詳述する。）。

すなわち，改正民法562条1項本文（売主の追完請求権）及び同565条（移転した権利が契約の内容に適合しない場合における売主の担保責任）の規定は，いわゆる任意規定であり，特約で担保責任を負わないこととしたり軽減したりすることが可能である。

なお，「隠れた瑕疵」という要件がなくなるため，民法570条は削除され「抵当権等がある場合の買主による費用の償還請求」に変更された。

(2) **改正民法572条（担保責任を負わない旨の特約）**

　もっとも、改正民法572条は、「売主は，第562条第1項本文又は第565条に規定する場合における担保責任を負わない旨の特約をしたときであっても，知りながら告げなかった事実及び自ら第三者のために設定し又は第三者に譲り渡した権利については，その責任を免れることができない。」と規定する。知りながら告げなかった事実及び自ら第三者のために設定し又は譲り渡した権利について免責されない点は、従前と同様である。

　つまり、売主が担保責任を負わない旨を特約したとしても、「知りながら告げなかった事実」、「自ら第三者のために設定し又は第三者に譲り渡した権利」については免責されないことになる。

　したがって、中古住宅の瑕疵担保の免責特約としては、ただ単に「引き渡された目的物が契約の内容に適合しないものであるときであっても、一切の担保責任を負わないものとする。」といった条項を設けるだけでは十分ではない。

　売主としては、後日買主から、「売主が雨漏りしていることを知っていながら、それを買主に告げずに瑕疵担保の免責特約をしたのだから免責され得ない。よって、修補せよ」などと主張されないために、瑕疵担保（契約不適合）の免責特約は、できる限り瑕疵を示した上で行う必要がある。

(3) **具体的な文言**

　本件のような瑕疵が生じていることが多い中古住宅の取引においても、「付帯設備表」などを用いてできる限り瑕疵を列挙すべきである。もっとも、実際に瑕疵を全て列挙し、その程度を表示することは困難である。

　そこで、単に契約書に「引き渡された目的物が契約の内容に適合しないものであるときであっても、一切の担保責任を負わないものとする。」との記載をするのみならず、「付帯設備表」などと併せて、契約書の特約欄に以下のような免責文言を記載し、対処するべきである。

> 【特約例】
>
> 特　約
> 1　引き渡された目的物が契約の内容に適合しないものであるときであっても，一切の担保責任を負わないものとする。
> 2　買主は，本物件につき，以下の点を了解する。①雨漏りがしている，②（その他の具体的に想定される瑕疵を記載）。

　上記のような特約をすれば，トラブルは全て回避できるかというと，それは買主次第といわざるを得ないが，単に免責特約によるよりは，紛争を回避し得るであろう。

2　売主が宅建業者の場合

(1)　宅建業法40条

　宅建業者が売主で買主が消費者である不動産売買では，瑕疵担保責任の特約について，宅建業法上特別な制限が課されている。すなわち，その目的物の引渡しの日から2年以上の担保責任を負う期間の特約をする場合を除き，民法よりも買主（消費者）に不利となる特約をしてはならず，そのような特約は無効である（宅建業法40条）。

(2)　宅建業者は担保責任を常に負うのか

　では，売主である宅建業者は，引渡し日から2年以上とする瑕疵担保責任期間についてしか瑕疵担保の減免は受けられないのかというと，必ずしもそうではない。

　改正民法における担保責任は，「契約の内容に適合しないもの」である場合に負う（改民562条1項本文・565条）。したがって，契約の内容として，瑕疵がある物が目的物であるとされる場合には，瑕疵があってもその責任を問われない。したがって，瑕疵を明示して売れば，その限りでは，売主が宅建業者であっても，担保責任は問われない。この点は，従前において，「隠れた瑕疵」について担保責任を負うとしていた点と同様である。

Q2 民法改正に伴う瑕疵概念

民法改正に伴い，住宅紛争における従前の瑕疵概念はどのようになるのでしょうか。

1 改正民法の内容

改正民法においては，従来の「瑕疵」に代えて「契約の内容に適合しない」（「契約不適合」と呼ばれる。）との文言が用いられる（売買につき改民562条以下，請負につき同636条以下）。以下に述べるとおり，民法改正の審議過程に照らすと，瑕疵と契約不適合とは同一の意味と考えられる。

(1) 中間試案

中間試案においては，「売主が買主に引き渡すべき目的物は，種類，品質及び数量に関して，当該売買契約の趣旨に適合するものでなければならないものとする。」とされていた。

中間試案の補足説明においては，

「……瑕疵の存否は，結局，契約の趣旨を踏まえて目的物が有するべき品質，性状等を確定した上で，引き渡された目的物が当該あるべき品質等に適合しているか否かについての客観的・規範的判断に帰着すると考えられ，裁判実務においても，民法第570条の「瑕疵」に該当するか否かは，基本的にこのような手法で判断していると考えられる（最判平成22年6月1日民集64巻4号953頁，最判平成25年3月22日裁判所ウェブサイト等）。

その上で，上記のような解釈の蓄積や裁判実務における取扱い等を踏まえ，「瑕疵」の判断基準を具体的に書き下すこととすることが望ましいと考えられるが，その際に，（注）でも取り上げたように，「瑕疵」という言葉が法令用語としては定着していることを重視して，「瑕疵」という言葉を維持してその定義として示すことも技術的には考え得る。しかし，「瑕疵」という言

葉の難解さに加え，この言葉が場合によっては物理的な欠陥のみを想起させることからすると，適切でないように思われる。部会においても，売主の義務につき，「瑕疵がない目的物を引き渡さなければならない」とするよりも，「売主が引き渡す目的物は，契約において予定されていると認められる（契約の趣旨に照らして備えるべきと認められる）品質，数量等に適合していなければならない」などと表現するほうが分かりやすいとの指摘があった。

　以上の考慮に基づき，本文(2)では，「売主が買主に引き渡すべき目的物は，種類，品質及び数量に関して，当該売買契約の趣旨に適合したものでなければならない」として，民法第570条の「瑕疵」の実質的な判断基準を直接に法文上に表現するものとしている。」（「民法（債権関係）の改正に関する中間試案の補足説明」400～401頁（http://www.moj.go.jp/content/000109950.pdf））

と説明されている。すなわち，中間試案段階では，「契約の趣旨に適合」しないとは，旧法570条の「瑕疵」の「実質的な判断基準を直接に法文上に表現するもの」であった。

　さらに，「84回会議の資料「民法（債権関係）の改正に関する要綱案のたたき台(9)」においても，

　「(2)　売主は，売買の目的が物であるときは，性状及び数量に関して，その売買契約の趣旨に適合するものを引き渡す義務を負う。」

と記載されており（84回会議の資料「民法（債権関係）の改正に関する要綱案のたたき台(9) 7頁（http://www.moj.go.jp/content/000121259.pdf）），上記の考えは維持されていると解される。

(2)　改正法

　ただ，実際の改正法においては，「引き渡された目的物が種類，品質又は数量に関して契約の内容に適合しない」に変えられている。この変更につき，「民法（債権関係）の改正に関する要綱仮案の原案（その3）補充説明」には，

　「従前の案である部会資料75A第3，2(1)及び(2)では「契約の趣旨」という文言を用いていたが，これに対しては多義的で意味内容が必ずしも明確で

ないなどの問題があり，今後，条文で用いることのできる見通しが立ちにくいことから，素案(1)及び(2)では「契約の内容」という文言を用いることとしている。規律の内容を変更するものではない。売買に関する他の箇所においても，同様の意味で「契約の内容」という文言を用いることとしている。」(「民法(債権関係)の改正に関する要綱仮案の原案(その3)補充説明」8頁(http://www.moj.go.jp/content/000125163.pdf))

と記載されている。「契約の趣旨」から「契約の内容」への変更は，「規律の内容を変更するものではない」のであるから，中間試案における契約不適合に関する考えは変わっていないこととなる。

以上により，「瑕疵」と「契約不適合」とは同じ内容と考えられる。なお，品確法では「瑕疵」の文言を残した上で定義規定を置く改正が行われた(国土交通省ウェブサイト内「民法改正に伴う住宅品質確保法・住宅瑕疵担保履行法の改正について」(http://www.mlit.go.jp/common/001087625.pdf))。

ただし，旧法で要件とされていた「隠れた」は要件ではなくなった。これに対応して，品確法，履行確保法においても，売買契約の瑕疵担保責任に係る「隠れた」要件を削除する改正が行われた(上記国土交通省ウェブサイト)。

2 「契約不適合」の意味

上記のとおり，契約不適合は瑕疵と同様に解される。従来の「瑕疵」とは，通常有すべき品質・性能に欠けるところがあるか，又は当事者が表示した品質・性能が備わっていないことを指していた。請負における「契約不適合」とは，完成された仕事が請負契約で定められた内容どおりではなく，使用価値や交換価値が減少する，当事者があらかじめ定めた性質を欠くなど，不完全な点を有することを指すことに変わりはない。また，売買における「契約不適合」の定義も基本的にこれと同じであり，取引上通常有すべき品質・性能を欠く場合又は売買契約上予定した性質を欠いていることを指す。

III 中古売買

3 「契約不適合」の判断基準

　東京地方裁判所建築訴訟対策委員会は、「瑕疵」に関して、「①建築基準法等の法令の規定の要件を満たしているか、②当事者が契約で定めた内容、具体的には設計図書に定められた内容を満たしているか、③②に含まれる問題であるが、住宅金融公庫（現在の住宅金融支援機構）融資を受けることを予定した建築物において公庫融資基準を満たしているか、④以上のいずれにも当たらないが、我が国の現在の標準的な技術水準を満足しているか等の基準が考えられます」としている（判時1777号3頁「建築鑑定の手引き」Q22）。ただ、契約内容に違反すれば直ちに瑕疵に該当するというのではなく、軽微な約定違反は瑕疵とは評価されないこともある。この意味で瑕疵とは純粋な事実ではなく、実質的・規範的概念であり、多分に法的評価を伴うものであるとの分析もなされている（判タ1148号4頁）。

　以上の理解は契約不適合にも該当し、したがって、契約不適合の有無を検討するに当たっては、技術的な要素だけではなく上記の点などを総合的に評価する必要がある。

(1) 契約書・設計図書

　上記のように、建物の契約不適合とは、建物が請負契約又は売買契約で定められた内容どおりではないことをいうので、瑕疵の有無を判断する際には、まず、契約の内容を確定する必要がある。

　契約の内容を直接・明示的に示すものとして、契約書・設計図書（設計図・仕様書）がある。契約で特に合意した仕様に反する場合には、法令違反や構造上の安全性の問題がなくても契約不適合に該当する（最二小判平成15年10月10日判時1840号18頁参照）。

　また、請負の場合には施工者が建築主に工事代金の見積書（工事見積内訳書）を提出するのが一般的であるが、見積書には材料や工事の内容・数量・単価が記載されており、設計図書とともに請負契約の具体的内容を特定するための資料となる。ただし、施工図など、設計図書以外に請負契約締結後に

作成された図面は，直ちに契約の内容となるわけではないので注意が必要である。さらに，契約書や設計図書との不一致の内容，程度が軽微な場合には，契約不適合と評価されない場合もある。

　もっとも，契約書等では建物の仕様，品質，性能が明示的に定められていない場合もある。その場合には，建物の種類，契約締結時の事情，代金額などのほか，後述する建築基準関係規定，旧公庫仕様書，学会が定める技術的基準，品確法所定の「参考となるべき技術的基準」等を総合考慮して，契約の合理的解釈を行うことになる。

(2) **品確法による住宅性能評価書**

　品確法では，設計又は建設された住宅について，日本住宅性能表示基準に基づいて「住宅性能評価書」を交付する「住宅性能表示制度」を設けている。

　この制度を利用して，請負契約締結時に注文主に設計住宅性能評価書が交付された場合，又は新築住宅の売買契約締結時に買主に建設住宅性能評価書が交付された場合には，請負人又は売主が契約書において反対の意思表示をしない限り，その表示された性能の住宅の完成，引渡しを目的とする契約を締結したものとみなされる（品確法6条1項・3項）。したがって，この場合は評価書に記載された内容が契約内容となる。

(3) **建築基準関係規定**

　建築基準関係規定とは，建築基準法・施行令・施行規則，旧建設省や国土交通省の告示のほか，都市計画法，消防法，宅地造成等規制法等の14種類の法令を指す（建基6条1項，建基令9条）。これらの法令は建築確認審査の対象となっており（建基6条1項・4項），建物について要求される最低基準を定めたものであり，通常は，注文者は適法な住宅を望むはずで，業者も違法建築をしようとしないはずである。したがって，明示の合意がない限り，建築基準法に満たない契約内容は存在しないはずであり，これらの基準に違反する場合には，当事者が特に最低基準と異なる契約を締結したなどの特段の事情のない限り，契約不適合に当たる。

(4) 旧公庫基準

旧住宅金融公庫（現在は住宅金融支援機構）は，その定めた基準（工事共通仕様書）に適合した住宅についてのみ融資を行っていた。一般に，旧公庫基準は建築基準法よりも厳しい基準となっていた。

旧公庫基準（仕様書）に従う旨の合意がある場合（公庫融資対象住宅の場合）には，公庫基準に従うことが契約の内容になっていると認められる。また，公庫融資の対象となっていない建物についても，公庫基準が一種の技術的基準として契約不適合の有無の判断基準となるか否かについては，裁判例も結論が分かれている（肯定例として神戸地判平成9年8月26日欠陥住宅判例1集40頁，否定例として神戸地判昭和63年5月30日判時1297号109頁等）。

(5) 学会，協会が定める技術的基準

確立された権威ある学会・協会による標準的技術基準が契約不適合の判断基準に用いられることもある。

例えば，一般社団法人日本建築学会は，建築物の技術的基準として，建築工事標準仕様書」（JASS1～26）をはじめ，設計，施工，構造計算等に関する各種の基準，指針，手引等を作成している。これらの基準等は設計，施工の実務において広く用いられており，有力な契約不適合の判断材料となる。日本建築学会が作成した技術基準を瑕疵の判断材料とした裁判例として，大阪地判昭和57年5月27日判タ477号154頁，大阪地判昭和62年2月18日判タ646号165頁がある。

(6) 品確法の定める「参考となるべき技術的基準」

品確法は，「住宅紛争処理の参考となるべき技術的基準」を定めている（品確法74条，平成12年建設省告示第1653号）。例えば，住宅の種類ごとに，建物の勾配や傾斜の基準，部位ごとにひび割れの幅などが定められている。

この技術的基準は，指定住宅紛争処理機関（住宅紛争審査会：建設住宅性能評価書が交付された住宅に関する紛争処理を行うADR機関）による紛争処理を迅速・適正に行うために設けられたガイドラインであり，この基準に基づいて法律上一定の瑕疵が推定されるものではないと解されている。もっ

とも，一定の不具合事象があった場合に一定の構造的な契約不適合が存在する可能性をレベル分けしており，契約不適合の有無を判断する一要素とはなり得る。

(7) **心理的瑕疵**

物理的な瑕疵ではなく，自殺事件が起きたなどの目的物にまつわる嫌悪すべき歴史的背景など客観的な事情に属しない住み心地のよさを欠く事由，心理的に抵抗を感ずる事由のうち，通常一般人において右事由があれば住み心地のよさを欠くと感ずることに合理性があると判断される程度に至ったものを心理的瑕疵と呼び（大阪高判昭和37年6月21日判時309号15頁参照），契約不適合に当たると考えられる。

ハザードマップにおいて，南関東地震が発生した際に，売買目的物である土地は液状化の危険性が極めて高いと記載されていることに関して，一般人であれば誰もが当該土地の使用の際に心理的に十全な使用を著しく妨げられる欠陥であるということはできず，心理的瑕疵を否定した例（東京地判平成26年4月15日ウエストロー），売買の目的物である建物の建築途中にエレベーターシャフト内で死亡事故が発生していた場合に，殺人事件などと同視できないものである上，原告の専用部分となるべき本件建物内で発生したものではなく，本件建物から相当程度離れたフロアの共用部分で発生したものであること，当該事故に関する情報が流布していないことを理由に心理的瑕疵を否定した例（東京地判平成23年5月25日ウエストロー），売買目的物である土地上にかつて建てられていた建物内で，売買契約の約4年前の火災事故により死亡者が発生していたことを心理的瑕疵に当たるとした例（東京地判平成22年3月8日ウエストロー）等がある。

Q3 経年劣化と瑕疵の区別

> 建築後20年以上経っている物件を購入してから3年が経過しました。購入後1年目にシロアリの被害があることに気付いたのですが，そのときには深刻な被害とは考えていませんでした。しかし，今般，シロアリによって建物の土台まで侵食されていることに気付きました。売主は，シロアリ被害自体について「建物が古いから当然」と言うのですが，何か責任追及はできないのでしょうか。

1 経年劣化と瑕疵

(1) 経年劣化と瑕疵担保責任の関係

ア 瑕疵について

本項では，建物に経年劣化が認められる場合，「瑕疵」として売主等に責任を問えるのはいかなる場合か等について述べる。

Q2で詳述したとおり，「瑕疵」とは，対象物件が，取引上通常有すべき品質・性能を欠く場合又は売買契約上予定した性質を欠いていることをいう。

なお，「瑕疵」概念は改正民法では用いられておらず，種類・品質・数量に関して「契約の内容に適合しないもの」（契約不適合）に集約される（売買については改民562条・565条・566条・570条等。請負については改民636条。なお559条に注意を要する）。また，従前，売買における物の種類・品質の瑕疵は「隠れた」，つまり買主が取引上一般に要求される程度の注意をしても発見できないようなものであることが必要であった（民570条）が，改正民法では，条文上，「隠れた」という要件は削除された。

民法改正に伴って商法，宅建業法等も改正された。なお，品確法においては，「瑕疵」という表現自体は維持されるが，改正民法に合わせ，2条5項において，「『瑕疵』とは，種類又は品質に関して契約の内容に適合しない状

態をいう」と定義された。

イ　中古物件における経年劣化とは

中古物件は，例えば，建築後20年も経過すればその間に建物を構成する各種材料の品質が劣化することは避けられないから，通常これによる建物の内部のシミ，壁のひびわれ，扉の開閉の不具合等の劣化（経年劣化。経年変化ともいう。）がある。一般に，経年劣化は，買主が「取引上一般に要求される程度の注意をしても発見できないような不具合」ではなく「隠れた瑕疵」とはいえないため，瑕疵担保責任は生じないのが通常である。

改正民法でも，当事者は，中古物件の売買では，築年後の年月が経過した建物としての品質・性能を有しており，かつ，それで足りることを前提に契約するため，経年劣化は，通常は「契約不適合」に該当しないと考えられる。したがって，民法改正後も，通常は売主が経年劣化の責任を負わないことは同様と思われる。

そこで，「経年劣化」と「瑕疵」の具体的な区別が問題となる。

(2) 「現状有姿」売買と瑕疵担保責任との関係

ア　「現状有姿」での取引の意味とは

中古物件の売買は，通常，「現状有姿」の取引（現状有姿売買）である。

ただし，単に「現状有姿売買」であれば売主の瑕疵担保責任が免責されるわけではない。現状有姿売買とは，契約時のあるがままの状態で目的物件を引き渡すということであり（例えば，登記簿上の面積と実測面積，図面と現況が食い違っているような場合，実測・現況が優先される。），建物に経年劣化があってもそのままで引き渡せば足りるのであるが，「隠れた瑕疵」についての売主の担保責任まで免責されるというものではない（後述の裁判例のとおり）。

イ　瑕疵担保責任の免責

他方で，建物が古い場合（物件によるが，木造住宅等であれば，築20年を超えれば相当古いといえよう。）は，経年劣化だけでなくこれに伴う様々な不具合，ひいては「隠れた瑕疵」がある可能性を否定できないが，売主としても，その全部を把握することは困難である。このような場合に全て瑕疵

担保責任を負うというのでは中古物件を売ることは難しい。そのため，売買契約上「売主は瑕疵担保責任を負わない」旨を定めることが多く，この場合には「知りながら告げなかった」瑕疵を除いて，瑕疵担保責任は免責される。なお，「現状有姿」という表現は慣習上のものにすぎず，時折，現状有姿売買であれば瑕疵担保責任もない（免責される）と誤解されていることがあるが，一般的には以上のように解されるため，取引上注意を要する。

2 裁判例

(1) 経年劣化と瑕疵の区別に関する裁判例

ア　千葉地松戸支判平成6年8月25日判時1543号149頁

経年劣化と瑕疵の区別について参考になる裁判例である。

当該事案は，売主が，前居住者が6年以上居住していた建物及びその土地を売却したが，建物に70分の1の勾配の傾斜等があり，買主が引渡しを受けた後これに気付き，傾斜の原因は土地の不等沈下である等として，売主に対して売買の瑕疵担保責任による損害賠償を請求した（他にも主張はあるが省略する。）というものである。

これに対し，売主は「中古住宅は，現状有姿のまま購入するのであるから，たとえ多少の変形があったとしても，それが，許容限度を超えていない限り，瑕疵とはいえない」と主張して争った。

イ　瑕疵と経年劣化の区別の基準

本判決は，このような建物の傾斜は，「築後の経年変化により通常生じるものとはいえない」として，買受人がこのような傾斜があることを承知して買い受けた場合や，このような傾斜が存在することを前提として価格が決定されたような場合を除き，買主が当然これを許容すべきであるとはいえないと判示し，その他の点についても買主の主張を認め（売主は，買主は契約を締結する前に建物を見分しており，その後も残代金支払前に入居しており「隠れた」瑕疵ではないと主張したが，判決は，具体的な状況からみて買主が当初建物の傾斜に気付かなくても過失はないとして「隠れた」瑕疵であること

を認めた。），売主の瑕疵担保責任を肯定した。

つまり，建物に生じている不具合が，建物が古くなったことによって通常生ずるものであれば「経年劣化」として買主が許容すべきであるが，そうでなければ「瑕疵」として売主の責任が生ずるという区別がなされている。

ウ　経年劣化が認められる物件の瑕疵

他方，経年劣化といっても，瑕疵として認められる場合もある。

東京地判平成18年1月20日判時1957号67頁は，買主（原告）が，宅建業者でもある売主に対し，主位的には不法行為，予備的に瑕疵担保責任に基づいて損害賠償請求を求めた事案である。

裁判所は，売主の不法行為責任は否定したが，「本件建物は，本件売買契約締結当時既に白ありにより土台を侵食され，建物の構造耐力上，危険性を有していたということができるところ，本件売買契約は居住用建物をその目的物の一部とする土地付き建物売買契約であり，取引通念上，<u>目的物たる土地上の建物は安全に居住することが可能であることが要求される</u>ものと考えられるから，本件建物が本件売買契約当時既に建築後約21年を経過していた中古建物であり，現況有姿売買とされていたことを考慮しても，本件欠陥に関しては瑕疵があったといわざるを得ない」として瑕疵担保責任を肯定した。つまり，シロアリ被害は，経年劣化によって生じた不具合であるといえる可能性があるにもかかわらず，「安全に居住する」という住宅の売買における根本的な目的を達成できない以上，瑕疵と認定されたものである。

3　まとめ

以上のとおり，中古建物の売買では，経年劣化による不具合は原則として隠れた瑕疵には当たらず，その不具合が単なる経年劣化か瑕疵といえるかは，建物が古くなったことによって通常生ずるものといえるかどうかによる。しかし，経年劣化によって通常生ずる可能性のある不具合であっても，「安全に居住する」という目的を達成できないような場合等，一定の限度を超える場合には瑕疵と認定される可能性がある。

Ⅲ 中古売買

Q4 値段との均衡

> 相場よりやや安い価格で中古住宅を購入したところ，大量のカビやシミ，あるいは雨漏りといった，様々な不具合が見つかりました。そこで売主に対して補修を求めたのですが，売主は，「安い価格なのだから，それくらいは織り込み済みだ」といって取り合いません。価格が安かった場合は，どんな不具合があっても我慢しなければならないのでしょうか。中古物件と価格の均衡についてはどのように考えられるのでしょうか。

1 担保責任の追及

(1) 修補の根拠

民法においては，購入した対象に不具合があっても，契約の解除や損害賠償が可能とされるだけで，修補等の追完を請求する権利は定められていない。あくまで，当事者の合意により「保証期間」等として期間中の追完請求が認められていた。

改正民法によって，明文上，履行の追完請求（改民562条1項本文）として，目的物の修補を請求することが可能となる。

(2) 要 件

改正民法562条1項に基づいて，目的物の修補が認められるためには，「引き渡された目的物が種類，品質又は数量に関して契約の内容に適合しないもの」であることが必要である。

現行法では，「隠れた瑕疵」がある場合に，瑕疵担保責任（民570条）が認められていたが，改正民法では，「契約の内容に適合しないもの」，つまり契約不適合といえるか否かが検討されなければならない（瑕疵の判断基準は，**Q2**を参照されたい。）。

(3) 契約に適合しないものか否かの判断
　ア　判断方法
　「契約内容に適合しないもの」か否かは，契約当時の，当事者の意思内容を合理的に解釈することによって判断される。
　イ　中古住宅の場合
　中古物件といえども，売買価格が相応の金額であった場合，購入者は，金額に応じた快適さを求めることが通常であると思われる。この点，神戸地判平成11年7月30日判時1715号64頁が参考となる。
　同事案では，中古住宅（購入金額3380万円）に，コウモリが多数棲息し，糞により染み・カビが発生していることが引渡し後発覚したため，買主が売主に対して瑕疵担保責任に基づき損害賠償等を請求した。上記判決は，「住居用建物は，そのグレードや価格に応じ快適に起居できることも，備えるべき性状として考慮すべきである。」，（建物に）「巣くった生物の特性や棲息する個体数によっては，一般人の立場からしても，通常甘受すべき限度を超え，そのグレードや価格に応じた快適さを欠き，そこでの起居自体に支障を来すこともあるから，そのような場合には，かかる生物の棲息自体が建物としての瑕疵となり得るというべきである。」とし，本物件は，中古物件といえども3000万円を超えるものであるところ，「相応の快適さが期待され」るとして，「本件建物は価格に見合う使用性（清潔さ・快適さ）を備えたものとはいえない」とした。
　このように，建物のグレードや価格に応じた相当の清潔さ等を有していることは，契約の内容に盛り込まれていると一般的には考えることができ，これを欠く場合は契約不適合といえる。
　それでは，中古物件の購入において，通常の相場より相当安価であった場合にはどうか。特に中古物件は，経年劣化に鑑みて安価に設定されることが多いので，この点から問題になる。
　そもそも，中古住宅の売買において，建物の通常の経年劣化は，代金に織り込み済みであると考えられる。そのため，通常の経年劣化にとどまらない

特別の損傷等がある場合，その特別の損傷等は，代金設定において考慮されていなかった事情であるから，安価であったとしても，契約の内容に適合しないものであると考えられる。この点については，**Q3**において詳述しているので参照されたい。

また，通常の経年劣化でない場合であっても，双方契約当事者の認識，相場との比較，付帯設備表や重要事項説明書の記載等から，契約の内容に適合している（あるいは，適合していない）と判断されるものもあるであろう。例えば，買主が悪意であった場合（不具合を知っていた場合）には，その不具合の存在が当然に契約内容に織り込まれている（不具合が代金に折込済みである）と判断されるであろうから，従来どおり買主は担保責任の追及はできないといえるであろう。

(4) **免責条項の有無**

次に，不具合が代金に織り込まれておらず，契約内容に不適合であったとしても，免責条項の有無が問題となる。免責条項がある場合には，原則として，売主は担保責任を負わないからである。この点は，**Q1**にも記載されているところであるので，そちらも参照されたい。

2 本件における検討

本件では，購入した中古住宅に様々な不具合があり，価格については，通常より安価であったという事案である。安価であるため，（どの程度安価であったかという事情にもよるが）期待される「グレード」の検討というよりは，同不具合が通常の経年劣化によるものか否かが検討されるべきである。

中古物件の不具合に関し，通常の経年劣化でないとした裁判例として，土地の不等沈下に起因する建物の傾斜（千葉地松戸支判平成6年8月25日判時1543号149頁），屋根裏に多数のコウモリが棲息していた事例（前掲神戸地判平成11年7月30日），建物が過去に火災により焼損を受けていて，その程度が無視し得ないものであった事例（東京地判平成16年4月23日判時1866号65頁），シロアリの被害に遭っていた事例（東京地判平成18年1

月20日判時1957号67頁，東京地判平成18年1月31日LLI/DB判例秘書）等がある。

　本件建物においては，相場よりやや安いとのことであるため，ある程度の不具合（経年劣化）があることは，予想される。

　しかし，中古住宅といえども，住居として使用することが想定されているのであるから，居住することができないような不具合があれば，契約の内容に不適合であると判断されるであろう。

　また，具体的な瑕疵について，付帯設備表などに記載がないものであれば，契約の内容に不適合であると認められやすいと思われる。また，それ以外の事情として，相場よりやや安いことの理由の説明を受けたか否か等といった事情によっても左右されるであろう。

　さらに，カビやシミについては，その原因が何であるかについても検討を要する。雨漏りについても，その程度がどの程度であるか，が検討されなければならない。雨漏りについては，中古マンション（ただし，新築後3年足らずの鉄筋コンクリート造マンション）の売買において，建物全体にわたる雨漏りが認められ，「建物の機能回復のためには」「建物を解体し，地質調査及び構造設計より改めて行い，改築する以外ない」こと等を挙げて，契約の解除を認めた裁判例がある（東京高判平成6年5月25日判タ874号204頁）。

　物件に現れた様々な不具合が，通常の経年劣化にとどまらない「特別の損傷等」であったとしても，次に担保責任の免責特約の有無が問題となる。

　免責特約がなければ，修補請求が可能である。他方，免責特約がある場合には，売主が不具合を知っていたときは，修補請求が可能であり（改民572条），売主が知らなかった場合は，免責特約のため修補請求をすることができないこととなる。ただし，知らなかったことにつき重過失がある場合につき，東京地判平成15年5月16日判時1849号59頁は，現行民法572条を類推適用して免責特約の効力を主張できないとしている。

　なお，売主が宅地取引業者である場合については，**Q1**を参照されたい。

3 まとめ

　中古物件においても，一般的には，価格に応じた（価格に均衡がとれた）グレード，「相応の快適さ」が契約の内容に盛り込まれているものといえる。他方，相場に比して廉価である場合（廉価の程度は検証されるべきであるが）には価格との均衡に鑑みれば甘受するべき点（経年劣化による不具合等）もあり得る。契約当事者の認識，契約の目的，相場との比較，付帯設備表や重要事項説明書の記載等から，当事者の意思を解釈して契約に適合しているか否かを検討することになろう。

Q5 改正民法における売買契約の瑕疵担保責任の内容

> 購入した中古住宅が契約の内容に適合しない場合，売主に対して，どのような請求をすることができるのでしょうか。

1 瑕疵担保責任の内容

(1) 買主の追完請求権（改民562条）

現行民法においては，原則として瑕疵修補請求はできず，売買契約上，売主がアフターサービスを保障するなど瑕疵修補の合意がある場合には，契約に基づき瑕疵修補請求ができるにすぎなかったが，改正民法においては，引き渡された目的物が種類，品質又は数量に関して契約の内容に適合しないものであるときは，買主は，売主に対し，①目的物の修補，②代替物の引渡し又は③不足分の引渡しによる履行の追完を請求することができる（改民562条1項本文）ことが規定された。

ただし，売主は，買主に不相当な負担を課するものでないときは，買主が請求した方法と異なる方法による履行の追完をすることができる（同項ただし書）。

また，目的物が契約の内容に適合しないことが，買主の責めに帰すべき事由によるものであるときは，買主は，履行の追完の請求をすることができない（同条2項）。

(2) 買主の代金減額請求権（改民563条）

現行民法においては，数量の不足以外の場合に，代金減額請求を認める条文は存在していなかったが，改正民法においては，数量に関し契約の内容に適合しない場合だけでなく，目的物が種類又は品質に関して契約の内容に適合しない場合にも代金減額請求ができることが明らかになった（改民563条）。

代金減額請求権は，履行不能である場合や債務不履行による損害賠償について免責事由がある場合でも行使することができる。また，同請求権は形成権であるから，訴訟外で買主の一方的意思表示で効力が生ずる。

ア　原則として催告が必要

改正民法562条1項本文に規定する場合において，買主が相当の期間を定めて履行の追完の催告をし，その期間内に履行の追完がないときは，買主は，その不適合の程度に応じて代金の減額を請求することができる（同563条1項）。したがって，原則として，代金減額請求をするためには，履行の追完の催告とその期間内に履行の追完がないことが必要である。

イ　例外として催告が不要な場合

上述のとおり，代金減額請求をするためには，原則として，相当の期間を定めて履行の追完の催告をしなければならないが，以下の場合（改民563条2項各号の場合）には，催告を要せず，直ちに代金減額請求をすることができる（同条2項）。

催告が不要であるのは，①履行の追完が不能であるとき，②売主が履行の追完を拒絶する意思を明確にしたとき，③契約の性質又は当事者の意思表示により，特定の日時又は一定の期間内に履行をしなければ契約をした目的を達成することができない場合において，売主が履行の追完をしないでその時期を経過したとき，④買主が改正民法563条1項の催告をしても履行の追完を受ける見込みがないことが明らかであるときの四つの場合である。

上記四つの場合には，買主は，履行の追完の催告をすることなく，直ちに代金減額請求をすることができる。

なお，目的物が契約の内容に適合しないことが，買主の責めに帰する事由による場合に，代金減額請求をすることはできない（同563条3項）。

(3)　買主の損害賠償請求及び解除権の行使（改民564条）

ア　損害賠償請求

履行の追完請求権を行使した場合でも，代金減額請求権を行使した場合でも，売主に帰責事由がある場合には，改正民法415条による損害賠償の請求

をすることができる（同564条）。

　契約不適合の場合も，債務不履行の一般原則によることになるので，売主に帰責事由がないときは，売主は免責される。もっとも，売主の帰責事由については，「損害賠償の免責の可否について，売主の債務のような結果債務については，債務不履行の一般原則によっても，帰責事由の欠如により損害賠償責任につき免責されるのは実際上不可抗力の場合などに限られるとの見方もあ」る旨説明されており（部会資料75A17頁（http://www.moj.go.jp/content/000121259.pdf）），この点は判例の集積を待つ必要がある。

イ　解除権の行使

　履行の追完請求権を行使した場合でも，代金減額請求権を行使した場合でも，売主に帰責事由がある場合には，改正民法541条（催告による解除）及び同542条（催告によらない解除）による解除権の行使をすることができる（同564条）。

　従来は売買の目的が達成できる場合には契約解除はできなかったが，改正民法では売買の目的が達成できる場合であっても，契約不適合が軽微でないときは，契約を解除し得ることとなった。

2　瑕疵担保責任の存続期間

　目的物の種類又は品質に関して契約の内容に適合しない目的物を買主に引き渡した場合において，買主がその不適合を知った時から1年以内にその旨を売主に通知しないときは，買主は，その不適合を理由として履行の追完の請求，代金の減額請求，損害賠償の請求及び契約の解除をすることができない（改民566条本文）。ただし，売主が引渡しの時に不適合であることを知っていたとき，又は重過失で知らなかったときは，この限りでない（同条ただし書）。

　売主は引き渡したら履行が完了したものと期待するため，長期間売主の地位を不安定にするのは適切でないことから，担保責任の期間を制限した規定である。不適合の場合でも，数量不足の場合は，種類又は品質の瑕疵の場合

ほど，履行が完了したという売主の期待を保護する必要がないため，数量不足の場合は通常の消滅時効期間による。

3 中古住宅の場合

(1) 買主の追完請求権（改民562条）

中古住宅を購入したが，契約に不適合な部分があった場合，目的物である中古住宅に住み続けたいのであれば，不適合な部分が修理可能であれば，買主は，修補を請求することができる。集合住宅などで，売主が複数区分所有権を有している場合には，代替物の引渡しとして，同じ集合住宅の一区画の引渡しを求めることが可能な場合もあるかもしれない。

(2) 買主の代金減額請求権（改民563条）

中古住宅を購入したが，契約に不適合な部分があった場合，解除するほどではなく，住み続けたいという場合には，代金減額請求権を行使することも考えられよう。

(3) 買主の損害賠償請求及び解除権の行使（改民564条）

中古住宅を購入したものの，契約に適合しない場合，買主は，債務不履行の一般原則に基づき，売主に帰責事由が認められれば損害賠償請求をすることができる。また，契約不適合が軽微でない場合，契約を解除することも可能である。

(4) まとめ

契約不適合があった場合，①追完請求，②代金減額請求，③損害賠償請求，④契約の解除といった手段をとり得る。①追完請求と②代金減額請求については，基本的には，追完の催告が先行することとなる。また，②代金減額請求は，売買の等価的交換を維持するためのものであるから，③損害賠償請求が売買の等価的交換を維持する目的のものである場合には，いずれか一方しか行使できないと考えられる。

Q6 既存（中古）住宅売買瑕疵保険

> 今度，築5年の中古戸建住宅を買うことにしました。万一，雨漏りがするような住宅で居住に堪えないものであったらと考えると心配です。新築住宅の場合は，10年の瑕疵担保責任に伴い，保険加入も強制されると聞きましたが，中古住宅の場合，そのような保険はないのでしょうか。

(1) 既存住宅売買瑕疵保険

既存住宅売買瑕疵保険とは，売買により引渡しを受けた中古住宅に欠陥が見つかった場合，補修費用等の保険金が事業者（事業者が倒産等の場合は買主）に支払われる保険で，不動産流通市場の活性化を図るべく，国土交通省が主体となって進めている保険制度である。

既存住宅売買瑕疵保険に加入するためには，住宅の基本的な性能について専門の建築士による検査が必要であることから，中古住宅の検査と保証がセットとなった保険制度といえる。

平成25年の税制改正により，中古住宅取得に係る減税等の適用に必要な「耐震基準の証明書類」に既存住宅売買瑕疵保険の保険付保証明書が加わり，既存住宅売買瑕疵保険付きの中古住宅の取得の場合は，以前は適用が受けられなかった住宅ローン減税等の優遇税制が適用されるようになった。

(2) 住宅瑕疵担保責任保険との異同

住宅瑕疵担保責任保険は，国土交通大臣に指定された住宅専門の保険会社である住宅瑕疵担保責任保険法人が保険の引受けを行う保険制度である。履行確保法により，新築住宅の売主や請負人に対して，瑕疵の補修等が確実に行われるよう保険や供託を義務づけられた（履行確保法3条1項・2項）。

住宅瑕疵担保責任保険も既存住宅売買瑕疵保険も，国土交通大臣に指定された五つの住宅瑕疵担保責任保険法人が保険の引受けを行う保険制度である

点では変わりない（履行確保法19条2号）。

しかしながら，新築住宅の場合，供託を選択しなかった売主や請負人に対し，保険が義務づけられるところ，既存住宅売買瑕疵保険への加入は任意である点で大きく異なる。

保障内容についても既存住宅売買瑕疵保険が任意保険であることから，保険法人ごとに若干異なる。住宅瑕疵担保保険の場合，保険金支払対象が構造耐力上主要な部分，雨水の浸入防止部分に限られるが，既存住宅売買瑕疵保険の場合，上記以外に給排水設備，電気設備，ガス設備についても保険の対象とする保険会社もある。保険金支払額も，住宅瑕疵担保責任保険の場合は，上限が2000万円であるが，既存住宅売買瑕疵保険の場合は，500万円か1000万円となる。保険期間も，住宅瑕疵担保責任保険の場合は10年であるが，既存住宅売買瑕疵担保保険は保険法人によって，1年，2年，5年となっている。

なお，中古マンションの売買の瑕疵担保保険もある。

保険の内容については，各保険法人によって異なるのでウェブサイト等で確認する必要がある。

(3) 保険の仕組み

ア 中古住宅の売買契約は，大きく宅建業者が自ら売主となる場合と，宅建業者の仲介により，従前の所有者が売主となる場合(個人間売買)がある。

保険対象住宅に瑕疵があった場合に備えて，個人の売主に対し保険の加入を求めるのが妥当かという観点から，売主が宅建業者の場合と個人の場合とで，保険の仕組みが異なる。

イ 宅建業者が売主の場合

保険契約者・被保険者は，あらかじめ保険法人に事業者登録をしている宅建業者となる。登録された既存住宅売買事業者は，保険法人及び一般社団法人住宅瑕疵担保責任保険協会のウェブサイトに掲載されているので，買主は，購入以前に，既存住宅売買瑕疵保険対象住宅であるか否かを確認できる仕組みとなっている。

保険対象住宅を販売した宅建業者が，売却した保険対象住宅の構造耐力上主要な部分に瑕疵，あるいは雨水の浸入を防止する部分に瑕疵があったこと等により，瑕疵担保責任を負担することによって損害が生じた場合に，保険法人から宅建業者に保険金が支払われる。

　　ウ　個人が売主の場合

保険契約者・被保険者は，あらかじめ保険法人に登録をした検査会社である。登録された検査会社は，保険法人及び一般社団法人住宅瑕疵担保責任保険協会のウェブサイトに掲載され，買主は被保険者の選定ができる仕組みとなっている。

登録検査会社は，検査に基づき住宅の基本構造部分等の基本性能を保証する。そして，登録検査会社が，保証した保険対象住宅の構造耐力上主要な部分に瑕疵，あるいは雨水の浸入を防止する部分に瑕疵があった等により，保証責任を負担することによって損害が生じた場合に，保険法人から登録検査会社に保険金が支払われる。

　(4)　手　続

保険に加入するに当たり，現場検査がある。現場検査を経て，保険適合性に問題がなければ保険契約が締結されることとなる。保険申込事前調査で不適合となった場合であっても引渡し前のリフォーム工事で指摘場所を是正することで保険に加入できる場合もある。

Ⅲ 中古売買

Q7 設計者・監理者の責任をカバーする保険

　設計者・監理者の責任をカバーしてくれる保険があるそうですが，これはどのような責任をカバーしているのでしょうか。また，どのような手続で請求すればよいのでしょうか。

1 保険契約締結等の努力義務

　建築士法24条の6第3号では，「設計等の業務に関し生じた損害を賠償するために必要な金額を担保するための保険契約の締結その他の措置を講じている場合にあっては，その内容を記載した書類」を，建築士事務所の開設者は建築士事務所に備え置き，設計等を委託しようとする者の求めに応じて閲覧させなければならないとされている。また，建築士法24条の9においては，建築士事務所の開設者は，保険契約を締結するよう努力する義務が定められている。

　これを受けて，日本建築士会連合会・日本建築家協会・日本建築士事務所協会連合会が保険契約者となって，会員向けに賠償責任保険を販売している。

2 保険契約の内容

　当該保険は任意のものであるため，契約によって保険の内容は異なり得るが，概ね以下のとおりとなっている。ただ，契約内容は変動し得る上，実務の蓄積も少ないため，実際のケースでは，依頼した建築士事務所ないし当該事務所が契約している保険契約者・引受保険会社に契約内容を確認する必要がある。

(1) 対象となる業務

　対象となる業務は，設計業務・監理業務・法適合確認業務である。設計業務とは建築物の建築工事実施のために必要な図面又は仕様書（施工図を除

く。）の作成業務を，工事監理業務とは建築士の資格を有する者による施工者に対する指示書・施工図承認書の作成業務を，法適合確認業務とは構造設計一級建築士が行う構造設計に関する法適合確認業務又は設備設計一級建築士が行う設計設備に関する法適合確認業務を指す。

　上記業務については，建築士事務所の雇用している従業員の行った設計・監理業務等も含まれる。ただし，建築士の資格を有しない従業員が行った監理業務は含まれない。

(2)　**対象となる建物**

　対象となる建物は，建築基準法2条1項に規定する建築物及びこれに付属し，物理的に一体をなしている工作物（電気，ガス，給排水，冷暖房などの建築設備を含む。）とされている。造園・擁壁等は原則として対象外とされている。

(3)　**対象となる事故**

　対象となる事故は，建物の外形的かつ物理的な滅失又は破損，これに起因する他人の建物の損壊・他人の身体の障害等とされている。また，保険期間との関係では，保険期間中に損害賠償請求を受ける，ないし，事故が発見されること等が必要である。なお，特定の業務だけを対象にした保険はなく，契約期間中の業務等を対象とする年間包括契約とされている。

(4)　**免責事項**

　保険契約者ないし被保険者である建築士の故意に基づく場合，設計の過失が，建築主が建築士に対して提供した資料の過誤に起因する場合等は補償されない。

(5)　**保険金の上限額**

　保険金の上限額は契約によるが，最低の場合，対人・対物の合算が1000万円とされている。

(6)　**請求の方法**

　当該保険は，自動車保険のような被害者からの直接請求ではなく，建築士に対して損害賠償を請求し，建築士が保険会社から受領した保険金から支払を受けることとなる。ただ，建築士の指示により，保険会社が被害者に対して直接支払う場合もある。

Q8 弁済業務保証金制度

> 履行確保法施行以前に引渡しを受けた建物に瑕疵があり，宅建業者である売主に責任追及を考えていますが，資力が見込まれない場合，回収の手段はないのでしょうか。

(1) 弁済業務保証金制度

弁済業務保証金制度とは，全国宅地建物取引業保証協会あるいは不動産保証協会（以下「保証協会」という。）に加入している宅建業者と取引をした者が損害を被った場合，営業保証金の範囲で弁済業務保証金から弁済を受けられる制度である。

宅建業に関し取引をした消費者の保護を図るとともに，宅地建物取引業の健全な発展を図るため，弁済業務を適切かつ確実に実施すべく，宅建業法64条の8に規定されている。

弁済を受けることを還付という。

(2) 還付の要件

ア 売主が保証協会に加入している宅建業者である

不動産業を開業するためには，宅建業免許を取得するだけでなく，営業保証金（本店1000万円，支店1か所に月500万円）を供託所に供託しなければならない（宅建業法25条）。これは，宅地建物取引は，一件当たりの取引額が高額であるために，宅建業者に起因する事故や宅建業者の倒産等が生じた場合に，消費者を保護するためのものである。

しかし，営業保証金の金額が大きいことから，営業保証金の供託に代えて宅建業者の負担を軽くすべく弁済業務保証金制度が規定された。宅建業者は，営業保証金の供託に代えて，前記保証協会に加入し，弁済業務保証金分担金（主たる事務所につき60万円，従たる事務所ごとに30万円）を保証協会へ納付し，保証協会が弁済業務保証金を供託することで開業可能となる。

したがって，弁済業務保証金の還付を受けるに当たっては，保証協会に加入している宅建業者との取引によって損害を被ったことが要件となる。

なお，保証協会に加入していない宅建業者であった場合は，営業保証金から弁済を受けられる可能性がある。その場合は，供託物払渡請求書を直接供託所に提出することで足りる。

なお，負担金に大きな違いがあることから，営業保証金制度より弁済業務保証金制度のほうが圧倒的に利用されているのが現状である。

イ　還付の要件－宅建業者と取引をしたこと

宅建業者と取引をし，その宅建業に関する取引について生じた債権を有する者に限られる。

したがって，宅建業者の従業員で，宅建業者に対し未払報酬債権を有する者は含まれないが，履行確保法でカバーされない構造耐力上主要な部分に当たらない瑕疵や雨水の浸入防止部分に当たらない瑕疵についても，弁済業務保証金から支払が受けられる場合がある。

なお，宅建業者が保証協会に加入する前に取引をした者も，弁済業務保証金から還付を受けることができる。

(3) **還付金の上限額**

宅建業者からすると，営業保証金の供託か，弁済業務保証金分担金の納付かで負担金額に大きな違いがあるが，還付を受けようとする債権者（消費者）側からすると，還付金の限度額に違いはない。本店が1000万円，支店1か所につき500万円が還付金の上限となる。例えば，主たる事務所と従たる事務所が二つで営業している宅建業者と取引をして損害を被った場合，1000＋500×2＝2000万円を限度として還付を受けることができる。

この金額を上限として，認証された金額につき，弁済業務保証金から還付を受けることができる。

(4) **還付の手続―認証**

弁済業務保証金からの還付を受けるに当たり，保証協会からの認証を得なければならない。認証とは，保証協会が弁済業務保証金の還付（弁済）を受

ける権利の存在及びその金額を確認することである（宅建業法64条の8第2項）。

　まず，還付を受けようとする債権者（消費者）は，最寄りの保証協会に必要な提出書類をもって，申出をする。最初から還付の申出として受理されることは少なく，通常は苦情申出として受理される。苦情の申出があると，保証協会は，相手方となる取引をした社員（宅建業者）にその旨連絡して双方を呼び出し，事情を聴くなどして自主的な解決を勧める。それでも解決しない場合は，認証の申出により認証審査に移行する。

　認証審査において，保証協会は，申出債権について審査の上で認証の可否を決定する。その際，保証協会は，独自に事実認定と法律判断を行うことが許され，取引をした社員（宅建業者）が主張していない抗弁を主張することも可能である（東京地判平成13年12月19日判時1787号128頁）。したがって，訴訟提起の前に弁済業務保証金からの還付を試みるという利用方法も考えられる。ADRのような位置付けとなるが，ADRと異なり，消費者の主張が認められた場合には，上限までに限り支払が確保される点に大きなメリットがある。

(5) 還付の申出時期

　弁済業務保証金の苦情の申出は，訴訟提起前，訴訟提起後，判決後・和解成立後のいつでもなし得る。

　訴訟提起前であって，提訴が予定されていない場合は，保証協会の認証を得て認められた金額の還付を受けられる。保証協会の判断には，既判力はないので，別途訴訟提起することも可能である。訴訟提起前であっても提訴が予定されている場合，あるいは訴訟提起後，判決後・和解成立後の還付の申出に対しては，（判決を待って）判決書等を一参考資料として保証協会が認証をするのが通常である。判決書等を一参考資料とするとしても，保証協会は独自に判断できることから，判決における金額の未払金全額が認証されるとは限らない。

　以上，いつでも苦情の申出はできるが，苦情の申出によって順位が保全さ

れるので，訴訟提起前に苦情の申出（認証の申出）を進めたほうが支払の確保に資することになる。既に別の債権者が上限額の還付金の支払の認証を受けていた場合は，比例配分ではなく，先順位のものから順に認証額を回収していくため，後順位の者には弁済されない可能性があるからである。

(6) **まとめ**

　宅建業者が瑕疵担保責任を負う場合，なるべく早くに弁済業務保証金の苦情の申出を行って順位の保全をしておけば，万一，当該宅建業者からの支払が見込まれない場合でも損害の全部あるいは一部の弁済を受けられる可能性がある。

　弁済業務保証金制度は，上記のように宅建業者に対する債権の回収方法の一つの制度であるが，それ以外にも，裁判所の判断によらずに紛争解決を図ることができる上，認証された金額については速やかにかつ確実に回収できる点で通常のADRでは得られないメリットがある。

Ⅲ 中古売買

Q9 売買における仲介業者の説明義務違反による責任

　Aは，自己が所有する不動産を売却することを希望し，宅地建物取引業者Yとの間で仲介契約を締結しました。Yは，Aから聞いている条件に合う購入希望者を捜し，Bを見つけました。その後，Bが，Yの仲介を受けてAから上記不動産を購入しましたが，その際に，Yは，A及びBの両者に対し，事実と異なる説明をしていることが分かりました。A及びBは，Yに対し，どのような請求ができるのでしょうか。

1 仲介契約の法的性質

(1) 仲介契約とは

　仲介とは，宅建業法における媒介を意味し，契約当事者（売主・買主，貸主・借主）の一方又は双方から委託を受けて，両者の間に立って売買，賃貸借等の契約の成立に向けてあっせん尽力する事実行為をいう。取引実務においては，一方からの委託は片手仲介（単に片手），双方からの委託は両手仲介（単に両手）と呼ばれる。媒介行為は，例えば，取引物件の探索，物件情報の提供，売却公告，権利関係等の調査，現地案内，契約当事者の引き合わせ，取引物件等に関する説明，取引条件の交渉・調整，契約締結の立会い等，契約成立に至る尽力行為をいう。

　仲介契約は，上記事実行為を含む準委任契約（民656条）であるから，仲介業者に対する善管注意義務（民644条）が課せられており，これに違反した場合は，委任者は，受任者である仲介業者に対し，債務不履行に基づく損害賠償請求が可能である。

　そして，次項のとおり，仲介業者の説明義務違反については，宅建業法は，重要事項の説明義務（同法35条）を定め，取引の際の事実不告知行為及び

不実告知行為を禁止している（同法47条1号）。

同法35条の説明義務は，説明事項が明示されていることから，前提としてそれら事項について調査義務が課せられていると解されている。

同法35条が定める説明事項以外に調査義務を負うか否かは個別的事情に照らし判断されると解される。

(2) **仲介業者の法的責任**

ア **説明義務の内容**

仲介業者の説明義務について，宅建業法は，同法35条が，取引物件に関する私法上又は公法上の権利関係，都市施設の整備状況，取引条件など最低限説明すべき事項を規定している。

また，同法47条1号は，同法35条1項2項記載事項など重要な事実についての事実告知義務及び不実告知禁止義務を課している。

同法35条と同法47条1号は，対象事項に重複する部分があるが，その場合の両者の関係については，前者は書面交付が求められるが後者は告知で足りる場合があること，前者は売主や貸主に対する義務がないが後者は義務があること，前者は違反について行政による制裁があるが後者は刑事罰があること，前者は主観的要件がないが後者は故意が要件となることなどの違いがあるほか，後者は同条1号ニが包括的であることなどから前者より範囲が広い。後者のほうが刑事罰を科され得るにもかかわらず前者よりも対象事項を広く規定しているが，これは，前者が契約を締結するかどうかを判断するに当たり多大な影響を及ぼす事項について目的物を取得する者に対する説明義務を課した趣旨であるのに対し，後者が故意ある事実不告知，不実告知という詐欺的行為による取引関係者への甚大な損害を防止しようとする趣旨の違いによると考えられる。

同法35条，同法47条1号の対象事項以外についても，付随義務としての説明義務が生じ得る。売主側仲介業者の買主に対する説明義務として，防火戸の操作方法等の説明義務を認めた判例（最二小判平成17年9月16日判時1912号8頁）や，隣地住民による迷惑行為等について説明義務を認めた裁

判例（大阪高判平成16年12月2日判時1898号64頁）がある。これら付随義務違反は，契約責任又は不法行為責任となるから，主観的要件を満たす必要があり認識又はその可能性が必要となる。

イ　契約者（Qにおける売主A）との関係

売主Aは，仲介業者Yとの間で仲介契約を締結しているから，Yの説明が事実と異なる点について，説明義務違反が善管注意義務違反であると判断される場合は，債務不履行に基づく損害賠償請求ができる場合がある。

ウ　第三者（Qにおける買主Bなど）との関係

買主Bら仲介契約における第三者は，仲介業者Yに対し，仲介契約を締結していないことから債務不履行責任は問い得ない。なお，下記判例が判示するように，不法行為責任を問い得る場合がある。

エ　刑事責任及び行政責任

宅建業法47条に定める事実告知義務違反若しくは不実告知禁止義務違反があった場合には，2年以下の懲役若しくは300万円以下の罰金が処せられる可能性がある（同法79条の2）。

また，同法35条及び同法47条違反は，それぞれ1年以内の業務停止命令の原因となる（同法65条2項2号）。

2 第三者との関係における裁判例

最二小判昭和36年5月26日民集15巻5号1440頁は，仲介業者が貸地を同業者Aに紹介したにとどまらず，Bを真実の地主Cであるとして仲介業者に紹介面接させ，契約書にも立会人として署名捺印して，買主をしてBを地主Cであると誤信させたこと等が認められた事案において，「不動産仲介業者は，直接の委託関係はなくても，これら業者の介入に信頼して取引をなすに至つた第三者一般に対しても，信義誠実を旨とし，権利者の真偽につき格別に注意する等の業務上の一般的注意義務があるとしているのであつて，右判断は正当である」として，仲介業者に対しては，その振る舞いを信頼した第三者一般に対しても信義則上の注意義務を負い得るとし，第三者による不

法行為に基づく損害賠償請求が可能であると判示した。
　仲介契約の事案ではないが，最二小判平成23年4月22日民集65巻3号1405頁も，説明義務違反によって契約を締結してしまった場合に，不法行為責任は認められるが，債務不履行責任は負わないとしている。

Q10 中古物件売買の注意点

中古物件を売る場合又は買う場合は，どのような点に注意したらよいのでしょうか。また，不動産業者から買う場合と所有者から直接買う場合とで，注意すべき点は異なるのでしょうか。

1 売る場合の注意点

(1) 売主の説明義務・調査義務

民法改正では明文化は見送られたが，売主が買主に対して説明義務や調査義務を負うことが否定されたわけではない。したがって，従来と同様に，売主は買主に対して，物件の性状や近隣トラブルの有無等に関する説明義務を負い，また，説明の前提として，これらについての調査義務を負う。

(2) 説明義務・調査義務の法的位置付け

中古建物売買の事案ではないが，最二小判平成23年4月22日民集65巻3号1405頁は，「契約の一方当事者が，当該契約の締結に先立ち，信義則上の説明義務に違反して，当該契約を締結するか否かに関する判断に影響を及ぼすべき情報を相手方に提供しなかった場合には，上記一方当事者は，相手方が当該契約を締結したことにより被った損害につき，不法行為による賠償責任を負うことがあるのは格別，当該契約上の債務の不履行による賠償責任を負うことはないというべきである。」と判示し，説明義務違反によって契約を締結してしまった場合には不法行為責任は認められるが，債務不履行責任は負わないとしている。

2 買う場合の注意点

(1) 調査すべき事項や調査方法

前記のとおり，売主には調査義務・説明義務が課せられているし，仲介業

者である宅建業者も調査義務・説明義務を負う場合があるが，一旦買った後に，不具合等について損害賠償請求するのは手間・費用がかかる。そのため，買主の側でも，内覧等をしっかり行い，建築士によるインスペクション等を利用し，事前に不具合や近隣の状況について確認しておくべきである。

　また，土壌が汚染されている場合，利用に際して障害があるし，転売の際にも極めて不利である。そのため，土壌汚染の有無・可能性について売主・宅建業者に確認するほか，心配ならば，都道府県や市町村で閲覧に供されている台帳を確認しておくとよい（ただし，当該台帳は，知事や市長が指定・公示した汚染のみが記載されており，指定されていないものは載っていない。）。

(2) **心理的瑕疵について**

　物理的な瑕疵ではなく，建物内で自殺事件が起きたなどの，建物にまつわる嫌悪すべき歴史的背景など客観的な事情に属しない住み心地のよさを欠く事由，心理的に抵抗を感ずる事由のうち，通常一般人において右事由があれば住み心地のよさを欠くと感ずることに合理性があると判断される程度に至ったものを心理的瑕疵と呼ぶ（大阪高判昭和37年6月21日判時309号15頁参照）。これは，契約不適合に当たると考えられる。

　ただ，心理的な抵抗を覚える事由・程度は人によって異なる上，「通常一般人において右事由があれば住み心地のよさを欠くと感ずることに合理性があると判断される程度」に関して客観的な基準が存在するわけではない。自殺を例にとると，何年経ったら心理的瑕疵はなくなるといった確たる基準はない。また，近隣のビルに暴力団関連会社が存在する場合に，説明義務違反に基づく損害賠償は認めつつも，解除は認めなかった裁判例もある（東京地判平成25年8月21日ウエストロー）。そのため，買ってしまったら，後で損害賠償請求や解除ができるとは限らないのであり，事前に調査しておくのが無難といえる。

(3) **住宅ローンを組もうとする場合**

　住宅ローンを組もうとする場合，金融機関の審査に通らなければならない。

しかし，検査済証がない，既存不適格（現在の建築基準法・都市計画法等の法令に合致していない物）などの場合，当該審査に通らないおそれがある。不安がある場合は，早めに金融機関に相談しておくべきである。

(4) マンションを購入する場合の注意点

さらに，マンションを購入する場合は，一戸建てとは異なり，下記の点について確認しておく必要がある。

ア 滞納管理費・修繕積立金等

区分所有法上，買主には，それまでの所有者が滞納してきた管理費・修繕積立金等の支払義務が課せられている（区分所有法8条・7条1項）。したがって，管理組合に対して，管理費等の滞納がないか確認しておく必要がある。

イ 管理規約に基づく規制

管理規約や使用細則等には，マンション居住者・使用者が守るべきルールが定められている（ペット禁止等）。管理規約の内容は，知らなかったからといって守らないわけにはいかないので，事前に管理規約を入手し，確認するべきである。

3 担保責任の免責

以上のとおり，売買によって諸々のトラブルが起こり得る。それらが契約不適合に該当するのであれば，売主に対する担保責任を追及できる。また，宅建業者が関与している場合は，宅建業者の調査義務違反・説明義務違反を根拠に損害賠償請求ができる場合がある。

なお，瑕疵担保責任の免責条項については，改正民法572条でも維持されており，有効である。ただ，売買契約が消費者契約に当たる場合は，事業者が負うべき担保責任の全部を免責する条項は無効である（消費者契約法8条1項5号。ただし，同条2項で制限されている。）。また，宅建業者が売主の場合，権利行使期間を目的物の引渡しの日から2年以上となる特約をする場合を除き，担保責任免責条項は無効である（宅建業法40条1項・2項）。

Q11 設計者・監理者とは

設計者と監理者にはどのような違いがあるのでしょうか。

1 設計者及び監理者

(1) 設計者

ア 設計及び設計者とは

　建築士法上,「設計」とは,「その者の責任において設計図書を作成すること」と定義され,「設計図書」とは「建築物の建築工事の実施のために必要な図面及び仕様書」をいう（建築士法2条6項）。設計を行う者を「設計者」といい, 建築物の設計業務は建築士の独占業務であるため, 多くの場合, 建築紛争の場面で問題となる「設計者」は建築士の資格を有する者である。建築士個人, 設計（建築士）事務所を開設する個人又は法人, ハウスメーカーやゼネコンの社員である建築士等, 業務の形態は様々である。

イ 建築士とは

　建築基準法により定められた一定の構造及び規模の建築物の設計は, 建築士でなければ行うことができない（建築士法3条～3条の3, 建基5条の6）。「建築士」とは, 建築物に関して設計業務（及び工事監理その他の業務）を行うことができる資格の名称を指す。建築士の免許を受けない者は建築士の名称を用いてはならない（罰則がある。）。なお,「建築家」（アーキテクト）という言葉が用いられることがあるが, これは, 設計者の職能としての名称ないし通称であり, 法律用語ないし法律上の資格ではない。

　建築士には一級建築士, 二級建築士, 木造建築士があり, 設計業務を行うことができる建築物の範囲が規模, 用途, 構造等に応じて定められている。

　具体的には, 例えば次のとおりである。

　① 一級建築士が設計・工事監理を行わなければならない建築物の例

・高さが13メートル又は軒の高さが9メートルを超える木造建築物
・延べ面積が300平方メートルを超える鉄筋コンクリート造，鉄骨造等の建築物
② 二級建築士であれば設計・工事監理を行うことのできる建築物の例
・延べ面積が30平方メートルを超え300平方メートル以内の鉄筋コンクリート造，鉄骨造等の建築物（ただし，高さ・軒高の制限がある。）
③ 木造建築士であれば設計・工事監理を行うことのできる建築物の例
・延べ面積が100平方メートルを超え300平方メートル以内の，2階建までの木造建築物

なお，一級建築士は，さらに，一定の要件（業務経験，講習の修了等）を充たせば，構造設計を専門とする「構造設計一級建築士」や設備設計を専門とする「設備設計一級建築士」となることができ，それぞれこの資格がないと行うことができない行為がある。

また，建築士は，設計及び後述する工事監理以外に，①建築工事契約に関する事務，②建築工事の指導監督，③建築物に関する調査若しくは鑑定，④建築物の建築に関する法令若しくは条例の規定に基づく手続の代理等を行うことができる。

　　ウ　設計業務とは

建築士が行う設計業務は，敷地や立地条件などを調査し，建築基準法等の関係法令に照らし，平面，立面等の基本設計図を作成する「基本設計」と，これに続いて，工事に着工できる図面（意匠設計図，構造設計図，設備設計図等），各工事仕様書，工事費積算書，建築関係諸手続書類等を作成する「実施設計」に分けることができる。

なお，設計の具体的な内容については，次の**Q12**を参照されたい。

(2) 監理者

　　ア　監理（工事監理）とは

工事監理とは，その者の責任において，工事を設計図書と照合し，それが設計図書のとおりに実施されているか否かを確認することをいい（建築士法

2条8号),これを行うものを(工事)監理者という。設計同様,監理業務を行うことができるのは原則として建築士に限られる。ただし,これより広い意味で「工事監理」という用語を用いることもあり,注意が必要である。

なお,建築工事の際の「かんり」には,この「監理」のほか,「管理」がある。読み方が同じなので,区別のため,字面から「監理」を「サラカン」,管理を「クダカン」,「タケカン」等と呼ぶこともある。

「管理」とは,施工者が,限られた工事費で,工期内に,設計図書どおりに建物を建設するよう管理,いわばマネジメントする業務(品質管理や工程管理,原価管理等を含む。)を指す。監理は施工者から独立した監理者(建築士)の業務であるが,管理は施工者が行う業務である点が異なる。なお,管理は,一般的には「施工管理」とも呼ばれ,建設業法26条では,建設業者に対し,主任技術者,一定の場合には監理技術者を設置することを義務づけているところ,この主任技術者らが施工管理を行っている。

イ 工事監理の依頼

工事監理は,工事を「設計図書と照合する業務」であり,設計図書を最もよく理解しているのは設計者自身であるから,設計と同時に工事監理を依頼することが多い。ただし,我が国のハウスメーカー等に多い「設計施工一括方式」(施工者に設計・監理も依頼する。)では,その従業員で建築士の資格を有する者が監理者になり,監理と管理が分離されず,施主のためよりも自社の利益を優先する(照合がおろそかになる)リスクがあるといわれ,昨今は第三者監理ということがいわれるが,その分費用がかかることになる。

2 まとめ

設計は建築士が設計図書を作成する行為であり,監理は建築士が設計図書と実際の施工を照合する行為であり,密接に関連する。

Ⅲ 中古売買

Q12 設計の具体的内容

建物の設計とは何でしょうか。

1 設計の意味

　建築士法において設計とは,「その者の責任において設計図書を作成することをいい（建築士法2条6項),「設計図書」とは建築物の建築工事の実施のために必要な図面（現寸図その他これに類するものを除く。）及び仕様書をいい（建築士法2条6項), これらの定義は, 建築基準法においても準用されている（建基2条10号・12号）。すなわち, 設計とは, その者の責任において建築物の建築工事の実施のために必要な図面及び仕様書を作成することをいう。

　設計契約の法的性質については, 準委任契約説, 請負契約説, 混合契約説, 無名契約説などの説がある。東京高判平成21年4月23日判例集未登載は,「一般に建築設計契約は, 設計図書の作成および引き渡しを目的とする請負契約と解される」としている。

　ところで, 設計は, 構造設計（基礎伏図, 構造計算書その他の建築物の構造に関する設計図書で国土交通省令で定めるものの設計）と, 設備設計（建基2条3号にいう建築設備の各階平面図及び構造詳細図その他の建築設備に関する設計図書で国土交通省令で定めるものの設計）とに分けられる（建築士法2条7項）。

　そして, 設計に関する標準業務は, 以下のように, 基本設計, 実施設計, 工事施工段階で設計者が行うことに合理性がある実施設計に分けられる（国土交通省告示第15号（http://www.mlit.go.jp/common/000048579.pdf））。

2 基本設計

(1) 基本設計

建築主から提示された要求その他の諸条件を設計条件として整理した上で，建築物の配置計画，平面と空間の構成，各部の寸法や面積，建築物として備えるべき機能，性能，主な使用材料や設備機器の種別と品質，建築物の内外の意匠等を検討し，それらを総合して別表1の成果物を作成するために必要な次の業務が標準業務となる。

(2) 基本設計の業務内容

　ア　設計条件等の整理

① 条件整理

耐震性能や設備機能の水準など建築主から提示される様々な要求その他の諸条件を設計条件として整理する。

② 設計条件の変更等の場合の協議

建築主から提示される要求の内容が不明確若しくは不適切な場合又は内容に相互矛盾がある場合又は整理した設計条件に変更がある場合においては，建築主に説明を求め，又は建築主と協議する。

　イ　法令上の諸条件の調査及び関係機関との打合せ

① 法令上の諸条件の調査

基本設計に必要な範囲で，建築物の建築に関する法令及び条例上の制約条件を調査する。

② 建築確認申請に係る関係機関との打合せ

基本設計に必要な範囲で，建築確認申請を行うために必要な事項について関係機関と事前に打合せを行う。

　ウ　上下水道，ガス，電力，通信等の供給状況の調査及び関係機関との打合せ

基本設計に必要な範囲で，敷地に対する上下水道，ガス，電力，通信等の供給状況等を調査し，必要に応じて関係機関との打合せを行う。

エ　基本設計方針の策定

①　総合検討

設計条件に基づき，様々な基本設計方針案の検証を通じて，基本設計をまとめていく考え方を総合的に検討し，その上で業務体制，業務工程等を立案する。

②　基本設計方針の策定及び建築主への説明

総合検討の結果を踏まえ，基本設計方針を策定し，建築主に対して説明する。

オ　基本設計図書の作成

基本設計方針に基づき，建築主と協議の上，基本設計図書を作成する。

カ　概算工事費の検討

基本設計図書の作成が完了した時点において，当該基本設計図書に基づく建築工事に通常要する費用を概算し，工事費概算書（工事費内訳明細書，数量調書等を除く。以下同じ。）を作成する。

キ　基本設計内容の建築主への説明等

基本設計を行っている間，建築主に対して，作業内容や進捗状況を報告し，必要な事項について建築主の意向を確認する。また，基本設計図書の作成が完了した時点において，基本設計図書を建築主に提出し，建築主に対して設計意図（当該設計に係る設計者の考えをいう。以下同じ。）及び基本設計内容の総合的な説明を行う。

(3)　**基本設計の成果図書**

別表1のとおりである。

3　実施設計

(1)　**実施設計**

工事施工者が設計図書の内容を正確に読み取り，設計意図に合致した建築物の工事を的確に行うことができるように，また，工事費の適正な見積りができるように，基本設計に基づいて，設計意図をより詳細に具体化し，その結果として，**別表2**に掲げる成果図書を作成するために必要な次の業務が標

準業務となる。
(2) **実施設計の業務内容**
　ア　要求等の確認
① 建築主の要求等の確認
　実施設計に先立ち又は実施設計期間中，建築主の要求等を再確認し，必要に応じ，設計条件の修正を行う。
② 設計条件の変更等の場合の協議
　基本設計の段階以降の状況の変化によって，建築主の要求等に変化がある場合，施設の機能，規模，予算等基本的条件に変更が生ずる場合又は，既に設定した設計条件を変更する必要がある場合においては，建築主と協議する。
　イ　法令上の諸条件の調査及び関係機関との打合せ
① 法令上の諸条件の調査
　建築物の建築に関する法令及び条例上の制約条件について，基本設計の内容に即した詳細な調査を行う。
② 建築確認申請に係る関係機関との打合せ
　実施設計に必要な範囲で，建築確認申請を行うために必要な事項について関係機関と事前に打合せを行う。
　ウ　実施設計方針の策定
① 総合検討
　基本設計に基づき，意匠，構造及び設備の各要素について検討し，必要に応じて業務体制，業務工程等を変更する。
② 実施設計のための基本事項の確定
　基本設計の段階以降に検討されたい事項のうち，建築主と協議して合意に達しておく必要のあるもの及び検討作業の結果，基本設計の内容に修正を加える必要があるものを整理し，実施設計のための基本事項を確定する。
③ 実施設計方針の策定及び建築主への説明
　総合検討の結果及び確定された基本事項を踏まえ，実施設計方針を策定し，建築主に説明する。

エ　実施設計図書の作成

① 実施設計図書の作成

実施設計方針に基づき，建築主と協議の上，技術的な検討，予算との検討等を行い，実施設計図書を作成する。なお，実施設計図書においては，工事施工者が施工すべき建築物及びその細部の形状，寸法，仕様，工事材料，設備機器等の種別，品質及び特に指定する必要のある施工に関する情報（工法，工事監理の方法，施工管理の方法等）を具体的に表現する。

② 建築確認申請図書の作成

関係機関との事前の打合せ等を踏まえ，実施設計に基づき，必要な建築確認申請図書を作成する。

オ　概算工事費の検討

実施設計図書の作成が完了した時点において，当該実施設計図書に基づく建築工事に通常要する費用を概算し，工事費概算書を作成する。

カ　実施設計内容の建築主への説明等

実施設計を行っている間，建築主に対して，作業内容や進捗状況を報告し，必要な事項について建築主の意向を確認する。また，実施設計図書の作成が完了した時点において，実施設計図書を建築主に提出し，建築主に対して経緯及び実施設計内容の総合的な説明を行う。

4　工事施工段階で設計者が行うことに合理性がある実施設計

(1)　工事施工段階で設計者が行うことに合理性がある実施設計

工事施工段階において，設計者が，設計意図を正確に伝えるため，実施設計に関する成果図書に基づき，質疑応答，説明，工事材料，設備機器等の選定に関する検討，助言等を行う業務をいう。

(2)　工事施工段階で設計者が行うことに合理性がある実施設計の業務内容

ア　設計意図を正確に伝えるための質疑応答，説明等

工事施工段階において，設計意図を正確に伝えるための質疑応答，説明等を建築主を通じて工事監理者及び工事施工者に対して行う。また，設計図書

等の定めにより，設計意図が正確に反映されていることを確認する必要がある部材，部位等に係る施工図等の確認を行う。

　　イ　工事材料，設備機器等の選定に関する設計意図の観点からの検討，助言等

　設計図書等の定めにより，工事施工段階において行うことに合理性がある工事材料，設備機器等及びそれらの色，柄，形状等の選定に関して，設計意図の観点からの検討を行い，必要な助言等を建築主に対して行う。

5 書類の保存期間

　建築士事務所の開設者は，建築士事務所に属する建築士が建築士事務所の業務として作成した設計図書のうち下記のもの，又は工事監理報告書で建築士法3条から3条の3までの規定により建築士でなければ作成することができないものを図書作成時から15年間保存しなければならない（建築士法24条の4第2項，建築士法施行規則21条4項・5項）。

① 配置図，各階平面図，2面以上の立面図及び2面以上の断面図
② 当該設計が建築基準法6条1項2号又は3号に係るものであるときは，前号に掲げるもののほか，基礎伏図，各階床伏図，小屋伏図，構造詳細図及び構造計算書

　なお，当該保存期間は平成19年6月20日施行の改正法により5年から15年に延長されたところ，改正法の施行時点で5年間の保存期限を経過していない図書は15年間保存しなければならない（附則（平成19年6月19日国土交通省令第66号）4条2項）。

別表1　基本設計の成果図書

(1) 戸建木造住宅以外の建築物に係る成果図書

設計の種類		成果図書
(1) 総合		①計画説明書　②仕様概要書　③仕上概要表　④面積表及び求積図　⑤敷地案内図　⑥配置図　⑦平面図（各階）　⑧断面図　⑨立面図　⑩工事費概算書
(2) 構造		①構造計画説明書　②構造設計概要書　③工事費概算書
(3) 設備	電気設備	①電気設備計画説明書　②電気設備設計概要書　③工事費概算書　④各種技術資料
	給排水衛生設備	①給排水衛生設備計画説明書　②給排水衛生設備設計概要書　③工事費概算書　④各種技術資料
	空調換気設備	①空調換気設備計画説明書　②空気換気設備設計概要書　③工事費概算書　④各種技術資料
	昇降機等	①昇降機等計画説明書　②昇降機等設計概要書　③工事費概算書　④各種技術資料

注：
1　建築物の計画に応じ，作成されない図書がある場合がある。
2　「総合」とは，建築物の意匠に関する設計並びに意匠，構造及び設備に関する設計を取りまとめる設計をいう。
3　(2)及び(3)に掲げる成果図書は，(1)に掲げる成果図書に含まれる場合がある。
4　「昇降機等」には機械式駐車場を含む。
5　「計画説明書」には，設計主旨及び計画概要に関する記載を含む。
6　「設計概要書」には，仕様概要及び計画図に関する記載を含む。

(2) 戸建木造住宅に係る成果図書

設計の種類	成果図書
(1) 総合	①仕様概要書　②仕上概要表　③配置図　④平面図（各階）　⑤断面図　⑥立面図　⑦工事費概算書
(2) 構造	①仕様概要書　②工事費概算書
(3) 設備	①仕様概要書　②設備位置図（電機，給排水衛生及び空調換気）　③工事費概算書

注：
1　建築物の計画に応じ，作成されない図書がある場合がある。
2　「総合」とは，建築物の意匠に関する設計並びに意匠，構造及び設計に関する設計を取りまとめる設計をいう。
3　(2)及び(3)に掲げる成果図書は，(1)に掲げる成果図書の中に含まれる場合がある。

別表2　実施設計に関する成果図書

(1) 戸建木造住宅以外の建築物に係る成果図書

設計の種類		成果図書
(1) 総合		①建築物概要書　②仕様書　③仕上表　④面積表及び求積図　⑤敷地案内図　⑥配置図　⑦平面図（各階）　⑧断面図　⑨立面図（各面）　⑩矩計図　⑪展開図　⑫天井伏図　⑬平面詳細図　⑭部分詳細図　⑮建具表　⑯工事費概算書　⑰各種計算書　⑱その他確認申請に必要な図書
(2) 構造		①仕様書　②構造基準図　③伏図（各階）　④軸組図　⑤部材断面表　⑥部分詳細図　⑦構造計算書　⑧工事費概算書　⑨その他確認申請に必要な図書
(3) 設備	電気設備	①仕様書　②敷地案内図　③配置図　④儒変動設備図　⑤非常電源設備図　⑥幹線系統図　⑦電灯，コンセント設備平面図（各階）　⑧動力設備平面図（各階）　⑨通信・情報設備系統図　⑩通信・情報設備平面図（各階）　⑪火災報知等設備系統図　⑫通信・情報設備平面図（各階）　⑬屋外設備図　⑭工事費概算書　⑮各種計算書　⑯その他確認申請に必要な図書
	給排水衛生設備	①仕様書　②敷地案内図　③配置図　④給排水衛生設備配管系統図　⑤給排水衛生設備配管平面図（各階）　⑥消火設備系統図　⑦消火設備平面図（各階）　⑧排水処理設備図　⑨その他接地設備設計図　⑩部分詳細図　⑪屋外設備図　⑫工事費概算書　⑬各種計算書　⑭その他確認申請に必要な図書
	空調換気設備	①仕様書　②敷地案内図　③配置図　④空調設備系統図　⑤空調設備平面図（各階）　⑥換気設備系統図　⑦換気設備平面図（各階）　⑧その他接地設備設計図　⑨部分詳細図　⑩屋外設備図　⑪工事費概算書　⑫各種計算書　⑬その他確認申請に必要な図書
	昇降機等	①仕様書　②敷地案内図　③配置図　④昇降機等平面図　⑤昇降機等断面図　⑥部分詳細図　⑦工事費概算書　⑧各種計算書　⑨その他確認申請に必要な図書

注：
1　建築物の計画に応じ，作成されない図書がある場合がある。
2　「総合」とは，建築物の意匠に関する設計並びに意匠，構造及び設備設計を取りまとめる設計をいう。
3　「昇降機等」には，機械式駐車場を含む。

(2) 戸建木造住宅に係る成果図書

設計の種類	成果図書
(1) 総合	①建築物概要書　②仕上書　③仕上表　④面積表　⑤敷地案内図　⑥配置図　⑦平面図（各階）　⑧断面図　⑨立面図（各面）　⑩矩形図　⑪展開図　⑫天井伏図　⑬建具表　⑭工事費概算書　⑮その他確認申請に必要な図書
(2) 構造	①仕様書　②基礎伏図　③床伏図　④はり伏図　⑤小屋伏図　⑥軸組図　⑦構造計算書　⑧工事費概算書　⑨その他確認申請に必要な図書
(3) 設備	①仕様書　②設備位置図（電機，給排水衛生及び空調換気）　③工事費概算書　④その他確認申請に必要な図書

注：
1　建築物の計画に応じ，作成されない図書がある場合がある。
2　「総合」とは，建築物の意匠に関する設計並びに意匠，構造及び設備に関する設計を取りまとめる設計をいう。
3　詳細設計を必要としない戸建住宅については，確認申請に必要な図書のみとする。

Q13 監理の具体的内容

> 建築の監理とは何でしょうか。

1 監理の意味

　建築士法における監理は，①工事監理（その者の責任において，工事を設計図書と照合し，それが設計図書（**Q12**参照）のとおりに実施されているか否かを確認すること（建築士法2条8号））のほか，②工事監理に当たり設計図書のとおりに実施されていない場合の工事施工者への指摘及び実施要求，従わない場合の建築主への報告（同法18条3項），③工事監理終了時の建築主への報告（同法20条3項）がある（もっとも，以下では，上記した法定の監理業務にとどまらず，「四会連合協定　建築設計監理等業務委託契約約款」（いわゆる四会約款），契約を根拠とする監理業務のうち主要なものも記載している。）。

　監理契約の法的性質については，準委任契約説，請負契約説，混合契約説，無名契約説などの説がある。

　次項記載の監理の具体的内容のうち，(2)から(5)までが工事初期に行われるほか，(6)以降は工事の進行に従い行われる。

　なお，工事監理については，下記各工程における具体的な確認対象などについて，「工事監理ガイドライン」が定められている（平成21年9月1日国土交通省住宅局建築指導課（http://www.icas.or.jp/download/pdf/kouji-kanri-guideline_1.pdf））。

2 監理の具体的内容

(1) 監理業務の相手

　建築主，設計者，工事施工者（受注者），その他業者である。

(2) **工事監理方針の説明等**

ア **工事監理方針の説明**

工事監理の着手に先立って，工事監理体制その他工事監理方針について建築主に説明する。

イ **工事監理方法変更の場合の協議**

工事監理の方法に変更の必要が生じた場合，建築主と協議する。

(3) **設計図書の内容の把握等**

ア **設計図書の内容の把握**

設計図書の内容を把握し，設計図書に明らかな矛盾，誤謬，脱漏，不適切な納まり（部材同士の取り付け具合や取り合わせを指す。）等を発見した場合には，建築主に報告し，必要に応じて建築主を通じて設計者に確認する。

イ **質疑書の検討**

工事施工者から工事に関する質疑書が提出された場合，設計図書に定められた品質（形状，寸法，仕上がり，機能，性能等を含む。）確保の観点から技術的に検討し，必要に応じて建築主を通じて設計者に確認の上，回答を工事施工者に通知する。

ウ **請負代金内訳書の検討及び報告**

工事施工者から提出される請負代金内訳書の適否を合理的な方法により検討し，建築主に報告する。

エ **工程表の検討及び報告**

工事請負契約の定めにより工事施工者が作成し，提出する工程表について，工事請負契約に定められた工期及び設計図書に定められた品質が確保できないおそれがあるかについて検討し，確保できないおそれがあると判断するときは，その旨を建築主に報告する。

(4) **設計図書に照らした施工図等の検討及び報告**

ア **施工図等の検討及び報告**

設計図書の定めにより，工事施工者が作成し，提出する施工図（軀体図，工作図，製作図等をいう。），製作見本，見本施工等が設計図書の内容に適合

しているかについて検討し，建築主に報告する。

　　イ　工事監理方法変更の場合の協議

　設計図書の定めにより，工事施工者が提案又は提出する工事材料，設備機器等（当該工事材料，設備機器等に係る製造者及び専門工事業者を含む。）及びそれらの見本が設計図書の内容に適合しているかについて検討し，建築主に報告する。

　　ウ　設計図書に定めのある施工計画の検討及び報告

　設計図書の定めにより，工事施工者が作成し，提出する施工計画（工事施工体制に関する記載を含む。）について，工事請負契約に定められた工期及び設計図書に定められた品質が確保できないおそれがあるかについて検討し，確保できないおそれがあると判断するときは，その旨を建築主に報告する。

(5)　**工事と設計図書との照合及び確認**

　　ア　設計図書との照合及び確認

　工事施工者の行う工事が設計図書の内容に適合しているかについて，設計図書に定めのある方法による確認のほか，目視による確認，抽出による確認，工事施工者から提出される品質監理記録の確認等，確認対象工事に応じた合理的方法により確認を行う。

　　イ　契約との照合，確認

　設計図書以外の工事請負契約の内容に適合しているかについても，上記アと同様の方法により確認を行う。

　　ウ　工事請負契約に定められた指示，検査等

　工事請負契約に定められた指示，検査，試験，立会い，確認，審査，承認，助言，協議等を行い，また，工事施工者がこれを求めたときは，速やかにこれに応ずる。

　　エ　工事が設計図書の内容に適合しない疑いがある場合の破壊検査

　工事施工者の行う工事が設計図書の内容に適合しない疑いがあり，かつ，破壊検査が必要と認められる相当の理由がある場合にあっては，工事請負契約の定めにより，その理由を工事施工者に通知の上，必要な範囲で破壊して検査する。

(6) 工事と設計図書との照合及び確認の結果報告等

ア 設計図書に係る結果報告等

工事と設計図書との照合及び確認の結果,工事が設計図書のとおりに実施されていないと認めるときは,直ちに,工事施工者に対して,その旨を指摘し,当該工事を設計図書のとおりに実施するよう求め,工事施工者がこれに従わないときは,その旨を建築主に報告する。なお,工事施工者が設計図書のとおりに施工しない理由について建築主に書面で報告した場合においては,建築主及び工事施工者と協議する。

イ 契約に係る結果報告等

設計図書以外の工事請負契約との照合及び確認の結果,適合していない箇所がある場合,工事施工者に対して是正の指示を与え,工事施工者がこれに従わないときは,その旨を建築主に報告する。

(7) 工事請負契約の目的物の引渡しの立会い

工事施工者から建築主への工事請負契約の目的物の引渡しに立ち会う。

(8) 関係機関の検査の立会い等

建築基準法等の法令に基づく関係機関の検査に必要な書類を工事施工者の協力を得て取りまとめるとともに,当該検査に立ち会い,その指摘事項等について,工事施工者等が作成し,提出する検査記録等に基づき建築主に報告する。

(9) 工事費支払の審査

ア 工事期間中の工事費支払請求の審査

工事施工者から提出される工事期間中の工事費支払の請求について,工事請負契約に適合しているかどうかを技術的に審査し,建築主に報告する。

イ 最終支払請求の審査

工事施工者から提出される最終支払の請求について,工事請負契約に適合しているかどうかを技術的に審査し,建築主に報告する。

(10) 工事監理報告書等の提出

工事と設計図書との照合及び確認を全て終えた後,工事監理報告書等を建築主に提出する。

Q14 設計・監理者の報酬請求権の時効

> 1 設計の報酬請求権の時効は何年でしょうか。
> 2 監理の報酬請求権の時効は何年でしょうか。

(1) 設計の報酬請求権の時効

現行民法では、債権の消滅時効を原則10年とし、例外として短期消滅時効制度を設け、債権がいかなる職種に関して発生したものであるかによって区分し、1年、2年、3年の時効期間を定めていた（民170条～174条）。これは、法制定当時は、低額で即時決済・短期決済が通常である債権については、証拠の不発行・不保存の習慣があること等を考慮したためである。しかし、時代の変化により、慣習が変化したことや、条文解釈において、類似の職業についてどこまで適用されるのか疑義が生じていたこと等から、職業別短期消滅時効を廃止することとなった。

従前は、工事の設計、施工又は監理を生業とする者の工事に関する債権の消滅時効は工事が終了したと時から3年とされていたが（民170条2号）、この職業別短期消滅時効の規定も削除されることとなった。このため、設計の報酬請求権の消滅時効も、「権利行使できることを知った時から5年」若しくは「権利行使できる時から10年」のいずれか早いほうとなる。

(2) 監理の報酬請求権の時効

従前は、工事の設計、施工又は監理を生業とする者の工事に関する債権の消滅時効は工事が終了した時から3年とされていたが（民170条2号）、このような職業別短期消滅時効の規定は削除されることとなった。このため、監理の報酬請求権の消滅時効も、「権利行使できることを知った時から5年」若しくは「権利行使できる時から10年」のいずれか早いほうとなる。

Ⅲ 中古売買

Q15 書類の保存期間

> ① (注文者からの相談) 5年前に注文住宅を建てましたが，欠陥住宅であったので，設計・工事を担当した会社に損害賠償を請求しています。設計書などの資料の提示を求めていますが，その会社は，当時の資料でもう廃棄してしまっていると主張しています。住宅の設計書や契約書，工事の発注書等の書類はいつまで保管しなければならないのでしょうか。
>
> ② (施工会社からの相談) 施主から，欠陥住宅だとして損害賠償請求をされたため，弁護士に相談し，その際，設計書や発注書等のコピーを渡しました。その後，施主とは訴訟前に和解が成立しました。渡したコピーには弊社のノウハウや独自技術も書かれているので，速やかに破棄してほしいのですが，弁護士はいつまで事件に関する資料を保管するのでしょうか。

(1) 設計図書等の保存期間

建築士事務所の開設者は，設計図書について，15年の保存義務がある（建築士法24条の4第2項，同施行規則21条5項）。また，住宅の建設工事に関する図書については10年の保存義務がある（建設業法40条の3，同施行規則28条）。

これらの保存義務に違反した場合には，罰金や過料も定められているため，5年前に建てた注文住宅について，書類を保存していないということは考えにくい。業法を指摘した上で改めて提示を求めるか，任意交渉では無理な場合には，訴訟の中で文書提出命令などを利用することも考えられる。

(2) 弁護士の業務に関する書類の保存期間

弁護士については，書類の保存義務という形では法定されていないが，現行民法では，弁護士又は弁護士法人は事件が終了した時から，3年を経過し

たときは，その職務に関して受け取った書類について，その責任を免れるとされている（民171条）。

　しかし，この規定は，他の短期消滅時効の規定とともに，削除されることとなった。現行民法制定当時は，低額で即時決済・短期決済が通常である債権については証拠の不発行・不保存の習慣があること，債権の消滅時効が原則10年と長期であったこと等から，一般の債権とは区別する必要性があったため，短期消滅時効が規定されていた。しかし，時代の変化により，慣習が変化したことや，条文解釈において，類似の職業にどこまで運用が及ぶのかについて疑義が生じていたこと等から，短期消滅時効を廃止することになったものである。このため，弁護士又は弁護士法人が職務に関して受け取った書類については，5年で責任を免れることになろう。

　弁護士は，通常，書類を3年よりも長期間保存していることがほとんどであろうから，実務的に変化はないと思われる。弁護士には守秘義務があるため，ノウハウ等が流出することはないと思われるが，どうしても資料を早期に破棄してもらいたい場合には，個別に交渉すればよいであろう。

Ⅲ 中古売買

Q16 設計・監理と不法行為

> 建物の設計・監理に関して不法行為責任が問題となる場合はどのような場合でしょうか。

(1) 瑕疵がある建物の建築への関与

瑕疵がある建物の建築に関与した設計者，施工者及び工事監理者（以下「設計・施工者等」という。）に対しては，不法行為に基づく損害賠償請求をすることが考えられる。

かかる損害賠償請求訴訟において，どのような場合に設計・施工者等が不法行為責任を負うかが問題となる。

(2) 最判平成15年11月14日

最二小判平成15年11月14日民集57巻10号1561頁は，建物の建築確認申請書工事監理者欄に建築事務所の代表者である一級建築士Aの氏名が記載されていたが，Aは売主との間で実際に工事管理契約をしたわけではなく，その氏名を記載することを承諾したにすぎなかったという事案において，「建築士は，その業務を行うに当たり，新築等の建物を購入しようとする者に対する関係において，建築士法及び法の上記各規定による規制の潜脱を容易にする行為等，その規制の実効性を失わせる行為をしてはならない法的義務があるというべきであり，建築士が故意又は過失によりこれに違反する行為をした場合には，その行為により損害を被った建築物の購入者に対し，不法行為に基づく賠償責任を負うものと解するのが相当である。」と判示し，建築士の売主に対する不法行為責任を認めた。

(3) 最判平成19年7月6日

上記最判は，建築士の名義貸しの事例であり，存在する建物の瑕疵との関連において，具体的な注意義務の内容が示されているわけではなくこの点は明らかではなかった。

最二小判平成19年7月6日民集61巻1769頁（以下「平成19年最判」という。）は，「建物の建築に携わる設計者，施工者及び工事監理者（以下，併せて「設計・施工者等」という。）は，建物の建築に当たり，契約関係にない居住者等に対する関係でも，当該建物に建物としての基本的な安全性が欠けることがないように配慮すべき注意義務を負うと解するのが相当である。そして，設計・施工者等がこの義務を怠ったために建築された建物に建物としての基本的な安全性を損なう瑕疵があり，それにより居住者等の生命，身体又は財産が侵害された場合には，設計・施工者等は，不法行為の成立を主張する者が上記瑕疵の存在を知りながらこれを前提として当該建物を買い受けていたなど特段の事情がない限り，これによって生じた損害について不法行為による賠償責任を負うというべきである。居住者等が当該建物の建築主からその譲渡を受けたものであっても異なるところはない。」と判示した。

上記最判以前は，強度の違法性を要求するなど，不法行為責任の成立範囲を限定している裁判例も見られたが，最高裁判所は，上記のとおり判示し，不法行為責任が認められるのは，違法性が強度な場合に限られないことを示した。

(4) **最判平成23年7月21日**

さらに，その後の最一小判平成23年7月21日判時2129号36頁（以下「平成23年最判」という。）では，平成19年最判における「建物としての基本的な安全性を損なう瑕疵」の具体的内容につき，「『建物としての基本的な安全性を損なう瑕疵』とは，居住者等の生命，身体または財産を危険にさらすような瑕疵をいい，建物の瑕疵が居住者等の生命，身体又は財産に対する現実的な危険をもたらしている場合に限らず，当該瑕疵の性質に鑑み，これを放置するといずれは居住者等の生命，身体又は財産に対する危険が現実化することになる場合には，当該瑕疵は，建物としての基本的な安全性を損なう瑕疵に該当すると解するのが相当である。」と判示し，建物としての基本的な安全性を損なう瑕疵の具体的内容を明らかにした。

Ⅲ 中古売買

(5) 以後の下級審

　平成19年最判,平成23年最判以後は,下級審においても,これらの判決を基礎として判断をしている(東京地判平成20年1月25日判タ1268号220頁,東京地判平成22年5月27日判タ1340号177頁,横浜地判平成24年1月31日判タ1389号155頁,東京地判平成27年3月25日LLI/DB判例秘書等)。

IV Chapter

リフォーム

Ⅳ リフォーム

Q1 中古住宅における請負工事（リフォーム）の類型

> リフォーム工事にはどのようなものがありますか。

1 リフォームの定義

(1) 本書におけるリフォーム工事

リフォームには法律上の定義はなく，分類の仕方も多様である。本書においては，新築請負工事以外の請負工事をリフォーム工事として解説する。

したがって，本書におけるリフォーム工事は，下記(2)で挙げる一般的なリフォーム工事以外に，賃貸物件の原状回復工事，マンションの大規模修繕工事及びいわゆるリノベーションと呼ばれる大規模な改修によって建物の用途や機能を変更する工事も含む。

(2) 一般的なリフォーム工事

リフォーム工事とは，一般的には，居住している住宅の改装工事等を指す。

リフォームは本来，居住している住居における工事であるので，工事の範囲は，通常，戸建住宅，マンションの専有部分内にとどまる。リフォーム工事の例としては，住宅の間取り変更，屋根の葺き替え，雨漏りの補修，模様替，壁紙の張り替え，キッチン・浴室・トイレ等の住宅設備の取り替えなどが挙げられる。

その他，耐震補強工事，白蟻駆除工事，太陽光発電装置設置工事，バリアフリー対応工事のように，特定の部位に特定の目的を持つ工事を施工することや設備の設置・交換などもリフォームに含まれる。

2 建築基準法による分類

(1) 建築基準法の定義

建築物とは，土地に定着する工作物のうち，屋根及び柱若しくは壁を有す

るもの、これに附属する門若しくは塀、観覧のための工作物又は地下若しくは高架の工作物内に設ける事務所、店舗、興行場、倉庫その他これらに類する施設をいい、建築設備を含む（建基2条1号）。

建築とは、建築物を新築、増築、改築又は移転することをいう（建基2条13号）。修繕、大規模修繕、模様替、大規模模様替は建築には含まれない。

これらをリフォームに当たるもの、当たらないものに分類すると次のようになる。

〈リフォームに当たるもの〉

増築	既存建築物に建て増しをすること、又は既存建築物のある敷地に新たに建築すること
改築	建築物の全部若しくは一部を除却し、又は、これらの部分が滅失した後引続きこれと用途、規模、構造の著しく異ならない建築物を建てること
修繕	劣化した部分を概ね同じ位置・材料・形状等で原状回復すること
大規模修繕	建築物の主要構造部※の一種以上について、過半（1/2超）の修繕をすること（建基2条14号）
模様替	建築物の構造、規模、機能の同一性を損なわない範囲で改造すること
大規模模様替	建築物の主要構造部の一種以上について、過半（1/2超）の模様替をすること（建基2条15号）
移転	同一敷地内で建築物を移動すること

※主要構造部とは壁、柱、床、はり、屋根又は階段をいい、建築物の構造上重要でない間仕切壁、間柱、附け柱、揚げ床、最下階の床、廻り舞台の床、小ばり、ひさし、局部的な小階段、屋外階段その他これらに類する建築物の部分を除く（建基2条5号）。

〈リフォームに当たらないもの〉

新築	建築物が建っていない敷地又は建築物を除却して更地となった状態の敷地に建築物を建てること

(2) 建築確認申請が必要な工事

建築確認とは、建築物を建築しようとするとき、その計画が建築基準法令に適合しているかどうかを、建築主事又は指定確認検査機関が確認することをいう（建基6条）。

建築基準法6条1項では建築確認が必要とされる建築物を以下のとおり定めている。

1号	特殊建築物で，その用途に供する部分の床面積の合計が100㎡を超えるもの
2号	木造の建築物で3以上の階数を有し，又は延べ面積が500㎡，高さが13m若しくは軒の高さが9mを超えるもの
3号	木造以外の建築物で2以上の階数を有し，又は延べ面積が200㎡を超えるもの
4号	1号～3号の建築物以外で，都市計画区域等の区域内における建築物

これらのうち，1～3号の建築物の建築（増築後，1～3号の規模になる場合を含む。）・大規模修繕・大規模模様替，4号の建築について建築確認申請が必要となる。

しかし，防火地域及び準防火地域以外において建築物を増築・改築・移転する場合で，増築・改築・移転に係る部分の床面積の合計が10㎡以内であるときは，建築確認は不要である（建基6条2項）。

(3) **リフォーム工事における建築確認**

リフォーム工事のうち，マンションの専有部分のみで行われる工事や戸建住宅でも一定の条件以下の小規模な工事については建築確認申請は不要である。

しかし，マンションの大規模修繕工事等の大規模修繕や10㎡以上の床面積の増加を伴う増改築等（建築確認を不要とする場合に該当しない工事）は建築確認が必要となる。

したがって，建物が所在する区域，建物の構造等，工事の内容，規模等を注意しなければならない。

Q2 リフォームをめぐる紛争の特性

> 高齢の母が，トイレの水漏れ修理を頼んだところ，頼んでいない修理までされ，当初聞いていたよりも高額の工事代金を請求されています。また，友人はフローリング床の張り替えのあとに，床が傾いてしまったとして業者と揉めています。リフォームは，新築工事と比べて，トラブルになりやすいのでしょうか。

1 瑕疵であるか否かの判定の困難性

(1) 契約内容が不明確な場合が多いこと

瑕疵とは何かについては，新築における考え方と変わる点はない。改正民法によれば，「契約の内容に適合しない」こと（以下「契約不適合」という。ⅢのQ2参照）とされ，契約の内容が基準となることが明示されている。

リフォームでは，契約書あるいは注文書と請書等の書類は比較的作られることが多いが，施工内容や施工範囲を記載した設計図書（図面）及びその見積書は全く作られないか，あったとしても詳細が分からない簡単な図面や，一式とのみ記載され明細の記載のない見積書しかないということが多く，契約内容を明らかにする書証がないため，契約内容を特定することができず，その結果，当該不具合が瑕疵（契約不適合）に当たるか否かの判断が困難であることが多い。

新築の場合と異なり，行政への建築確認申請が不要であることが多いリフォーム工事では，あえて設計図書を作らない業者が多いこと，施工業者と別に建築士が関与することも少ないこと，少額工事のため自己資金で賄えることから，金融機関に提出すべき資料として設計図書作成の必要性がないこと，緊急性を要するため設計図書を作成している暇がない場合があること等が，設計図書が作成されないことが多い理由と考えられる。

Ⅳ リフォーム

(2) リフォームによる瑕疵か否かの判断が困難であること

何もないところから作る新築工事と異なり、リフォーム工事に着手する時点で、経年劣化や新築工事の瑕疵により既に不具合が生じている場合がある。リフォーム前は不具合がなく、あるいは不具合に気付かずにいたところ、リフォーム後に不具合に気付いたという場合に、当該不具合はリフォーム工事の瑕疵なのか、もともとの新築工事の際に存在した瑕疵なのかの判定が困難になる。

住宅リフォーム・紛争処理支援センターへの相談者のデータによれば、リフォーム紛争の特徴として、苦情の相手方は、リフォーム業者が多いのであるが、新築施工業者というケースも少なからず存在する（公益財団法人住宅リフォーム・紛争処理支援センター「住宅相談統計年報2016」22頁）。リフォームをきっかけに新築時の瑕疵を発見しその責任を追及するケースも存在するものと考えられ、不具合の原因が一概にリフォームによるものとはいいきれないという事情をうかがわせる。

2 追加工事に関わるトラブル

(1) 追加工事に関するトラブルが多いこと

追加工事のトラブルは、発生率としては新築よりも高いようである（「住宅相談統計年報2016」38頁）。その理由は以下のように考えられる。

ア 工事内容が着手前に確定しにくいこと

新築と異なり、そもそも開けてみないと（壊してみないと）分からない事情がある。フローリングの張り替えのため床を剥がしてみると、土台が腐朽しており、土台の補修工事も必要なことが判明した、配管の位置が新築時の竣工図と異なっていて、別の箇所の床も剥がさなければならなくなった等々の事情である。

イ 既存部分との調和の不具合

目的物のリフォームは当初の合意どおりであっても、既存部分との調和に問題が生ずることがある。床だけが新しくなって、古い壁の汚れが目立つと

いった見栄え・イメージ的事情や，新しい設備を設置したところ想定していたより大きかったため空間が窮屈で使い勝手が悪いといった機能的な事情など様々である。

ウ　追加工事をめぐるトラブルを防ぐための請負契約締結時の注意点

Q5にて詳しく述べるので，参照されたい。

(2)　追加工事は争点が多くなりがちであること

当該工事はそもそも本工事に含まれている，仮に追加工事であるとしても発注していない，あるいはサービス工事である，仮に追加工事を発注したと認められるのはやむを得ないとしても，請求額は高すぎる，見積書をもらっておらず，そのような金額であったならそもそも発注しなかった，というようにいくつものレベルで争われる場合があり，争点が絞りきれない可能性がある。

このような場合，①まず，当該工事は当初契約の中に入っているのか否か，②次に，契約に入っていない＝追加工事であるとして，追加発注の合意があったのか否か，③さらに，追加の発注はしたけれど仕事の報酬額はいくらが妥当なのか，という順番に検討することが分かりやすい。

一件の追加工事でも，上記要素が混在することもある。裁判所で審理に使用している「追加工事一覧表」（裁判所トップページ＞各地の裁判所＞東京地方裁判所＞裁判手続きを利用する方へ＞民事第22部建築訴訟事件について（http://www.courts.go.jp/tokyo/saiban/l3/Vcms3_00000560.html））では，部位毎の工事項目に分け，争点を整理しやすくしており，訴訟とならない場合でも使い勝手がよいと思われる。

追加工事の争点の整理方法については，**Q6**において詳しく述べる。

3　小規模な工事が多いことによるトラブル

(1)　小規模な工事が多いこと

既出データによれば，戸建住宅では，100万円超200万円以下の工事が最も多く，200万円以下の工事が全体の約70％を占める。マンションでは，

50万円以下の工事が最も多く，約30％を占め，200万円以下の工事が全体の約60％を占める（「住宅相談統計年報2016」35頁）。

(2) 小規模工事のためにトラブルとなる理由

リフォーム工事が小規模なものである場合，専門の建築士が監理をすることも少なく，工事業者任せになることが多い。また，下記(3)で述べるとおり，建設業の許可を受けていない業者が施工することもある。

新築のように行政による建築確認等が必要でないので，設計図書を作成しないで着手することも多い。

新築の場合は建築資金を金融機関からの借り入れで賄うことが多く，その場合，金融機関から工事請負契約書や設計図書の提出を要求されるが，リフォームの場合は自己資金で賄うことが多く，その場合には設計図書の提出の必要がないからこれを作成する要請も働かない。

(3) 建設業の許可を受けていない業者でも工事ができること

建設業法3条1項及び建設業法施行令1条の2により，軽微な建設工事（例えば，建築一式工事でない場合にあっては500万円に満たない工事等）は，建設業の許可を受けていない業者でも施工できる。

リフォーム工事は，一部の補修や改装であって建築一式工事に該当しないことが多いといえ，建設業の許可を受けていない業者でも500万円以下であれば工事を請け負うことができる。

上記(1)で述べたように，リフォーム工事では200万円以下の工事が大半であるから，施工業者が建設業の許可を受けていないケースがあるといえる。

4 高齢者が発注者であることが多いことによるトラブル

(1) リフォームでは高齢者が発注者であることが多いこと

同じく既出データによれば，新築住宅についての相談者が30代，40代が多いのに対して，リフォームでは50代，60代が多く，70代以上の方も約15％である（「住宅相談統計年報2016」40頁）。

同センターへの訪問販売に関する相談も2010年以降増加傾向にあり，

2015年には前年比17％と増えていること（「住宅相談統計年報2016」29頁）と併せ考えると、古い住宅に住む高齢者が多い中、訪問営業する業者にリフォームを依頼しているケースが多いことがうかがわれる。

そして、この訪問販売に関する相談は、トラブルに関するリフォーム相談の10％を占めており、増加傾向にある（「住宅相談統計年報2016」29頁）。

なお、このデータによれば、2005年度に高齢者が複数のリフォーム工事契約を結び、高額な被害を受けたことが報道されるなど、訪問販売におけるリフォーム工事による消費者被害が社会問題となり、相談件数も600件近くに上ったが、その後、相談件数が一時期200件未満に減少したものの2011年以降再び相談件数が増加したことが報告されている。

(2) **リフォーム特有の消費者問題**

このようなデータからも、新築と異なるリフォーム特有の消費者問題が生じていると考えられる。訪問販売に関する規定である特定商取引法、消費者と事業者との間の契約に関する規定である消費者契約法等と併せ、この問題については**Q4**において詳しく述べる。

Ⅳ リフォーム

Q3 リフォーム工事に関する各種制度

> 新築住宅の請負契約や売買契約には，品確法が定める住宅性能評価制度や，紛争処理支援センター，国土交通大臣が指定した保険法人による保険制度など各種制度が整備されていますが，リフォームについても，このような制度はありますか。また，トラブルについて相談できる窓口はありますか。

1 リフォームにも性能評価制度や紛争処理制度はあるか

品確法においては，リフォーム工事そのものについて，その性能に関する表示基準やこれに基づく評価の制度は設けられていない。

しかし，リフォーム工事を行う住宅（既存住宅）についての性能評価制度（既存住宅性能評価制度）を活用することは可能である。

リフォーム工事を行う前にこの評価制度を利用することで，リフォーム事業者以外の第三者によって住宅の現況が確認・検査されるため，現況を踏まえた適切なリフォーム工事が可能となる。

リフォーム工事を行った後については，リフォーム工事を含めた住宅の性能について，客観的な評価を表示してもらうことが可能となる。

なお，品確法に基づく制度ではないが，後述のとおり，安心で適切なリフォーム工事を広く普及するため，リフォーム工事を対象とした保険制度や，リフォーム工事にまつわる各種の相談窓口，リフォーム事業者登録団体制度などがある。

2 リフォーム瑕疵保険

(1) 保険法人

リフォーム瑕疵保険は，リフォーム時の検査と保険がセットになったもので，住宅専門の保険会社（住宅瑕疵担保責任保険法人）により保険引受が行

われ，現在，下記の5法人が全国を対象に業務を行っている。
- （株）住宅あんしん保証
- 住宅保証機構（株）
- （株）日本住宅保証検査機構
- （株）ハウスジーメン
- ハウスプラス住宅保証（株）

（平成29年5月末日現在）

　保険の引受に当たっては，リフォーム事業者から独立した検査員（建築士）による検査が行われ，不適切な工事は是正される。

　リフォーム瑕疵保険へ加入する事業者は，保険法人の審査を経た上で，事業者登録することが必要となっており，また，保険法人では登録された事業者について，保険利用件数，つまり，瑕疵が発生した件数についての情報も公開しており，消費者（発注者）はこれらの情報を基に，リフォーム事業者を選択することが可能となっている。

(2) 保険の仕組みと保険内容

　保険に加入することで，工事の後，欠陥が見つかった場合，補修費用等の保険金が事業者に，事業者が倒産等した場合は消費者（発注者）に支払われ，消費者（発注者）は無償で修理をしてもらうことが可能となっている。

　保険期間は，保険の対象となる工事部分のうち①構造耐力上主要な部分が基本的な耐力性能を満たさないこと，②雨水の浸入を防止する部分が防水性能を満たさないことについては，工事完了日から5年間，上記①②以外については，社会通念上必要とされる性能を満たさないことを支払条件として，工事完了日から1年間となっている。

Ⅳ リフォーム

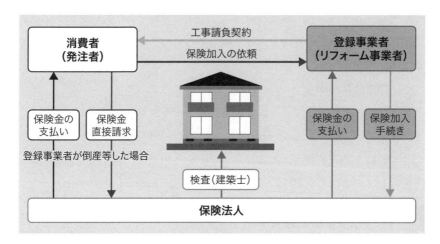

保険対象部分	保険期間	保険金を支払う場合	事象例
構造耐力上主要な部分	5年間	基本耐力性能を満たさない場合	建築基準法レベルの構造耐力性能を満たさない場合
雨水の浸入を防止する部分		防水性能を満たさない場合	雨漏りが発生した場合
上記以外のリフォーム工事実施部分	1年間	社会通念上必要とされる性能を満たさない事	配管工事後における水漏れ等

(出典:一般社団法人住宅瑕疵担保責任保険協会HP「リフォームのかし保険」)

3 トラブルなど相談窓口

(1) 弁護士会,公益財団法人住宅リフォーム・紛争処理支援センター

　公益財団法人住宅リフォーム・紛争処理支援センターの「住まいるダイヤル」では,住宅リフォーム工事の発注者又は発注予定者を対象として,リフォーム工事にまつわる各種相談を電話で受け付けているほか,具体的な見積書について相談を行う「リフォーム無料見積チェックサービス」を実施している。

　また,全国各地の弁護士会と提携した「専門家相談制度」を実施しており,申込者は,弁護士,建築士各1名と対面での相談が可能である。

ただし，リフォーム工事については，全国の弁護士会に設けられた住宅紛争審査会における裁判外紛争処理手続（あっせん・調停・仲裁）の利用はできない。

(2) 地方公共団体

公益財団法人住宅リフォーム・紛争処理支援センターが運営する「リフォネット」(http://www.refonet.jp/)では，地方公共団体から寄せられた情報をもとに，地方公共団体におけるリフォーム相談窓口の都道府県別一覧表を掲載している（平成29年2月1日現在，全国の相談窓口数は1810）。

4 住宅リフォーム事業者団体登録制度

住宅リフォーム事業の健全な発達及び消費者が安心してリフォームを行うことができる環境の整備を図るために，国土交通省の告示による住宅リフォーム事業者団体登録制度が創設された（平成26年国土交通省告示第877号／平成26年9月1日公布・施行）。

この制度では，登録された事業者団体に，構成員であるリフォーム事業者に対する研修実施や，構成員が行う住宅リフォーム事業に関する住宅居住者等からの相談対応などの義務が課されている。

また，事業者団体は構成員に対し，適切な見積書の提示，請負契約書の作成，一定金額以上の工事については原則として保険を付保することなど，指導，勧告しなければならず，このような指導や勧告に従わない場合にあっては，構成員を除名するなどの措置をとることとされている。

事業者団体は，構成員の行う住宅リフォーム工事の実績，当該団体が行う研修の受講状況その他の住宅居住者等の利益の保護に資する情報を，インターネットを利用する方法により公表するよう努めるものとされており，こうした消費者への情報提供等を通じ，消費者は住宅リフォーム事業者の選択の際の判断材料を受けることができ，安心してリフォームを行うことができる市場環境の整備が図られることになる。

なお，登録された事業者団体やその構成員は，以下のロゴを事務所への掲

示，広告，封筒，名刺，ネームプレート等において活用することができ，消費者（発注者）も，このロゴのついた事業者に安心してリフォーム工事を申し込むことができることになる。

（出典：一般社団法人住宅リフォーム推進協議会「住宅リフォーム事業者団体登録制度ロゴマーク使用マニュアル」）

5 一般社団法人住宅履歴情報蓄積・活用推進協議会

住宅の長寿命化には，適切な点検，補修等の維持管理やリフォーム工事を継続的に行うことが必要であり，そのためには住宅に関する履歴情報が蓄積され，また，活用されることが不可欠である。

一般社団法人住宅履歴情報蓄積・活用推進協議会では，住宅履歴情報の蓄積についての啓蒙活動を広く行っており，例えば，リフォームを行う時に作成する現況図面，劣化状況の調査報告，現況写真，リフォーム計画の設計図面，見積書等の住宅履歴情報を蓄積していくサービスが，会員を通じ提供されている。

6 国土交通省既存住宅インスペクション・ガイドライン

　平成25年6月,国土交通省は,消費者(発注者)が中古住宅の取引時点の物件の状態・品質を把握できるようにするため,第三者が客観的に住宅の検査・調査を行うインスペクションにつき,検査・調査を行う者の技術的能力の確保や検査・調査の項目・方法等のあり方について検討を行い,「既存住宅インスペクション・ガイドライン」(http://www.mlit.go.jp/common/001001034.pdf) を取りまとめた。

　このガイドラインでは,中古住宅売買時の利用を前提とした目視等を中心とする基礎的なインスペクションである既存住宅の現況検査について,検査方法やサービス提供に際しての留意事項等について指針が示されており,リフォーム工事を行って付加価値を付けた既存住宅売買の活性化が期待される。

Q4 リフォームと消費者

> 我が家に突然やってきた業者に,「家が傾いている,すぐに耐震補強工事をしなければこの家は壊れる」と告げられたため,怖くなって言われるがまま工事をしてもらい,代金も支払いました。しかし,冷静に考えると必要のない工事だったのではないかと思います。契約書には,「返金には一切応じない」と書いてありますが,どうしたらよいのでしょうか。

1 特定商取引に関する法律

(1) 禁止行為(特商法6条1項)

ア 禁止行為の内容

リフォーム工事は,工事業者が訪問販売によって契約を行うことが多いので,特商法の規定が適用される。

特商法には,勧誘に際して禁止される行為が規定されており,消費者契約法に規定された禁止行為が,特商法においても禁止されている。

　　a　売買契約等の締結について勧誘を行う際,又は締結後,申込みの撤回(契約の解除)を妨げるために,事実と違うことを告げること(不実告知)

　　b　役務の内容や商品の性能・価格・数量等について故意に告げないこと

イ 禁止行為を行った場合の取消権

上記aの不実告知を行い,申込者が告げられた内容が事実であると誤認した場合や,b.故意に事実を告げず,申込者が事実が存在しないと誤認した場合には,申込者は申込み,承諾の意思表示を取り消すことができる(特商法9条の3第1項)。取消権の行使期間は,追認可能な時から6か月,契約時か

ら5年以内である（同条4項）。

(2) **クーリング・オフ制度**
　ア　**クーリング・オフとは**

　クーリング・オフとは，訪問販売を受けた人が無条件に契約の申込みを撤回できること，又は契約を解消できることをいう（特商法9条1項）。

　イ　**クーリング・オフの要件**
　　　a　訪問販売であること（特商法2条1項）
　　　b　契約の申込書又は締結の契約書（これらを「法定書面」という。）を受領した日から8日以内に契約の申込みの撤回又は契約の解除の意思表示を行うこと（特商法9条1項ただし書）。8日の起算日は書面を受領した日を含む。

　　　① 法定書面

　訪問販売においては，事業者は，契約内容，契約の解除に関する事項等※が明記された書面を交付する必要がある（特商法5条1項）。

　法定書面に関する裁判例には，法定書面に絶対的記載事項の記載漏れがあったことから，法定書面が交付されていないと認められ，施主にクーリング・オフの権利が留保されているので，工事完成後のクーリング・オフを認めたもの（東京地判平成6年9月2日判時1535号9頁），高齢者との契約において，契約書の記載内容に不備があるので，クーリング・オフの期間は進行しないと認めたもの（東京地判平成7年8月31日判タ911号214頁），「一式」という金額の記載方法では，購入者が正確な認識を得られないような記載であるので，法定書面に当たらないとしたもの（東京地判平成5年8月30日判タ844号252頁）がある。

　　※契約の解除に関する事項すなわちクーリング・オフの条項については，赤枠の中に赤字8ポイント以上の活字で記載されなければならない（特商法規則5条。リフォーム契約標準書式請負契約約款は**Q5**参照）。

　　　② 書面による意思表示

　特商法9条1項は「書面により」撤回・解除を行うことができると定めてい

る。書面を要件とした趣旨は，権利関係の明確化，後日の紛争防止のためであるから，書面によらない権利行使を否定したものではないとして，口頭による撤回・解除も有効である（福岡高判平成6年8月31日判夕872号289頁）。

ウ　クーリング・オフの効果

a　クーリング・オフの効果は撤回・解除の意思表示を発信した時に生ずる（特商法9条2項）。

① 契約の効力が消滅する。
② 損害賠償及び違約金支払義務は発生しない（同条3項）。
③ 販売業者負担による原状回復義務が生ずる（同条4項・7項）。
④ 受領した代金の返還義務が生ずる。
⑤ 商品を利用した利益，提供済みのサービス（取付工事費など）に対する費用の請求はできない（同条5項）。
⑥ 入会金などを受領している場合返還義務を負う。

b　これらの効果に反する特約で消費者に不利な項目は無効である（特商法9条8項）。

エ　クーリング・オフの適用除外

申込者が営業のために若しくは営業として締結する取引（特商法26条1項1号），住居での取引を請求した者に対する訪問販売（同条6項1号）などはクーリング・オフが適用されない。

(3) 過量販売の撤回・解除権

ア　要件（特商法9条の2第1項）

a　訪問販売における事業者の1回の取引が「過量」と評価される商品・指定権利を販売する売買契約，役務を提供する役務提供契約であること

b　事業者が過去の消費者の購入の累積から既に過量[※]となっていることを知りながら，更に商品・指定権利を販売する売買契約・役務を提供する役務提供契約をすること

※リフォーム工事のように外形的に過量な工事が見える場合は販売業者の認識の立証が容易であるといわれている（日弁連消費者問題対策委員会編「改正特商法・割販法の解説」）。

イ　効　果

契約時から１年間，申込みの撤回・契約の解除ができる（同条２項）。

2　消費者契約法

リフォーム工事は，事業者と消費者との間の契約であるから，消費者契約法の規定が適用される。

(1) 取消し（消費者契約法４条）

ア　取消しの要件

消費者は，事業者の次の行為により誤認をし，契約の申込み又は承諾をしたときは，その意思表示を取り消すことができる。

　　　a　不実告知

契約を締結するか否かを判断するに当たって重要な事項について事実と異なることを告げ，消費者が告げられた内容が事実であると誤認したこと

　　　b　断定的判断の提供

将来の変動が不確実なことについて断定的な判断を提供し，消費者が断定的判断を確実であると誤認したこと

　　　c　不利益事実の不告知

契約締結について，消費者の不利益になる事項を故意に告げず，消費者が当該事実が存在しないと誤認したこと

イ　取消権の行使（同法４条・７条１項）

上記アのいずれかに該当する場合，消費者は意思表示を取り消すことができる。取消権の行使期間は，追認可能な時から６か月以内，契約時から５年以内である。

ウ　取消しの効果

取り消された契約は遡及的に無効となるため，原則として事業者，消費者

双方に原状回復義務が発生する。すなわち、事業者には代金返還義務、消費者には商品等の返還義務が生ずる。ただし、消費者保護のため、特商法のクーリング・オフと同様に返還義務が生じないとの考え方もあり、説は分かれている。

(2) **契約条項の無効（同法8条・10条）**

事業者の損害賠償の責任を免除する条項、消費者の利益を一方的に害する条項は無効である。

3 割賦販売法（クレジット契約）

(1) **クーリング・オフとの関係**

代金支払について、信販会社等とクレジット契約を締結した場合は、クレジット契約もクーリング・オフが可能である（割賦販売法35条の3の11）。

クーリング・オフ行使期間は、リフォーム工事等の契約及びクレジット契約のそれぞれについて判断する。信販会社にクーリング・オフを行った場合、信販会社とのクレジット契約が解消するとともに、事業者との契約も解消したとみなす（同法35条の3の10第5項）。これはクーリング・オフ連動の効果といわれる。

(2) **瑕疵との関連**

リフォーム工事終了後、瑕疵と思われる箇所があるため、事業者に対して修理請求等を行っているが、クレジット契約を締結しているのでローンの引き落としが始まっている場合、消費者はクレジット業者に対する支払を拒むことができる。これは、全ての商品・役務について「商品の販売につき生じた理由」に関して販売業者に対して生じている抗弁事由を、クレジット業者の支払請求に対抗することができるものである（同法35条の3の19・30条の4）。

ただし、既払金の返還は、販売業者に対して不当利得として請求するのであって、クレジット業者に求めることはできない。

4 本問における解決

　契約から8日以内であればクーリング・オフによる契約の解除が可能であるが，本問では工事が完了しているので，契約から8日以上経過していると思われる。しかし，法定書面が交付されていなければ，8日経過後でもクーリング・オフは可能である。

　クーリング・オフによる解除の場合，消費者に工事による利得があっても，返還する必要はない。

　返金には一切応じないとする契約条項は，特商法9条8項に基づき無効であるから，契約を取り消せば代金の返金をしてもらうことができる。

　クーリング・オフによる解除ができないとしても，本問では，業者に言われて，相談者は家が傾いていると思い耐震補強工事を行ったので，実際には家が傾いていなかったのであれば，特商法9条の3第1項1号，消費者契約法4条1項1号により契約を取り消すことができる。

Ⅳ　リフォーム

Q5　リフォーム請負工事契約締結の際の注意点

> リフォーム請負工事は，新築住宅の請負工事に比べ，金額も工事規模も大きくないので，標準的な契約書で契約しておけば問題ないでしょうか。また，契約書の作成に当たって特に注意が必要なポイントはありますか。

1　契約の各段階で注意すべきポイント

　契約を締結するに当たっては，契約書の作成が大事であることはもちろんであるが，勧誘や見積り取得段階，契約締結から工事完了，引渡しに至る各場面において，注文者と請負者においてどのような問題が生ずるおそれがあるかを想定しながら，それらを踏まえた契約書等の書類を作成することが重要である。

(1)　リフォームプランの勧誘，検討の場面

　リフォーム工事にも大規模なものから小規模のものまで様々なものがあることは，**Q1**に記載のとおりであるが，家電量販店でテレビやクーラーを購入する場合と異なり，注文者はリフォーム工事について詳しい知識を持っておらず，注文者が望む工事と請負者が実際に行う工事との間には齟齬が生じやすい。

　注文者は，リフォーム工事によって，より快適で便利な生活の実現をイメージするが，こうしたイメージを的確に捉えることは容易ではなく，請負者は，プランニング段階において，注文者から十分なヒアリングを行い，適切な意向確認を行わなければならない。また，その要望に対して，どのような工事ができるのか，あるいはできないのか，その場合の費用はどうなるかについても丁寧に説明しなければならない。

　請負者が注文者へリフォームプランを提案するに当たっては，入念な現地

調査や現況確認が必要不可欠であり，また，必要に応じて，採寸，写真撮影による現況図面の作成を行い，確認申請の要否など，関連法規のチェックも行われなければならない。

契約を締結する前の段階ではあるが，この段階での十分な意思疎通がリフォーム工事の成否を分けるといっても過言ではない。

説明や提案は書面により記録し，注文者と請負者の双方で確認し保存しておくことが重要である。

請負者の中には，注文者の自宅を突然訪問し，十分な説明を行わないばかりか，注文者の意思を無視して，強引にリフォーム契約の締結を迫るケースがあり問題となっているが，ここまで悪質な請負者でなくとも，後々紛争となるのは，この段階でのコミュニケーション不足に起因するものが多く，注文者も請負者も十分な注意が必要である。

なお，注文者においては，契約を締結する前のこの段階において，請負者が住宅リフォーム瑕疵保険を利用することができるか，住宅リフォーム事業者団体登録制度に加入しているかについて確認を行っておかなければならない。

(2) **見積書**

請負者は，見積書を作成するに当たり，事前に注文者から十分な意向確認を行い，注文者が見積書を見て正しく確認判断することができるように，工事の面積や材料を正確に記載し，各項目について納得いく説明を行わなければならない。

また，大規模なリフォーム工事などでは，工事に着手した後で，予期していなかった瑕疵が対象工事箇所から発見され，追加工事が必要となる場合もあり，この場合の追加工事費用の負担について紛争が生ずることもある（**Q7**参照）。

このような紛争を防ぐため，請負者は，追加工事が発生する場合が有り得るのであれば，その旨，注文者に説明しておくべきである。

なお，公益財団法人住宅リフォーム・紛争処理支援センターでは，実際の

見積書を送って電話相談を受けることができるほか，そのウェブサイト上でリフォームの内容を選択して注文者自ら見積書式を作成したり，モデル住宅における見積事例を取り出すことができ，見積書の内容が適切であるかを判断する際に参考になる。

(3) 契約締結

建設業法19条は，建設工事の請負契約の当事者に，契約の締結に際して以下の各事項を書面に記載し，署名又は記名押印をして相互に交付しなければならないと規定しており，リフォーム工事の請負契約の締結に際しても，これに沿う形で契約書を作成しなければならない（訪問販売においては**Q4**を参照）。

① 工事内容

② 請負代金の額

③ 工事着手の時期及び工事完成の時期

④ 請負代金の全部又は一部の前金払又は出来形部分に対する支払の定めをするときは，その支払の時期及び方法

⑤ 当事者の一方から設計変更又は工事着手の延期若しくは工事の全部若しくは一部の中止の申出があつた場合における工期の変更，請負代金の額の変更又は損害の負担及びそれらの額の算定方法に関する定め

⑥ 天災その他不可抗力による工期の変更又は損害の負担及びその額の算定方法に関する定め

⑦ 価格等（物価統制令（昭和21年勅令第118号）第2条に規定する価格等をいう。）の変動若しくは変更に基づく請負代金の額又は工事内容の変更

⑧ 工事の施工により第三者が損害を受けた場合における賠償金の負担に関する定め

⑨ 注文者が工事に使用する資材を提供し，又は建設機械その他の機械を貸与するときは，その内容及び方法に関する定め

⑩ 注文者が工事の全部又は一部の完成を確認するための検査の時期及び

方法並びに引渡しの時期
⑪　工事完成後における請負代金の支払の時期及び方法
⑫　工事の目的物の瑕疵を担保すべき責任又は当該責任の履行に関して講ずべき保証保険契約の締結その他の措置に関する定めをするときは，その内容
⑬　各当事者の履行の遅滞その他債務の不履行の場合における遅延利息，違約金その他の損害金
⑭　契約に関する紛争の解決方法

　一般社団法人住宅リフォーム推進協議会では，住宅リフォーム工事標準契約書及び住宅リフォーム工事標準注文書・請書の雛形を作成し，ウェブサイト等を通じ，これら標準書式の普及を行っている。

　2種類の標準書式のうち，標準契約書は，主に請負金額100万円程度以上若しくは契約時に見積書，設計図，仕様書等を添付する工事の使用に適しており，標準注文書・請書は，小規模な工事（請負金額100万円程度未満）のうち契約時に見積書，設計図，仕様書等を添付しない工事の使用に適している。

　一般社団法人住宅リフォーム推進協議会は，この他，打合せシートの雛形を作成し，見積に際しての条件等を記載の上，見積書や契約書に添付することを推奨している。注文者と請負者との認識ギャップ，それに起因する後日の紛争を防ぐために大変有用である。

　リフォーム工事瑕疵保険の加入についても，契約時に確認が必要である。

⑷　**工事途中**

　契約が締結され，工事が無事完了し引き渡されるまでにも，各種のトラブルが想定される。

　例えば，請負者の倒産，設計変更に伴う追加工事の発生，地震や台風などの自然災害，火災，工事の不手際や事故による対人対物被害の発生等が考えられる。

　これらの事態が発生した後の対処，特に損害を注文者と請負者のどちらが

負担するのかについては，まずは契約書の各条項によって処理されることになるが，損害が高額となる場合には賠償資力の問題も生ずる。

契約締結後の設計変更や追加工事についての紛争を防ぐためには，やはり契約締結段階において，請負者が注文者との間で十分な意思疎通を図り，丁寧な説明に加え，そのやり取りを書面に記録化しておくことが重要である。その上で，設計変更や追加工事が必要な場合には，請負者が勝手に判断して工事を進めてしまうのではなく，注文者に対し，まずは十分な説明を行うことが必要である。特に，追加費用が発生する場合には，その旨，合意書を締結することが重要である。一般社団法人住宅リフォーム推進協議会では，工事内容変更合意書の雛形も作成し公開している。

自然災害や事故については，工事保険への加入について確認検討しておくべきである。

(5) 工事完了・引渡し

請負者は，工事完了後，注文者から完了確認書を取得するとともに，取扱説明書や保証書等を注文者へ交付する。この際，請負者は，アフターサービスの範囲やメンテナンスの目安をしっかり説明し，注文者から不具合等の相談があった場合は，誠実に対応すべきである。

2 注文者が注意すべきポイント

リフォーム工事においては，悪質な請負者による被害が少なからず発生しており，請負者の選択においては，経験や実績はもちろん，住宅リフォーム瑕疵保険制度に登録があるか，住宅リフォーム事業者団体登録制度に加入しているかなどの情報も利用しながら，慎重な検討が必要である。

特に，訪問販売など不意打ち性の高い勧誘については，その場で決して契約をしてはならない。

リフォーム工事については，請負者と注文者の間で，意思疎通のギャップが生じてしまう傾向があることを前提として，プランの検討にはじっくり時間をかけ，また，その際のやり取りは書面で残し，契約書に，見積書や設計

図書とともに添付しておくべきである。

請負者からの説明に納得がいかない場合は，見積書についての無料電話相談や，各種の相談窓口制度を積極的に利用すべきである。

3 請負者が注意すべきポイント

契約締結前の段階で，適切な見積書，工程表，間取り図など関係書面を用いて，施工内容についてよく説明することが重要である。また，後日の紛争を防ぐため，やり取りの書面も必ず作成しておく必要がある。

契約に当たっては，請負者と注文者の双方で，契約内容を十分に確認できるよう，請負者は工事着工前に注文者に対し，法令に沿う請負契約書を交付しなければならない。また，後日の設計変更や追加工事については，注文者にその必要性を十分に説明の上，工事の着工前に，書面により契約変更を行わなければならない。

健全なリフォーム市場の成長のためにも，住宅リフォーム事業者団体登録制度やリフォーム瑕疵保険制度について積極的に検討すべきである。

4 一般社団法人住宅リフォーム推進協議会の契約条項

標準契約書と契約約款については，**1**(3)に記載のとおりである。以下では，契約約款条項のうち，重要なものについて取り上げる。

(1) 打合せ時に予期できなかった状況の発生

(打ち合わせどおりの工事が困難な場合)
第2条　施工にあたり，通常の事前調査では予測不可能な状況により，打ち合わせどおりの施工が不可能，もしくは不適切な場合は，注文者と請負者が協議して，実情に適するように内容を変更する。
2　前項において，工期，請負代金を変更する必要があるときは，注文者と請負者が協議してこれを定める。

リフォーム工事の対象箇所から予期せぬ瑕疵が発見された場合など，通常

の事前調査では予測できない事態には，両者協議の上，工期や代金について定めるとの規定である。

請負者における通常の事前調査で予測可能な場合は，請負者がその責任を負うべきであることを前提としており，請負者においては，入念な現地調査を行うことが求められる。

(2) 第三者損害

> (第三者への損害および第三者との紛議)
> 第7条　施工のため，第三者に損害を及ぼしたとき，または紛議を生じたときは，注文者と請負者が協力して処理解決にあたる。
> 2　前項に要した費用は，請負者の責に帰する事由によって生じたものについては，請負者の負担とする。なお，注文者の責に帰すべき事由によって生じたものについては，注文者の負担とする。

請負者だけ，あるいは，注文者だけが損害の責任を負うのではなく，協力して解決に当たることと規定されている。

ただし，2項では，まずはリフォーム工事の専門家である請負者が負うこととした上で，注文者の責めによる損害については注文者の費用負担とされている。

第三者に対する損害賠償責任保険の活用が可能な分野である。

(3) 不可抗力

> (不可抗力による損害)
> 第8条　天災その他自然的または人為的な事象であって，注文者・請負者いずれにもその責を帰することのできない事由(以下「不可抗力」という)によって，工事済部分，工事仮設物，工事現場に搬入した工事材料・建築設備の機器(有償支給材料を含む)または工事用機器について損害が生じたときは，請負者は，事実発生後速やかにその状況を注文者に通知する。
> 2　前項の損害について，注文者・請負者が協議して重大なものと認め，かつ，請負者が善良な管理者としての注意をしたと認められるものは，注文者がこれを負担する。

> 3 火災保険・建設工事保険その他損害をてん補するものがあるときは，それらの額を前項の注文者の負担額から控除する。

2項のとおり，不可抗力の場合は全て注文者負担となるわけではなく，請負者が専門家としての注意義務を果たしてもなお防ぐことができなかった損害について注文者負担と規定しており，専門家としての注意義務が求められている。

3項には，不可抗力に備えた損害保険についての記載があるが，保険付保については任意となっている。

(4) 瑕疵担保

> (瑕疵担保責任)
> 第9条　目的物に瑕疵がある場合，請負者は民法に定める責任を負う。ただし，請負者が別段の保証書を発行している場合には，当該保証書の定めによるものとする。

保証書を発行する場合は保証書の定めにより，発行のない場合は民法によるものとされている。

注文者にとっては安い買い物ではないリフォーム工事において，保証内容は重要であり，また，請負者においても競合他社との差別化の上で重要な項目である。

保証書の補償内容，リフォーム瑕疵保険の付保など，請負者において独自の検討を行うべき条項である。

(5) 変更工事等

> (工事および工期の変更)
> 第10条　注文者は，必要によって工事の追加，変更を申し入れすることができる。
> 2　前項の追加・変更工事の内容は，注文者と請負者の合意により決める。
> 3　前項の合意により定められた追加・変更工事により，追加工事代金が発生

> した場合や請負者に損害を及ぼした場合は，請負者は注文者に対してその支払いまたは賠償を求めることができる。
> 4 請負者は，不可抗力その他正当な理由があるときは，注文者に対してその理由を明示して，工期の延長を求めることができる。延長日数は，注文者と請負者が協議して決める。

　注文者は，契約締結後であっても，追加工事・変更工事についての申入れをできること，その内容については，注文者と請負者双方の話合いで決定することを規定している。その上で，これら工事の追加費用負担は注文者負担であることが明確にされている。

　請負者は注文者に対し工期の延長を求めることができることとされているが，不可抗力その他正当な理由がある場合で，かつ，その理由を注文者に明示することが必要とされている。

Q6 リフォームの瑕疵

築30年の戸建の廊下のフローリング板の痛みが激しいので，費用節約のため既存床材の撤去をせず，上から追い張りをするようにリフォーム工事を依頼したところ，施工後，通常の許容限度を超えて廊下が傾いていることが判明しました。請負人はもともと傾いていたと主張しています。請負人に対して，直すように請求できないのでしょうか。

1 瑕疵の判断基準

(1) 瑕疵とは

瑕疵とは何かについては，新築における考え方と変わる点はない。改正民法によれば，「契約の内容に適合しない」こと（以下「契約不適合」という。ⅢのQ2参照）となり，契約の内容が基準となることが明示されている。

(2) 瑕疵の判断基準

東京地裁や大阪地裁の建築・調停部で審理に用いている「瑕疵一覧表」（裁判所トップページ＞各地の裁判所＞東京地方裁判所＞裁判手続きを利用する方へ＞民事第22部建築訴訟事件について（http://www.courts.go.jp/tokyo/saiban/l3/Vcms3_00000560.html））には，「現状」欄と「あるべき状態」欄に，各当事者が主張及び証拠を記載することとされており，瑕疵は「現状」と「あるべき状態」との不一致として捉えていることが分かる。

もっとも，「あるべき状態」すなわち契約内容に違反すれば直ちに瑕疵に該当するわけではなく，軽微な約定違反は瑕疵とは評価されないこともある。このように瑕疵とは，純粋な事実というよりもむしろ実質的・規範的概念であり，多分に法的評価を伴うものであるともいわれている（山地修「請負人の瑕疵担保責任における「瑕疵」概念について」判タ1148号4頁）。

また，契約内容が不明確な場合には，当事者の意思を合理的に解釈したり，黙示の意思を探求したりすることになる。

実際には，いかなる施工がなされた（又はなされていない）のか施工内容を具体的に明らかにした上で，求められる（あるべき）施工内容を行ったといえるのか検討し，瑕疵に当たるか否かの判断をするという手法を用いることもある（大阪地判平成19年1月16日判タ1355号143頁）。

2 本件紛争の特性

本件のような間取り変更を伴わない工事では，図面が作られないことが多く（**Q2❶**(1)参照），契約内容が当然には明らかでないことが多い。

また，リフォーム後に発覚した不具合の原因が，リフォームによるものか，それ以前からあったものかが明らかでないこともある（**Q2❶**(2)参照）。

3 争点の考え方

(1) 原因究明

まず，この廊下の傾きがリフォーム前からあったのか，なかったのかについて調査することが必要である。

(2) リフォーム前に傾きがなかったと認められる場合

廊下の傾きは，リフォーム工事による瑕疵であるとまずはいえそうである。

もっとも，本件では注文者は古い床材を撤去しないで，板を上から張ってくれと依頼している。そのようなやり方のために傾きが生じたといえる場合には，それは注文者の指図によって生じた不適合であるとして請負人に責任追及できない可能性もある（民636条。この点は改正民法でも変わっていない。）。

もっとも，この「指図」とは，「注文者の十分な知識や調査結果に基づいて行われた指示，あるいはその当時の工事の状況から判断して事実上の強い拘束力を有する指示などであると制限的に理解しなければならない。」とされ（京都地判平成4年12月4日判時1476号142頁），専門家である工事業

者に対しての注文者の要求が指図といえるかについては慎重に判断されるといえる。本件のような注文者の指図では，傾きが生じ得ることを予測し得たといえる場合には，請負人はそのおそれについての説明責任があると考えられ，民法636条ただし書により，請負人は責任を負う可能性もある。

(3) リフォーム前に傾きがあったと認められる場合

廊下の傾きは，リフォームによる瑕疵ではないといえそうである。

もっとも，傾きを解消することまでが当事者の合意であったかという点は問題になり得る。注文者が，傾きがあった場合には，それを解消することまでを含んで依頼していたという事実があるとすれば，リフォームによっても傾きが解消していないことは瑕疵に当たり得ることとなる。

また，当初は当事者双方に傾きの認識がなかったとしても，傾きの存在が工事の途中で判明した場合には，請負人は注文者に対してその旨の説明責任を負い，追加工事として別途費用が発生するのであれば，その旨を説明，告知し，追加工事として対応するか否かについて注文者の意思を確認する義務があったところその義務に違反している，したがって，サービス工事であるという主張もあり得る。

なお，追加工事の事案ではないが，信義則上，請負人の説明義務を認めた判例がある（最一小判平成18年6月12日判時1941号94頁）。

Ⅳ　リフォーム

Q7　リフォーム追加工事の紛争

　築30年の戸建の２階トイレまわりの水漏れ補修を依頼したところ，施工中に１階部分の排水管にも漏水痕が認められたため，当該部分も含め全面的に取り換えたところ，業者から追加代金が必要だと言われ，当初合意していた代金の２倍の代金を請求されました。私は当初の代金に全て含まれていると思うのですが，支払わなくてはならないのでしょうか。

1　追加工事をめぐる紛争の特徴

(1) 総　論

　当事者のどちらか一方が，当初合意に含まれていないと認識する工事が施工され（あるいはされず），それに伴い当該費用の支払をめぐって起きる紛争が，追加工事をめぐる紛争である。

　東京地裁等では，**Q6**で記載した「瑕疵一覧表」と並んで，「追加工事一覧表」を審理に使用している（裁判所トップページ＞各地の裁判所＞東京地方裁判所＞裁判手続きを利用する方へ＞民事第22部建築訴訟事件について (http://www.courts.go.jp/tokyo/saiban/l3/Vcms3_00000560.html))。項目ごとに本工事であるのか，追加工事であるのか，追加工事であるとして支払すべき金額はいくらと認めるのかといった争点を明らかにしていくために用いられる。

(2) リフォームにおける追加工事をめぐる紛争

　新築工事においても追加工事に係る紛争は多いが，天井，壁，床などを開けてみないと（壊してみないと）分からないという特性に基づく紛争類型は，リフォームならではの特徴である（**Q2 2**参照）。本件のように，工事途中で新たな不具合が発見されるケースや，補修の必用な程度や範囲が想定より

219

も大きいことがリフォームに着手してから判明するケースなどがある。

そもそも図面が作られないことが多いリフォームで，工事途中で図面や見積書が追加で作られることは更に少なく，注文者への説明及び当事者の発注・受注のやり取りも書面によらず口頭で行われることも多い。

2 追加工事をめぐる紛争の争点の考え方

様々な局面で争点化する可能性があるので，以下の順で考えていくことが有用である。

(1) 当該工事は，本工事に含まれるか，それとも本工事に含まれない追加工事か

当該工事がそもそも当初の本工事の契約の合意内容に含まれているなら，追加工事の問題は生じない。

もっとも，本工事の契約の合意内容は，契約書，設計図書，見積書等で確定することとなるが，これらの書面が存在しないか，存在しても概括的で曖昧な場合は，リフォームに至った経緯や目的，追加工事の必要性や金額妥当性，業者側の調査や手法の妥当性，追加工事に関する当事者間の交渉経緯等を考慮して，本工事の契約内容を合理的に解釈することとなる。

リフォーム工事では，新築工事と異なり，開けてみて（壊してみて）初めて追加工事の必要性が認識されることが多い。しかも，設計図書や見積書が存在しないか，存在しても概括的であるなどのケースも多く，本工事に含まれるのか追加工事に該当するのかの判断は難しい。打合せ記録なども手掛かりに合意内容を特定していくこととなる（名古屋地方裁判所民事プラクティス検討委員会「請負報酬請求事件における追加変更工事に関する実務上の諸問題」判夕1412号95頁）。

注文者のリフォームの目的を考慮したケースとして，自宅に設置していた子供用図書館の蔵書がいっぱいになったため増築を依頼した工事において，本箱の設置が追加工事に当たるか否かが争われた事件で，注文者が増築部分に本箱の設置を依頼しており，見積書に記載がなかったとしても，本箱設置

に別途費用を要するとの話がなされたことはなかったことなどから，本箱設置は本工事に含まれるとした裁判例がある（大阪地判平成19年1月16日判タ1355号143頁）。

(2) **当該工事が，本工事に含まれない追加工事であると認められる場合**

当該工事が，本契約の内容ではなかったとして，次には当該工事を追加工事として施工する合意の有無が問題になる。かかる追加工事の合意（工事内容及び工事代金額の合意）の存在は，請負人が注文者に対し追加工事代金を請求する場合，請負人の側が主張立証責任を負う。

ア　注文者が，発注していないと主張する場合

当該工事が，注文者にとって不必要な工事，又は著しく高額な工事を注文者の了解を得ずに工事をしたような場合には，合意がないとみることが合理的であろう。

一方，請負人が頼まれてもいない工事を余計な費用をかけてあえて行うことはないという経験則から，特段の事情のない限り，注文者の注文を認定できる場合が多いとする見解もある。しかし，本工事を限定しておいて後から追加工事を重ねて工事代金をつり上げる悪質業者も存在しないわけではないので，慎重な認定を要するところである。

イ　注文者が，無償だと認識して発注したのだと主張する場合

追加工事が既に施工された後で，追加工事代金の支払請求権の存否が争いになるケースである。

注文者は，本工事に含まれないことは認めるが，サービス工事だと認識していた，請負人の予測間違いや手直し等請負人に帰責事由のある工事である，請負人が予測して説明しなかった過失がある等の主張で争うことが多い。

この点については，もともと請負人は営利のために工事を行うのであるから，当該工事がごく軽微なものでなければ，当該工事をサービスで行うことにした特段の事情が認められない限り，報酬支払合意の存在が事実上推定されると考えられる（判タ1412号97頁）。特段の事情としては，①施工に瑕疵があり，お詫びの趣旨でサービスにした場合，②いくつかの工事のうち一

部については営業的にサービスにしたもの等が考えられる。

　なお，開けてみて（壊してみて）初めて不具合箇所が発見され，工事の必要性を認識することが多いリフォーム工事であっても，請負人は，専門家であり高度な説明責任を負っていることからすると，追加工事が必要になる状況が発生する可能性の説明及び想定をしておくべきであったとして，多少の追加工事は本工事の範囲内あるいは無償のサービス工事として施工する旨の合意があった，と認定される余地が広いといえるのではないだろうか。

　追加工事の工事代金を請求するには，請負人が発注者に対し変更工事着手前に金額増加の意思を伝えていたことが必要であるとした裁判例（札幌地判平成10年3月20日判タ1049号258頁），定額請負契約では予見できる事情の変更は見込んで契約金額を決定しているはずだから，契約締結時に予測できず，かつ，請負人の責めに帰さない事情に起因し，かつ，当初請負金額に限定すると当事者間の信義則に反する著しい事情変更がない限り，追加報酬は認められないとした裁判例（東京高判昭和59年3月29日判時1115号99頁）がある。

　　ウ　注文者が，追加工事を有償で発注する合意はしたが，しかし価格が高すぎるとして争う場合

　着工後に当初予想できなかった不具合箇所が発見され当該箇所の工事が別途必要となる場合であっても，工事代金額の合意の有無については別途認定する必要がある。

　追加工事の合意が認定できるときは（黙示を含む。），「追加工事代金の定めを欠く場合，当該工事の内容に照応する合理的な金額を支払うのが，当事者の通常の意思である」（東京高判昭和56年1月29日判タ437号113頁）として，合理的な金額を追加工事代金とする黙示の合意の成立を認定してよいであろう。合理的金額は，業界の標準，材料の時価，現場の状況，当事者の経緯や事情，工事の内容，程度等の事情を総合考慮し，建築専門家の意見なども参考にしながら判断されることとなるであろう。

3 本件ケースの検討

(1) 当該工事は本工事契約の中か外（追加工事）か

前述のとおり，契約書や見積書さらには打合せ記録や交渉経緯等から，当初の本工事に含まれているか，それとも追加工事なのかをまず検討することとなる。

本件ケースでは，築30年の戸建のリフォームであるから，2階だけでなく1階部分の排水管にも同様に不具合が発生している可能性は想定し得るところであるし，2階の排水は1階部分を通ることが通常であるから，水漏れ補修という目的からすると，1階部分にも補修箇所が存在する可能性があることが当初から想定されたといい得るであろう。そうすると，請負人としてはその可能性にも言及して説明しておくべきであった。とはいうものの，このケースではあくまで2階トイレ周辺部分と限定をして注文がなされていることから，1階部分の工事は追加工事と認定するのが合理的であろう。

もっとも，1階の排水管取り替えも含めて実際に施工された工事の内容に対する合理的金額と契約金額との差が小さい場合にはサービス工事であったと認められる可能性があるが，工事代金が2倍になったという本件ケースのように，当事者が合意していた契約金額を著しく超える場合には，1階の工事が本工事に含まれていたとみることは難しいといえそうである。

1階部分からも不具合箇所が発見された際の当事者間のやり取り，交渉経緯等も考慮し，例えば，請負人から注文者に対し，報告がなされていたというような場合には，明確な注文がなかったとしても，通常1階の水漏れを放置したままにすることは考え難いことから，特に注文者側からの異議がない限り，追加工事の黙示の発注を認めてよいと思われる。

(2) 仮に，当該工事が本工事の外（追加工事）であると認められる場合

本件では，1階の排水管も取り替えたため，請求額が当初の2倍となったとのことであるが，注文者にとって，当該工事が不必要であったとか，代金が客観的にみて著しく高額であったとはいえなさそうである。

注文者は「当初の代金に全て含まれていると思う」と述べていることから，当該工事が施工されたことに不満なのではなく，サービス工事であるから代金支払義務はないという主張と考えられる。

　この点については，先に述べたとおり，もともと請負人は営利のために工事を行うのであるから，当該工事がごく軽微なものでなければ，当該工事をサービスで行うことにした特段の事情が認められない限り，報酬支払合意の存在が事実上推定されると考えられる（判タ1412号97頁）。

　そのような特段の事情としては，①施工に瑕疵があり，お詫びの趣旨でサービスにした場合，②いくつかの工事のうち一部については営業的にサービスにしたもの等が考えられる。

　本件では，実際の金額からごく軽微な工事といえるものであったとはいえないし，①又は②に当たる事情もうかがわれない。したがって，サービス工事であるとの認定は難しいと思われる。

　そうすると，金額につき明示の合意を認定することはできないとしても，客観的に合理的な相当な額の報酬を支払う旨の黙示的な合意があったと認定できる場合が多いと考えられる（判タ1412号98頁）。

Ⅳ　リフォーム

Q8 住宅のリフォームに際して注文者が業者に請求できる内容

> 　1階の半分を店舗，残り半分を居間と寝室に使っている2階建て住宅の2階部分にあるトイレの調子が悪いのでトイレを交換するリフォーム工事を行いました。工事完了後しばらくしてからトイレの配管から大量に水が漏れ，1階の寝室が水浸しになりました。寝室のテレビや祖父の形見の時計も水をかぶって壊れてしまいました。当面この家には住めそうにありません。また，水漏れは店舗部分にまで及び店舗も当分使えなくなりました。この場合，業者に対して法的にどのような請求ができますか。また，どの範囲まで損害賠償を請求できるのでしょうか。

1　注文者が業者に対して請求できる一般的な内容

　住宅のリフォーム工事は，民法の請負契約（民632条）に基づいて実施される工事である。そのため，例えば工事完了後に瑕疵が見つかった場合，注文者は請負人たる工事業者に対して，瑕疵修補の請求（民634条1項），損害賠償の請求（民634条2項），契約の解除（民635条）の主張をすることができる。

　さらに改正民法では，履行の追完の請求（民559条，改民562条），報酬減額の請求（民559条，改民563条）が明文化された（ⅢのQ1，ⅠのQ5参照）。なお，改正民法ではこれまでの「瑕疵」という文言の代わりに「種類又は品質に関して契約の内容に適合しない」という概念が用いられることになった（ⅢのQ2参照）。

　このように注文者が業者に対して請求できる一般的な内容においては，新築工事の場合とリフォーム工事との場合で異なるところはない。

2 リフォーム工事特有の問題点

　しかし，リフォーム工事は，無から有を作り出す新築工事とは異なり，既存建物の存在を前提に行われる。そのため，現に生じている不具合が，必ずしも当該リフォーム工事を原因とする瑕疵とはいいきれない場合もあり得るのである。例えば，新築工事の場合，工事完了後に水漏れが生ずれば，それだけで当該建築工事に瑕疵があると推定することができる。そのため業者に瑕疵担保責任があること自体は否定し得ない。しかし，リフォーム工事の場合，工事完了後に水漏れが生じたとしても，それが当然に当該リフォーム工事の瑕疵であるとはいいきれない。新築時から存在していた不具合が顕在化しただけかもしれないからである。

　また同じく，リフォーム工事では，新築工事に比べ工事の規模，態様，報酬金額等において，一般に小規模，簡易，低額であるため，契約書等，契約内容を確定するための書面の作成が省略される場合も少なくない。これにより契約（工事）範囲が不明確となり業者が施した工事の責任の所在もあいまいになりがちである。

　これらの問題によって，リフォーム工事完了後に現に不具合が生じていても当然にはその修補請求や損害賠償請求が認められない，あるいは認められる範囲が制限されてしまうという事態が起こり得るのである。

　このようなリフォーム工事特有の問題点を踏まえて，以下設例を検討する。

3 本件設例の検討

(1) トイレの配管から大量の水漏れが生じた点（瑕疵修補費用・調査費用）

　トイレの配管から大量の水漏れが生じた点が，トイレの交換リフォーム工事の瑕疵といえる場合，注文者は業者に対して，相当期間を定めてするその配管自体の修補請求はもちろん，その修補請求に代えて損害賠償を請求することもできる（民634条）。

　ただし前述のように，配管の不具合が既存建物に内在していた瑕疵であり，

当該交換リフォーム工事の瑕疵とはいえない場合もあり得るので，その判断は極めて慎重になされるべきである。

なお，瑕疵の有無等の調査に要する費用についても損害賠償が認められる可能性がある（大阪高判昭和58年10月27日判時1112号67頁）。

(2) 1階の寝室が水浸しになり，テレビも壊れた点（拡大損害）

トイレの配管から大量の水漏れが生じた点が，トイレの交換リフォームの瑕疵といえる場合，階下の寝室の修繕費用やテレビの買い替え費用は，いわゆる拡大損害として損害賠償請求することができよう（建具や家具について認めたものとして大阪地判平成17年4月26日判タ1197号185頁）。

ただし，実際の審理においては漏水と家具等が濡れて壊れたこととの間に相当因果関係のあることにつき立証する必要がある。この問題は，結局は相当因果関係の範囲内の損害かどうかという観点から検討すべきことになる（松本克美ほか編『建築訴訟』880頁（民事法研究会，第2版，2013））。

なお，この場合の法的構成は，瑕疵担保責任に基づく損害賠償のほかに，安全配慮義務違反ないし不法行為責任に基づく損害賠償として構成することもあり得る。

また，リフォーム工事が既存建物の存在を前提にしていることからすれば，既存の状態以上に修繕することは逆に価値増加をもたらしかねない。この場合損益相殺的な調整も考えられるが，最一小判平成22年6月17日民集64巻4号1197頁は，建替費用相当額の損害賠償が認められる場合の損益相殺について否定的な判断をしており参考になる。

(3) 祖父の形見の時計が壊れた点（慰謝料）

時計が壊れた点のみからは前述のテレビと同様に物の時価相当額の損害賠償を認めれば足りるともいえる。しかし，その時計が祖父の形見であり，注文者にとって特別の思い入れのある品の場合，慰謝料の請求も考慮することになろう。この点は，基本的には財産的な損害であり，これが賠償されれば原則として精神的損害も塡補される。したがって，注文者が財産的損害の賠償を受けただけでは償われない多大な精神的苦痛を被ったというような特段の

事情がない限り，慰謝料を損害とて認めることはできないものと解される（小久保孝雄，徳岡由美子編著『建築訴訟（リーガル・プログレッシブ・シリーズ14）』220頁（青林書院，2015））。上記の考え方に照らすと本件の場合，注文者に慰謝料が認められる余地はあるといえよう。

(4) **当面この家に住めそうもない点（引越費用・仮住まい費用）**

注文者は，もともとリフォーム前の既存建物に居住していたのだから，本件リフォーム工事の瑕疵により，当該家屋で居住することができない状態が生じた場合，他に一時的な居住場所を確保せざるを得ない。この場合，仮住まい先を確保するための費用，仮住まい先との往復の引越費用，賃料，敷金・保証金，代替駐車場代等について損害賠償が認められる可能性がある（前掲大阪地判平成17年4月26日）。ただし，損害として認められる金額はあくまで当該事案における修補・修繕期間等を勘案しての相当な期間分に限られる（神戸地姫路支判平成7年1月30日判時1531号92頁）。

(5) **店舗も当分使えなくなった点（逸失利益・営業損害）**

注文者自身が店舗を使って営業していた場合，本件の瑕疵によって一定期間休業せざるを得ない状態が生じたとすれば，その間の逸失利益は，瑕疵との間に相当因果関係が認められる限りで損害賠償が認められる（仙台高判平成4年12月8日判時1468号97頁，東京高判平成6年2月24日判タ859号203頁）。

Ⅳ　リフォーム

Q9　マンションのリフォーム

> マンションにお住まいの方からエアコンを付けたいという工事の依頼を受け，現地を調べたところ，外壁に新しく穴を開けて配管を設けなければならないことが分かりました。工事を行うに際し，何か特別な手続が必要ですか。また，床をカーペットからフローリングに変更する工事の場合はどうでしょうか。

1　マンションの専有部分と共用部分

(1)　マンションの定義

　マンションとは，一般的には集合住宅，特に分譲形式の集合住宅の意味で用いられているところ，マンションの管理の適正化の推進に関する法律では「二以上の区分所有者が存する建物で人の居住の用に供する専有部分のあるもの並びにその敷地及び附属施設」（同法2条1号イ）と定義されている。

　マンションでは，一つの建物を複数の人が所有するため，建物を専有部分（区分所有法2条3項）と共用部分（同条4項）とに分け，専有部分を各区分所有者が単独で所有し，専有部分以外の部分である共用部分を区分所有者全員にて共有するのが原則である（同法11条1項本文）。

　区分所有者はマンションの管理を行うため，全員で団体を構成する（同法3条）。この団体を管理組合といい，通常，管理組合は管理規約や使用細則を定め，これらの内部規範に従ってマンションの維持管理を行う。

(2)　専有部分と共用部分

ア　専有部分

　専有部分とは，住戸や店舗等，区分所有権の目的となる建物の部分である（区分所有法2条3項）。区分所有者は，専有部分を単独所有するので，当該専有部分を自由に使用，収益，処分することができる。

専有部分を区画する境界のどの部分までが区分所有者による単独所有権の及ぶ専有部分であるかについては諸説ある。①壁芯説（界壁やコンクリートスラブ等，境界の骨格部分である軀体の中心線までが専有部分），②内法説（境界は全て専有部分から除く），③上塗り説（軀体は共用部分，仕上げ材等の軀体を上塗りした部分は専有部分）とに分類されるが，区分所有者相互間の調整と建物の維持管理の点から，③上塗り説が通説となっている（国土交通省マンション標準管理規約7条2項）。

　また，専有部分に区画された部分に附属するもの，例えば給排水管や電気配線のうち，当該専有部分に一体となるものも専有部分となる。原則として本管（立て管）は共用部分，本管から分岐した各専有部分に通ずる枝管は専有部分となるが（標準管理規約8条・別表第2），その設置場所や構造上の条件によっては，共用部分に当たる場合もある。排水管の枝管がコンクリートスラブを貫通して階下の住戸の天井裏に設置されていた事案では，当該排水管を点検，修理する際には下の住戸から天井裏に入って行わなければならず，当該排水管は上階の住戸の支配管理下にはなく，本管と一体として管理を行う必要があるとして，当該排水管は共用部分に当たると判断されている（最三小判平成12年3月21日判時1715号20頁）。

　　イ　共用部分

　共用部分とは，専有部分に属しない部分のことである。区分所有者全員の共有に属するのが原則であり，その持分割合は，管理規約で別段の定めをしない限り専有部分の床面積の割合によることとされる（区分所有法14条1項）。

　ただし，一部の区分所有者のみの共用に供されることが明らかな共用部分は「一部共用部分」として（同法3条後段），当該一部共用部分を共有する区分所有者の共用に属する（同法11条1項ただし書）。例えば，店舗と住宅とが設けられている大型の建物内の住宅専用エレベーターなどがこれに当たる。

　共用部分には，柱，外壁，屋根等，建物全体の基本的構造部分や構造上又は利用上の独立性がない区画など法律上当然に共用部分となる法定共用部分と（同法4条1項），規約により共用部分とされる規約共用部分（同条2項）

とがある。例えば，集会室や倉庫などは，構造上・利用上独立した区画であるため，法定共用部分には該当しないが，規約で共用部分だと定めることにより共用部分として扱われる。また，玄関ドアや窓枠，窓ガラス，建物全体に対して火災の発生を知らせるために専有部分に設置される火災報知器等，専有部分か共有部分かの判別が困難なものについても，規約により共用部分として定めることで，その区分が明確化されていることが多い。

2 専有部分のリフォーム

(1) 専有部分のリフォーム内容についての制約

　専有部分は，区分所有者が自由に使用，収益，処分できるため，その工事の対象が専有部分の範囲内である限り，リフォームの内容は制約を受けないのが原則である。しかし，工事内容によっては，管理規約により禁止されている専有部分のリフォーム工事もあるので注意が必要である。

　例えば，下階に生活騒音の被害を生じさせないよう，住戸の床仕上げ材に制限を設けたり，トイレ等水まわりの位置を変更するような間取りの変更を禁止する管理規約は多く存在する。また，専有部分の用途を住宅以外の用途に変更することを禁止している管理規約も一般的であるため，工事の内容が専有部分の用途の変更に及ぶような場合は更に注意が必要である。そのため，マンションのリフォーム工事を行う場合には，事前に管理規約等を入手し，依頼された工事内容が規約に抵触しないか確認することが欠かせない。本件の床をカーペットからフローリングに変更する工事も，管理規約等にて禁止されていないか確認する必要がある。

　本件では，エアコンを設置するリフォーム工事を実施するために外壁に穴を開ける必要があるとのことだが，共用部分である外壁に区分所有者が勝手に穴を開ける工事を行うことはできない。共用部分の変更を伴うリフォーム工事については3にて後述する。区分所有法は，区分所有者の共同の利益に反する行為について，その停止等，必要な措置をとることができることを定めているところ（同法57条1項），同種のケースにて，無断で外壁に貫通孔

を開けてエアコンの室外機を設置したことは，区分所有者の共同の利益に反する行為に当たるとして原状回復請求を認めている（東京地判平成18年8月31日判タ1256号342頁）。

(2) **専有部分のリフォームの際の手続**

管理規約等では，リフォーム工事に先立ち，管理組合に工事の届出を行うこと等の手続を定めていることが多い。

国土交通省が作成，周知している標準管理規約では，専有部分の工事を行う場合には，あらかじめ理事長に対し，設計図，仕様書及び工程表を添付した申請書を提出し，書面による承認を得なければならず，理事長は，承認または不承認しようとするときは理事会の決議を経なければならないとされている（標準管理規約17条）。またこの他にも，工事により騒音，振動が発生することが予想されるため，隣接する専有部分に対しては個別に工事の工程や実施時間等について説明を行い，了解を得ておいたほうがよい。

3 共用部分のリフォーム

(1) **共用部分のリフォーム内容についての制約**

先に述べたとおり，共用部分は，区分所有者が勝手に手を加えることはできないのが原則であり，共用部分の形状又は効用を変える場合は，管理組合の総会の決議が必要である。

仮に共有部分の形状・効用を変更しないようなリフォーム内容であったとしても，管理規約等に抵触するリフォームは行うことができない。例えば，既に屋上に共同のパラボラアンテナが設置されているマンションのバルコニー（専用使用権を認められている共用部分）に個人用のパラボラアンテナを置いた区分所有者に対し，管理組合がその撤去を求めた事案において，裁判所は，個別パラボラアンテナを置くことは管理規約に定める「バルコニーとしての通常の用法」には当たらず，管理規約に違反するとし，管理組合の撤去請求を認めた例がある（東京地判平成3年12月26日判時1418号103頁）。

その一方で，共用部分を対象とするリフォームであっても，保存行為であれば

Ⅳ リフォーム

規約に格別の定めがない限り，区分所有者が単独で行うことができる（区分所有法18条1項）。マンションの共用部分に関する保存行為とは，共用部分を維持する行為のことである。東京地裁の平成24年の判決では，共用部分の保存行為は，「集会の決議を要せずに各共有者が単独ですることができるものであるから，原則として，通常の管理費でまかなうことができる比較的軽度のものに限られるものというべきであり，これを超える行為を保存行為として単独で行うことは，集会の決議を待たずに直ちに実施しなければ区分所有建物に重大な損害が生じるおそれがある場合など，特に必要があると認められる場合にのみ許される」と判断されている（東京地判平成24年11月14日ウエストロー）。この事案では，ある区分所有者が単独で行った屋上防水修復工事を含む防水対策工事，破損した貯水タンクの修補に代えて実施した給水管直結工事は，集会の決議を待たずに実施する必要性があった工事で，かつ，費用が過大であるとの事情もないことから，集会の決議を経ずに行うことができる保存行為であると認め，単独で実施した上記工事の費用につき他の区分所有者にその持分に応じた負担を認めた。

(2) **共用部分のリフォームの際の手続**

共用部分に手を加えるリフォームを行うことは，区分所有法上の共用部分の変更に当たり，その実施に当たっては，管理組合の集会（総会）による議決を経る必要がある。変更の程度に応じて決議要件が異なり，形状又は効用の著しい変更を伴わないものは普通決議，著しい変更を伴う場合には区分所有者及び議決権の各4分の3以上の特別決議が必要となる（同法17条1項）。なお，議決権は管理規約に別段の定めがない場合は，専有部分の床面積の割合となる（同法38条・14条）。

著しい変更に当たるかどうかは，変更を加える場所，範囲，態様，程度により判断され，例えば，耐震工事の場合，柱や梁に補強材を施すような工事であれば，基本構造部分に変更はないため，著しい変更には当たらないが，柱を切断して免震装置を設置するような場合は著しい変更に当たるものと解される。ただし，建築物の耐震改修の促進に関する法律（耐震改修促進法）25条2項に基づき，行政庁から耐震改修の必要性の認定を受けた場合は，著しい変更に当たるような耐震改修工事であっても，普通決議でよいものとされる（同条3項）。

Q10 住宅のリフォームに関する資料収集

> 1部屋を2部屋に区分してドアを付けるリフォーム工事を行ったところ，工事完了後に当初予定されていなかった追加料金を請求されました。また，この工事の後，リフォーム工事を実施した場所だけでなく，実施していない場所にも所々不具合が生じているため，専門家に相談したいのですが，相談の際にどのような資料が必要でしょうか。
> また，そのような資料はどのようにして集めればよいのでしょうか。

1 リフォーム工事に関する紛争の解決にとっての資料の不可欠性

住宅のリフォーム工事を行った際，当初予定されていなかった追加料金の支払を求められることがある。あるいは工事完了後に様々な不具合が見つかることもある。そしてこのような問題が紛争に発展することは少なくない。このような場合，建築士や弁護士などの専門家に相談することは紛争の解決にとって非常に有用である。しかし，専門家といえども相談者の言葉だけで紛争の実態を正しく理解することは難しい。そこでは理解を補充するための資料が不可欠となる。

例えば，リフォーム工事完了後に不具合が見つかった場合，当該リフォーム工事が契約に適合したものかどうかを判断するための請負契約書や，あるいはその不具合の発生原因を突き止めるための設計図面等の資料が必要となる。また，そもそも当該不具合がそのリフォーム工事を原因として生じた瑕疵といえるのか，あるいは他に原因があるのかという問題も少なからず生ずる。この場合，新築工事と異なり，既存の建物を前提にして工事が行われるというリフォーム工事の特徴から，リフォーム工事の際の資料だけでなく，

既存建物の新築時の資料や他のリフォーム工事を行った際の資料の検討も不可欠である。

このように，リフォーム工事に関する紛争を解決に導くためには多種多様な資料が必要であり，そのことは専門家への相談時においても同様といえよう。

2 契約内容を特定するために必要となる資料

追加料金の請求に関する紛争はもちろん，リフォーム工事完了後の瑕疵の存否やその内容に関する紛争についても，まずは契約内容を精査し，それを特定することが必要である。

以下に挙げる資料は，リフォーム契約の内容の特定にとって不可欠あるいは重要な資料といえる。

(1) 契約内容を特定するための直接的な資料

まず，契約内容を直接的に示す資料であり，契約内容の特定にとって不可欠な資料の一例として，

① 請負契約書（注文書・請書）
② 見積書・費用内訳書
③ 契約約款

を挙げることができる。これらの資料によって，当該リフォーム工事の施工範囲，金額など，契約内容の重要部分を特定することが可能となる。

(2) 契約内容を特定するための間接的な資料

次に，契約内容を直接的に示す資料とまではいえないものの，それ自体の内容を精査し，あるいは他の資料と合わせて考慮することによって契約内容を推認することができる重要な資料の一例として，

④ 請求書
⑤ 領収書
⑥ 追加工事見積書
⑦ 提案書

⑧　工程表

　⑨　パース・イメージ図

　⑩　建築模型

　⑪　打合せメモ，メール

　⑫　（指示・依頼・報告・質疑・回答・確認）記録書

などを挙げることができる。

　工程表とは，工事作業の各工程を示したもので工事の着工から完成までの工事日程が記載されている。

　パースとは，建物の外観や室内を立体的に描いた透視図のことで，図面などでは理解しづらい部分をイメージしやすくした絵のことである。

　建築模型は，紙や合成樹脂などを用いて図面を立体的に表現した模型のことである。

　これらの資料があれば，リフォーム工事において，仮に契約書が作成されなかったとしても契約内容を推認することが可能となるため，リフォーム紛争の解決はもちろん相談時においても持参すべき資料といえよう。

　また，リフォーム工事の対象がマンションの場合，

　⑬　マンション管理規約

　⑭　集会の決議書面や議事録

なども契約内容を推認する資料として重要となり得る。

　さらに，既存の建物を前提に行われるというリフォーム工事の特徴に関連して，新築工事の際に用いられた資料や，当該リフォーム工事とは別のリフォーム工事の際の資料も必要となるが，これらの一例として，

　⑮　過去の修繕履歴及び修繕に係る請負契約書

　⑯　新築時の設計図書

などがある。

　設計図書とは，「建築物の建築工事の実施のために必要な図面（現寸図その他これに類するものを除く。）及び仕様書」をいう（建築士法2条6項）。建築物の建築工事の実施のために必要な図面とは，要するに設計図のことで

あり，その中身は意匠図面，構造図面，設備図面に大別される。

　意匠図面とは，建物全体の形態，間取りなどのデザインを伝えるための図面であり，配置図，平面図，立面図，断面図，展開図，矩計図（かなばかりず）などが含まれる。

　構造図面とは，建物の構造に関する図面であり，床伏図，軸組図などが含まれている。建物の施工業者はこの構造図に基づいて建物を建てていくことになる。

　設備図面とは，建物の設備に関する図面であり，その中には電気設備図，給排水衛生設備図，空調換気設備図，消火設備図などがある。

　仕様書とは，図面で表現できない施工方法や使用される素材・資材の品質・成分，品番・数量などを記載した書面である。

　なお，設計図書は，後述する瑕疵を特定するための資料としても用いられる。特に新築時の設計図書は，現に生じている不具合が，当該リフォーム工事を原因とする瑕疵なのか，あるいは新築工事の際に生じた瑕疵なのかを判別するためにも重要な資料の一つといえよう。

3　瑕疵・不具合の原因を特定するために必要な資料

　現に生じている不具合の原因やそれが当該リフォーム工事に基づく瑕疵といえるのかといった点を解明するためには，以下のようなリフォーム工事の施工に関する資料や工事の進行・進捗・監理に関する資料なども重要である。

① 打合せメモ，(指示・依頼・報告・質疑・回答・確認) 記録書
② 設計図書
③ 地盤調査報告書
④ 構造計算書
⑤ 確認申請書（変更申請書を含む。）・建築確認通知書（確認済証）
⑥ 施工図

　施工図とは，設計図書を基に現場の施工業者が実際の施工をするために必

要なより詳細な図面である。
　⑦　工事工程写真
　⑧　工事内容（設計）変更合意書・工事内容変更図面・指示書
　⑨　工事監理報告書

工事監理報告書とは，設計図書に照らして実際の工事が設計図書のとおりに実施されているかを確認する作業の報告書である。その他，
　⑩　完了届・確認書・引渡書・竣工図・保証書
　⑪　検査済証（建物，エレベーター各種）
　⑫　設備一覧・取扱説明書・設備パンフレット
　⑬　アフターサービス基準書・点検報告書
などがある。

　これらの資料も手元にあれば相談に際して持参するとよいであろう。

4　資料の収集方法

　上記の各種資料のうち，本来リフォーム工事業者が作成すべき資料に関しては，契約締結時，工事の進行時，工事の完了時，工事代金の清算時などのタイミングで，工事業者から引き渡されることによって入手するのが通常の方法である。しかし，リフォーム工事業者によっては，注文者から特に求めがない以上，作成しない，若しくは作成していても引き渡さないこともあるため，注文者としては業者に対して積極的に働きかけてこれらの資料を収集することが求められる。

　また，そもそもリフォーム工事の場合，工事期間が短い，あるいは工事代金単価が低いといった理由から請負契約書や費用内訳書などが作成されていない場合もある。このような場合は，先に述べたように当該契約内容を推認する間接的な資料の収集を考えなければならない。

　続いて，新築工事の際に用いられた資料に関して，例えば設計図書や建築確認申請書などが手元にない場合でも，もともとのハウスメーカーや設計事務所に控えがある場合もある。そのため，まずはそこに尋ねてみてもよいだ

ろう。ちなみに，建築確認申請書については，提出された役所に対する個人情報開示請求によって開示される場合もあるため，この方法も検討の余地がある。さらに，通常注文者が受け取らない場合が多い施工図は施工業者に働きかけて取得を試みてもよいだろう。

　また，マンションであれば，図面等の書類は通常管理組合が保管しているため，まずは管理組合に尋ねてみるのがよいだろう。

Q11 時効の完成猶予と更新

> リフォーム業を個人で営んでいますが，知人の依頼で，自宅のリフォームをしました。請負代金は分割で毎月振り込む形にしてほしいということで了解しましたが，ここ半年支払が滞っています。催促すると，「分かった，支払う」という返事は来るのですが，いっこうに支払われません。いつまでに請求しなければならないのでしょうか。

1 請負代金債権の消滅時効

(1) 時効の停止・中断から完成猶予・更新へ

本件は，毎月振り込むという約定のため，毎月1か月分のリフォーム工事代金の弁済期が到来することになり，1か月分の代金ごとに消滅時効が進行することになる。民法改正により債権の消滅時効は原則5年に短縮されたため，それぞれの弁済期から5年以内に請求しなければならない。

時効の停止・中断は，今回の民法改正で，比較的大きく変更された点である。実質的な変更はそれほど多くないが，従来と異なる用語が使用されているため，注意が必要である。もともと，現行民法148条以下で使用されていた時効の「中断」という文言は，新たな時効が進行を始めるという意味と，一定の自体が生じた場合に時効の完成が妨げられるという意味の2通りがあった。そこで，改正民法では，「中断」という文言は，意味の違いに応じて，「更新」あるいは「完成の猶予」という言葉に改められた。なお，164条の取得時効については「中断」という言葉が残っている。これは，法定中断と異なり，164条は自然中断であるため，今回の改正の範囲外とされたことによる。

(2) 承認

また，「分かった，支払う」というのは権利の承認に当たり，その時から

新たに時効が進行を始める（改民152条「承認による時効の更新」）。これは，現行民法と同様の効果である。もっとも，口頭での承認だけではなく，後に争いになったときのため，文書による承認を得ておくべきであることは，従来どおりである。

(3) 催　告

現行民法では，催告は，6か月以内に裁判上の請求等をしなければ時効中断の効果を生じないと規定されていた（民153条）。改正民法では，「催告があったときは，その時から6か月が経過するまでの間は，時効は完成しない」（改民150条1項「催告による時効の完成猶予」）とされた。表現は異なるものの，内容としては現行民法と同様である。

判例上，催告を繰り返しても中断は繰り返されないとされていたが（大判大正8年6月30日民録25輯1200頁），改正民法では，催告によって時効の完成が猶予されている間にされた再度の催告は新たな時効の完成猶予の効力がないことも，明文化された（改民150条2項）。

(4) 裁判上の請求等

現行民法では，裁判上の請求について，時効中断事由としながら，訴えの却下又は取下げの場合には，時効の中断の効力を生じないとしている（民147条・149条）。しかし，判例は，そのような場合であっても，裁判上の請求や破産手続参加について催告としての効力を認めていた（破産手続参加につき最一小判昭和45年9月10日民集24巻10号1389頁）。改正民法ではこれを明文化し，時効期間経過前に裁判上の請求等をした場合に，その時から6か月が経過するまでの間は時効が完成しないとした（改民147条1項「裁判上の請求による時効の完成猶予」）。

また，確定判決等により権利が確定したときは，新たに10年が時効期間となる（改民147条2項「裁判上の請求による時効の更新」，169条1項）。

(5) 強制執行等

強制執行や担保権の実行，財産開示手続は，裁判上の請求等と異なり，権利の確定を求めるものではないことから，申立ての取下げ又はこれに準ずる

場合以外は，手続終了時から新たに時効の進行が始まるとされている（改民148条）。申立ての取下げ等の場合も，時効の完成猶予の効果は生ずる点は，裁判上の請求等と同様である。

(6) 天災の場合の時効完成猶予

現行民法では，時効の期間の満了の時に当たり，天災などにより時効を中断することができないときは，その障害が消滅したときから2週間を経過するまでの間は，時効が完成しないとされていた（民161条）。

改正民法では，阪神淡路大震災や東日本大震災等の大地震の際の経験を踏まえて，猶予期間が3か月と変更された(改民161条)。2週間よりは長くなったものの，他の時効完成猶予期間が6か月であるのに対し，それよりも短く設定されている。これは，裁判事務が休止していた場合に，その期間時効を停止するという趣旨によるためである。

また，現行民法は中断事由を問わず2週間の猶予であったものが，改正民法では裁判上の手続による中断事由（改正民法では「更新事由」）についてのみであることが明示されている点に注意を要する。

Q12 リフォーム瑕疵と不法行為

> Aは，建設業者であるBとの間で，自宅のリフォーム工事（増改築工事）に関する請負契約を締結しました。Bは，上記工事についてCに下請けを依頼し，契約締結時に提示した期日までに工事を行いました。後日，リフォーム工事については，増築部分に耐力壁の施工がない欠陥があることが判明しました。また，増改築により既設建物の耐力壁が減少し，建物全体としても耐力壁が不足していることも判明しました。
>
> Aは，B及びCに対し不十分な工事をしたとして損害賠償請求をすることはできるでしょうか。

1 請負人の責任

(1) 瑕疵担保責任

請負人がどのような場合に瑕疵担保責任を負うか（瑕疵の判断基準）については，**Q6**を参照されたい。

大阪地判平成19年1月16日判タ1355号143頁では，台所及び洗面所増築部分に耐力壁の施工がない欠陥並びに台所及び洗面所増築により既設建物の耐力壁が減少し，建物全体としても耐力壁が不足している欠陥について，以下のとおり判示している（その他多数の瑕疵についての判断がなされている。）。

「本件において，本件増改築工事後の台所及び洗面所増築部分に筋かいの設置を明記する何らかの契約図書は存在しない（甲1の1，被告乙山，被告丙谷，弁論の全趣旨）。

しかし，施行令46条4項では，構造強度を確保するために，一定量の耐力壁を設置することが求められ，また，原告甲野が主張するとおり，施行令

46条1項では，『すべての方向の水平力に対して安全であるように，各階の張り間方向及びけた行方向に，それぞれ壁を設け又は筋かいを入れた軸組を釣合い良く配置しなければならない。』とされているのであるから，建物のリフォームを目的として，請負代金を800万円とする増改築工事についての請負契約（本件請負契約）を締結した当事者の合理的意思解釈として，契約の内容としては，従前よりも耐力壁が明らかに減少するようなことは許容しておらず，また，施行令46条1項の規定に照らして，釣合いが悪化するような耐力壁の撤去新設も許容していないものと認めることができる。

しかるに，本件では，上記(ｱ)で認定のとおりの2箇所の片方向筋かいが撤去され，これによって，全体として，本件増改築工事がなされる前と比して，筋かいが撤去された分の耐力壁が減少し，また，本件建物の1階北東付近には，東西方向の耐力壁が無くなる結果となっている（甲1の1，甲6，乙13の2，乙15の1，証人一色）のであるから，上記で認定の契約の内容に違反しており，上記の2箇所の筋かいを撤去して本件建物の1階北東付近に東西方向の耐力壁を新設しなかった点について，瑕疵があると認められる。」

(2) 不法行為責任

設例のような場合には，Aは，B及びCに対して不法行為責任を追及することも可能である。

工事の施工業者は，工事に際して，建築基準法や契約の内容に適合するような施工をすべき注意義務を負っているため，かかる注意義務違反に反するような工事を行った場合には，注文者に対して不法行為責任負うものと考えられる。

2 損害について

(1) リフォーム工事の施工業者であるB及びCが，注文者であるAに対して不法行為責任を負う場合に，Aが請求し得る損害としては，どのようなものが考えられるだろうか。

前掲大阪地判平成19年1月16日は，①補修費用，②補修工事を行う間の

仮住まい費用，③調査鑑定費用の一部，④弁護士費用の一部について損害として認めた。

　その他，慰謝料を請求することも考えられるが，慰謝料が認められるかは事案により異なる（前掲大阪地判平成19年1月16日では慰謝料については，否定されている。）。

(2)　なお，悪質な業者との間でリフォーム工事について請負契約を締結し，必要のないリフォーム工事について不当に高額の代金を支払わされた場合には，支払った代金が損害として認められることもある（そのような裁判例として，東京地判平成19年3月26日ウエストローがある。）。

Q13 リフォーム工事と騒音，振動

> Aは，マンションの7階（702号室）に居住していますが，真上に位置する8階の802号室にBという人が入居することとなりました。BはCという業者に依頼して802号室の改装工事の設計・監理を依頼し，Dという業者に改装工事の施工を依頼し，改装工事を行いました。
> Aは，改装工事をした際に発生した騒音，振動について，B，C，Dに対して損害賠償請求をすることはできるでしょうか。

1 リフォーム工事に伴う騒音，振動が問題となる場合

リフォーム工事を行うに当たって，近隣（特にマンションの階下の住人）との間で，工事に伴う騒音，振動をめぐってトラブルとなることがある。具体的には，上記設例のように，階下の住人から，上階の居室の所有者である注文者，リフォーム工事の設計・監理者，工事の施工者に対して騒音，振動によって発生した損害について損害賠償請求をする場合である。

2 設計・監理者，施工者の責任

リフォーム工事に伴う騒音，振動が受忍限度を超える場合には，不法行為を構成する。受忍限度を超えるか否かの判断に当たって，どのような要素が考慮されるかについては，事案ごとに異なるが，東京地判平成9年10月15日判タ982号229頁は，「マンションの改装工事によって発生する騒音・振動が受忍限度を超えているかどうかは，当該工事によって発生した騒音・振動の程度，態様及び発生時間帯，改良工事の必要性の程度及び工事期間，騒音・振動の発生のより少ない工法の存否，当該マンション及び周辺の住環境等を総合して判断すべきであると解する。」としている。

Ⅳ リフォーム

　その他リフォーム工事に伴う騒音振動が問題となった裁判例としては，前掲東京地判平成9年10月15日，東京地判平成16年12月17日判例集未登載，東京高判平成26年10月1日判例集未登載がある。これらの裁判例においても，受忍限度を超えるか否かで不法行為の成否について判断がなされている。

3　注文者の責任

　リフォーム工事によって，受忍限度を超える騒音振動が発生し，設計・監理者，施工者に不法行為責任が認められる場合であっても，注文者には注文及び指図に過失がない限り，不法行為責任が認められない。前掲東京地判平成9年10月15日も注文者については，不法行為責任を否定している。

Chapter V

保証・約款・不法行為

V 保証・約款・不法行為

Q1 保証債務の付従性

① 私は，友人の住宅のリフォーム代金（1000万円）につき頼まれて保証人になりました。しかしその後，注文の追加や変更があり，リフォーム代金が1500万円に増額されたようなのですが，増額分についても私は責任を負うのでしょうか。
② 上記の場合で，その後，友人は500万円をリフォーム業者に弁済しました。私は，残りいくらの保証債務を負うのでしょうか。

1 保証債務の付従性

保証債務には付従性があるといわれるが，その付従性には，主たる債務が成立しなければ保証債務も成立しないという意味での成立における付従性，主たる債務が消滅すれば保証債務も消滅するという意味での消滅における付従性，そして，保証債務はその目的や態様において主たる債務より重いものであってはならないという意味での内容における付従性がある。

民法448条は，「保証人の負担が債務の目的又は態様において主たる債務より重いときは，これを主たる債務の限度に縮減する。」と定めており，保証債務の内容における付従性を明らかにしていた。

上記規定からは，保証契約の締結後に主たる債務の内容が加重された場合に保証債務に与える影響について，明文上は明らかでなかったが，この点については，保証債務が加重されることはないと学説上異論がなかった。そこで，改正民法448条2項が創設され，「主たる債務の目的又は態様が保証契約の締結後に加重されたときであっても，保証人の負担は加重されない。」と明らかにされた。

したがって，本件のように，住宅のリフォーム代金について保証人になった後に，追加注文等によりリフォーム代金が増額されたとしても，根保証契

251

約（**Q4**参照）をしていた場合を除き，保証人は増額分については責任を負わない。

2 一部保証と主たる債務の一部弁済

上記のようにリフォーム代金の増額分については，保証人は責任を負わないとなると，保証人は，主たる債務の一部についてのみ保証していることになり，いわゆる一部保証と同様の状態となる。

では，保証人が主たる債務の一部についてのみ保証している場合に，主たる債務の全部を消滅させるには足りない一部の弁済があったとき，保証債務は弁済のあった分だけ縮減するのか，それとも主たる債務の残額についてなお保証の範囲で存続するのかが問題となる。

この点については，保証契約の趣旨に左右されるが，特段の事情のない場合には，主たる債務に残額があれば，それについて保証人は責任を負うということが合理的な当事者の意思に合致していると思われるので，保証人は主たる債務の残額につきなお保証の範囲で責任を負うことになると解されている。

リフォーム代金の保証人が，追加変更工事の存在を知らずに保証をし，さらに，保証契約の後に主たる債務の遅延損害金の利率が法定利率以上に引き上げられ，主たる債務者がその債務の一部につき弁済等をした事例につき，東京地判平成26年5月16日ウエストローは，保証人は追加変更工事代金については責任を負わず，遅延損害金については法定利率の範囲でのみ責任を負うと判断し，続いて一部弁済後の残額についての保証人の責任の範囲については，「一般に，保証人において主債務の一部に限定して保証するとの意図のもとで保証をしている場合には，特に明示されない限り，主債務に残額がある限り，保証人はその額までは一部保証の限度で債務弁済の責に任ずるというのが保証契約を締結した当事者の通常の意思であり，また，取引慣行にも適すると解される。そして，保証人において，既に発生している主債務の一部について保証した場合と，本件のように特定の主債務につき保証契約

を締結した後に，主債務者と債権者との間の合意等により主債務の額が増加した場合とは，保証債務の範囲が主債務の一部に限定されるという点において異ならないから，前述の理は，特段の事情のない限り，上記いずれの場合にも妥当すると解すべきである。」とし，そのような特段の事情はないとして，主たる債務の残額について保証人の責任を認めた。

したがって，本件では，主たる債務の一部の弁済があればその分については保証人を免責させる趣旨をうかがわせる特段の事情のない限り，主たる債務者である友人の500万円の弁済は，リフォーム代金全額の1500万円に充当され，リフォーム代金の残額は1000万円となるが，保証人の責任の範囲は当初から1000万円であるので，保証人はリフォーム代金の残額1000万円の全額について責任を負うことになる。

Q2 主債務者に生じた事由の効力・連帯保証人に生じた事由の効力

> ① 私は，友人の家の外壁のリフォーム工事代金（1000万円）につき頼まれて保証人になりました。しかし，リフォーム工事が完了してみると，外壁のヒビ割れから雨水が浸入し，雨漏りがするというのです。友人は，欠陥工事だから代金を支払うつもりはないというのですが，そうすると私が支払わなければならなくなるのではないでしょうか。
> ② 今般，注文者からリフォーム工事を請け負うにつき，請負代金債務について連帯保証人を立ててもらおうと考えています。連帯保証の効力について，今回の民法改正の影響を教えてください。

1 主債務者に生じた事由の効力（小問①）

(1) 契約不適合責任（詳細はⅢのQ5参照）

ア 修補請求権・損害賠償請求権

民法634条1項は，「仕事の目的物に瑕疵があるときは，注文者は，請負人に対し，相当の期間を定めて，その瑕疵の修補を請求することができる。ただし，瑕疵が重要でない場合において，その修補に過分の費用を要するときは，この限りでない。」と規定し，また，同条2項は「注文者は，瑕疵の修補に代えて，又はその修補とともに，損害賠償の請求をすることができる。この場合においては，第533条の規定を準用する。」と規定し，請負契約の瑕疵担保責任に基づく瑕疵修補請求権及び損害賠償請求権につき規定していたが，改正後の民法ではこれらの規定は削除された。これは，契約不適合を理由とする売買契約の買主の修補請求権（追完請求権）及び損害賠償請求権

を定める改正民法562条及び564条の規定が，559条により請負契約にも適用され，また，損害賠償債務と請負報酬債務の同時履行については，改正民法533条括弧書により一般的に規律されることとなったため，請負契約固有の規定を設ける必要がなくなったためである。なお，民法634条1項ただし書の瑕疵が重要でなく修補に過分の費用を要する場合の修補請求権の制限については，履行請求権の限界を定めた改正民法412条の2の適用ないし類推適用により，「債務の発生原因及び取引上の社会通念に照らして不能」かどうかという規範の中で判断されることになるが，その判断の中で瑕疵の重要性や費用の過分性も考慮されることになると思われる（潮見佳男著『民法〈債権関係〉改正法案の概要』53頁，284頁（きんざい，2015））。

したがって，本件では，外壁のリフォーム工事後にその外壁のヒビ割れから雨水が浸入するということは，リフォーム工事契約の内容に仕事が適合していないということであるし，リフォーム工事の注文者である主たる債務者は，請負人に対し，修補請求権及び損害賠償請求権を有することになる。

イ　解除権

民法635条は，「仕事の目的物に瑕疵があり，そのために契約をした目的を達することができないときは，注文者は，契約の解除をすることができる。ただし，建物その他の土地の工作物については，この限りでない。」と定め，注文者の解除権について規定していたが，この規定も改正民法では削除された。これは，契約不適合の場合の解除権の規定（改民564条）が，民法559条により請負契約にも適用されるからである。

なお，これにより，仕事の目的物が建物その他の土地工作物である場合の解除権の制限（民635条ただし書）は撤廃されているため，仕事の目的物が建物その他の土地工作物である場合でも解除権は制限されないこととなる。

したがって，本件では，注文者である主たる債務者は請負人に対し，解除権も有する。

ウ　代金減額請求権

改正民法は，563条において，数量不足の場合に限らず，契約不適合の場

合一般に買主の代金減額請求権を認めた。これは民法559条を通じて請負契約にも適用される。

したがって，履行の追完を相当期間を定めて催告したにもかかわらず履行の追完がないとき（改民563条1項）又は履行の追完が不能であるとき等（同条2項）は，本件では，注文者である主たる債務者は請負人に対し，代金減額請求をする権利も有する。

(2) 主たる債務者の抗弁権の援用

保証人は，保証契約の内容における付従性により，主たる債務者が有する抗弁権を行使することができる。民法457条2項は，「保証人は，主たる債務者の債権による相殺をもって債権者に対抗することができる。」と相殺権のみについて規定していたが，改正民法457条2項は，「保証人は，主たる債務者が主張することができる抗弁をもって債権者に対抗することができる。」と，抗弁権一般について明文でこれを規定した。

また，改正以前から，保証人が主たる債務者の抗弁権を援用できるといっても，保証人は主たる債権債務関係の当事者ではないので，相殺の意思表示，取消しの意思表示又は解除の意思表示により主たる債務を発生させた契約や主たる債務自体を消滅させることはできず，単にそれらの権利行使により主たる債務者がその債務の履行を免れる限度で，保証債務の履行を拒絶できるにすぎないと一般に理解されていたところ，改正民法457条3項が新設され，「主たる債務者が債権者に対して相殺権，取消権又は解除権を有するときは，これらの権利の行使によって主たる債務者がその債務を免れるべき限度において，保証人は，債権者に対して債務の履行を拒むことができる。」と，そのことが明らかにされた。

したがって，本件では保証人は，主たる債務者が有する修補請求若しくは損害賠償請求に関する同時履行の抗弁権，又は解除権により保証債務の履行を拒絶することができ，また，代金減額請求権により減額されるべき金額の範囲で保証債務の履行を拒絶できることになる。

Ⅴ 保証・約款・不法行為

2 連帯保証人について生じた事由の効力（小問②）

(1) 相対効の原則化

　現行民法も，改正民法も，連帯保証人について生じた事由の効力については，規定ぶりは変わっているが，連帯債務者間における効力の関係を準用している（民458条）。

　そして，今回の民法改正により，連帯債務者間において絶対効が生ずる事由が縮小されたため，連帯保証においても同様の影響が生じている。

　すなわち，現行民法においては，履行の請求（民434条），更改（民435条），相殺（民436条），免除（民437条），混同（民438条）及び時効完成（民439条）につき，ある連帯債務者について効果が生じた場合には，他の連帯債務者に対しても効力が及ぶこととされていたが，今回の改正では，履行の請求，免除及び時効完成については，そのような絶対的効力ではなく，相対的効力にとどまることとされた。

　履行の請求が相対効化された理由は，そもそも履行の請求につき絶対効が認められていたのは，連帯債務者間には共同生活関係や共同事業関係といった主観的共同関係が存在すると考えられ，履行の請求につき絶対効を認めても不合理ではなく，また，債権を満足させる事由以外にも絶対効が認められることによる債権の弱体化とのバランスをとるためであったと説明される。しかしながら，連帯債務者間にも様々な関係が存在することが実際であるから，連帯債務一般において履行の請求につき絶対効を認めると，履行の請求を受けなかった連帯債務者にとっては，他の連帯債務者に履行の請求がされたことにより，自らの知らないところで遅行遅滞に陥り，又は時効の中断（更新）がされるなど，不利益が大きいと指摘されてきた。そこで今回の民法改正では，連帯債務者間に生じた事由は相対的効力を有するにとどまることを原則とし，履行の請求についても相対効化された（民法（債権関係）部会資料67A 3頁）。

　免除については，連帯債務者の一部の者について免除をした債権者の意図

としては，他の連帯債務者から全額の債権を回収するつもりであることが通常であると考えられることから，相対効化された（民法（債権関係）部会資料67A 6頁）。

時効の完成についても，これにつき絶対効が生ずることは債権者の通常の意図に反し，連帯債務の担保的機能を弱めすぎているとの考えから，相対効を生ずるにすぎないこととされた（民法（債権関係）部会資料67A 9頁）。

(2) **合意に基づく絶対効**

上記のとおり，改正民法は更改，相殺及び混同以外の事由については相対効にとどまることを原則としている（改民441条本文）。しかし，「ただし，債権者及び他の連帯債務者の一人が別段の意思を表示したときは，当該他の連帯債務者に対する効力は，その意思に従う。」（同条ただし書）とし，原則的には相対効にとどまる事由でも，当事者間の合意により絶対効化できることが明文で認められている。

例えば，債権者A，連帯債務者B及びCが存在する場合において，債権者AからCに対し履行の請求がされた際に，その効果がBに対しても及ぶことを，債権者A及び連帯債務者Bの合意により定めることが可能である。債権者側としては，今後，このような条項を契約書上で定めておくことが望ましいといえる。

(3) **連帯保証への影響**

以上のことが連帯保証の場合にも準用される（改民458条）ので，連帯保証人に対して履行の請求をしても，その効果は主たる債務者に対しては及ばないこととなる。主たる債務者との契約の際には，連帯保証人への履行の請求につき，絶対効とする旨の条項を盛り込むかどうか等を検討する必要がある。

なお，連帯債務において今回の改正で相対効化された免除及び時効完成については，現行民法においても，負担部分のない連帯保証人に対しては準用の余地がないとされてきた。したがって，これらについては連帯保証の場面で改正による影響はないといえる。

また，改正民法458条は，他の連帯債務者の相殺権に基づく履行拒絶権に関する同法439条2項は準用していないが，これも前記同様，従前から負担部分を前提とする規定であり連帯保証人には準用の余地がないと解されていたので，連帯保証においては改正による影響はないといえる。

Q3 個人保証の制限・情報提供義務

> ① 建物のリフォームの代金等に関して個人の保証人を付す際に、保証契約締結に関して規制はありますか。
> ② 上記の場合に、保証人になってくれるようお願いする人に、提供しなければならない情報はありますか。また、保証契約が成立した後にも、情報提供をしなければならないことがありますか。

1 個人保証の制限

(1) 保証契約は、不動産担保などの物的担保を用意することなく担保を取ることができることから（人的担保）、社会的に大きな意義を担っているが、しかしその一方で、簡便さゆえに、安易に保証人となったり、理解不足なまま保証人となったりすることで、予期せず多額の負債を負うことになり、生活が破綻に追い込まれる例が後を絶たない。主たる債務が事業性のある債務等で多額に上りやすい性質のものであればなおのことである。

そこで、改正民法は、事業性のある債務に係る個人保証を原則的に禁止し、例外的な場合にのみ許容することとした。

(2) 公正証書の作成義務

改正民法465条の6第1項は、「事業のために負担した貸金等債務を主たる債務とする保証契約又は主たる債務の範囲に事業のために負担する貸金等債務が含まれる根保証契約は、その契約の締結に先立ち、その締結の日前一箇月以内に作成された公正証書で保証人になろうとする者が保証債務を履行する意思を表示していなければ、その効力を生じない。」と規定し、同条2項でその公正証書の作成方式を定め、同条3項で「前2項の規定は、保証人になろうとする者が法人である場合には、適用しない。」としている。つまり、主たる債務が事業性のある貸金等債務（金銭の貸渡し又は手形の割引を受け

ることによって負担する債務(改民465条の3第1項))である場合の保証契約で,保証人になろうとする者がその契約締結前1か月以内に公正証書で保証意思を明らかにしておかなければならないこととしたのである。

そして,その公正証書作成の方式は,公正証書遺言作成の方式(民969条・969条の2)に倣ったものであるが,その内容としては次の口授・筆記が必要とされている。

保証契約	根保証契約
① 主たる債務の債権者及び債務者	① 同左
② 主たる債務の元本,利息,違約金,損害賠償等の定めの有無・内容	② 主たる債務の範囲,極度額,元本確定期日の定めの有無・内容
③ 主たる債務者が債務を履行しないときは,その全額を履行する意思	③ 主たる債務者が債務を履行しないときは,元本確定までに生じた元本,利息,違約金,損害賠償等の全額を履行する意思
(連帯保証の場合) ④ 催告の抗弁権がないことの確認 ⑤ 検索の抗弁権がないことの確認 ⑥ 分別の利益がないことの確認	(連帯保証の場合) 同左

(3) 経営者保証の除外

しかしながら,個人保証に前述のような危険性があるといっても,とりわけ中小企業等にとっては,事業用資金の融資を受けるに当たって,経営者等の個人が保証人となることにつき取引上の必要性が高いのも事実である。そこで,経営者又はそれに準ずる者の事業性債務の保証契約については,前記の公正証書作成義務を課されないこととなった(改民465条の9)。

具体的には,次の者が保証人となる場合について公正証書作成義務が除外される。

---

① 主たる債務者が法人である場合
　A 理事,取締役,執行役又はこれらに準ずる者
　B 主たる債務者の総株主の議決権の過半数を有する者
　C 主たる債務者の総株主の議決権の過半数を他の株式会社が有する場合に

おける当該他の株式会社の総株主の議決権の過半数を有する者
　　D　主たる債務者の総株主の議決権の過半数を他の株式会社及び当該他の株式会社の総株主の議決権の過半数を有する者が有する場合における当該他の株式会社の総株主の議決権の過半数を有する者
　　E　株式会社以外の法人が主たる債務者である場合におけるB〜Dに掲げる者に準ずる者
　②　主たる債務者が法人でない場合
　　A　共同して事業を行う者
　　B　事業に現に従事している主たる債務者の配偶者

(4) 検　討

以上からして，公正証書作成義務につき本件を検討すると，次のとおりとなる。

ア　請負代金を直接保証する場合

建物のリフォームに関する請負代金債務を主たる債務として，直接保証する場合は，たとえ保証人になろうとする者が個人であり，その建物が事業性のあるものであっても，そもそも主たる債務が貸金等債務には該当しないから，保証意思の公正証書による確認は不要となる。

イ　ローンの保証をする場合

建物の新築，売買やリフォームの際に，ローンを組む場合，そのローンにつき保証をするときは，主たる債務は貸金等債務に当たる。

そして，そのようなローンにつき保証をする場合，当該建物が事業用の物件である等，債務に事業性が認められる場合は，個人が保証人となるには公正証書による保証意思の確認が必要となる。

一方，債務に事業性がないか，事業性があっても事業の経営者が保証する場合には，公正証書による保証意思の確認は従前どおり不要である。

2　契約締結時の情報提供義務

(1)　頼まれて保証人になったものの，主たる債務者の信用性についてよく把握していなかった，又は確認したものの「絶対に迷惑をかけない。」など

と言われそれを信じたが，後日になって予想しなかった保証債務履行請求をされ，保証人が窮地に立たされるという事態が多発している。

　そのような事態の発生を抑止するために，改正民法は，保証契約締結時の情報提供義務に関する規定を設けた。すなわち，主たる債務者は，事業のために負担する債務を主たる債務とする保証又は主たる債務の範囲に事業のために負担する債務が含まれる根保証の委託をするときは，委託を受ける者に対し，次に掲げる事項に関する情報を提供しなければならないとした（改民465条の10第1項）。

① 財産及び収支の状況
② 主たる債務以外に負担している債務の有無並びにその額及び履行状況
③ 主たる債務の担保として他に提供し，又は提供しようとするものがあるときは，その旨及びその内容

　なお，この情報提供義務は，個人が保証人になろうとする場合にのみ適用され，法人が保証人になろうとする場合には適用されない（改民465条の10第3項）。

(2)　改正民法465条の10第2項は，「主たる債務者が前項各号に掲げる事項に関して情報を提供せず，又は事実と異なる情報を提供したために委託を受けた者がその事項について誤認をし，それによって保証契約の申込み又はその承諾の意思表示をした場合において，主たる債務者がその事項に関して情報を提供せず又は事実と異なる情報を提供したことを債権者が知り又は知ることができたときは，保証人は，保証契約を取り消すことができる。」と規定し，情報不提供又は不実情報提供により保証人が主たる債務者の財産状況等につき誤認したために保証契約の申込み又は承諾の意思表示をしてしまったときは，債権者の悪意又は有過失を要件として，保証人に保証契約の取消権を与えた。これは，第三者による詐欺（民96条2項）と同様の構造である。

(3)　**検　討**

　個人保証の制限（改民465条の6）と異なり，この規定は，主たる債務は

事業性の債務であればよく，貸金等債務であることは要求していない。

したがって，建物の売買代金債務若しくは建築等の請負代金債務を直接保証するか又はそれらのために組んだローンの保証人となるかにかかわらず，建物が事業用物件である等の理由により，それらの債務が事業性を帯びるときには，主たる債務者（買主・発注者）は受託保証人となるべき者に対し，自らの財産状況等の情報提供をする必要がある。

3 契約締結後の情報提供義務

保証契約が成立した後においても，改正民法は，二つの保証人に対する情報提供の規定を置いている。

(1) 主たる債務の履行状況に関する情報提供義務

受託保証人の請求があったときは，債権者は，保証人に対し，遅滞なく，主たる債務の元本及び主たる債務に関する利息，違約金，損害賠償その他その債務に従たる全てのものについての不履行の有無並びにこれらの残額及びそのうち弁済期が到来しているものの額に関する情報を提供しなければならないとされた（改民458条の2）。これは，保証人の知らない間に多額の遅延損害金が蓄積し，保証人が多額の請求を受けるという事態が生じないようにするため，保証人に主たる債務者の履行状況を知る手段を与えたものである。

先の契約締結時の情報提供義務と異なり，保証人は法人でもよく，また，情報提供の主体は履行状況について最もよく知る債権者となっている。主たる債務の性質に限定はない。

なお，情報提供義務違反の効果は明記されていないが，一般の債務不履行原則に則った損害賠償請求や解除権の行使が可能であると考えられる（潮見佳男著『民法〈債権関係〉改正法案の概要』111頁（きんざい，2015））。

(2) 主たる債務者が期限の利益を喪失した場合における情報提供義務

また，改正民法は，主たる債務者が期限の利益を喪失したときは，債権者は個人である保証人に対して，期限の利益の喪失を知ったときから2か月以内に，期限の利益の喪失の事実を通知しなければならないとし（改民458条

の3第1項・3項），その通知を怠ったときには，債権者は保証人に対し，期限の利益の喪失した時から通知をした時までに生じた遅延損害金（期限の利益を喪失しなかったとしても発生したものは除く。）に係る保証債務の履行を請求することができないとしている（改民458条の3第2項）。

これは，保証人が知らない間に主たる債務者が期限の利益を喪失し，多額の遅延損害金が積み重なり，それらを保証人の予想に反して突然履行請求されることがないようにするためである。

この情報提供を受けられる保証人は無受託保証人でもよいが，個人に限られる。また，情報提供の主体は債権者である。主たる債務の性質については特に限定はない。

通知懈怠の効果は，期限の利益の喪失から通知までに発生した遅延損害金を保証債務として請求することができなくなることであり，期限の利益の喪失自体を債権者が保証人に対して主張することができなくなるわけではない。したがって，保証人は通知懈怠を理由に履行期未到来の抗弁を主張できるわけではない（潮見・前掲書113頁）。

(3) 小 括

したがって，保証人が受託保証人であれば，当該建物に関する主たる債務が事業性の債務か否かにかかわらず，保証人の請求があれば債権者は主たる債務の履行状況等に関する情報提供義務を負う。また，主たる債務者である買主・発注者が期限の利益を喪失したときは，それを知った時から2か月以内にその事実を保証人に通知する必要がある（保証人が法人である場合には，期限の利益の喪失に関する情報提供義務はない。）。

以上の各種情報提供義務についてまとめると，次表のようになる。

【保証人に対する情報提供義務の比較】

	契約締結時	契約締結後	
情報内容	主たる債務者の財産状況等	主たる債務の履行状況等	主たる債務の期限の利益の喪失
対象となる保証人	個人・法人 受託・無受託	個人・法人 受託・無受託	個人・法人 受託・無受託
主たる債務の性質	事業性	限定なし	限定なし
提供主体	主たる債務者	債権者	債権者
提供時期・契機	根保証の委託時	保証人の請求	期限の利益喪失を知った時から2か月以内
懈怠の効果	取消権	債務不履行	通知までの遅延損害金は保証人に請求不可

※ ☐ は規定の対象となる保証人の属性（個人か法人か，受託保証人か無受託保証人か）を示す。

Q4 根保証

① 当社は，建築資材を販売する会社ですが，この度，継続的に資材を納入している建築会社の代表者個人に，その発生する仕入代金債務につき，保証人となってもらおうと考えています。契約締結に際して気を付けるべき点はありますか。
② 上記の保証契約において，当該建築会社の資産状態が悪化した場合に，保証債務の元本は確定するでしょうか。

1 根保証規制の拡張

(1) 一定の範囲に属する不特定の債務を主たる債務とする保証契約を，根保証契約という（民465条の2第1項）。根保証契約においては，主たる債務が継続的に発生，増減，消滅するため，保証人の知らぬ間にその責任が増大しがちである。そこで，現行民法では，主たる債務の範囲に貸金等債務（金銭の貸渡し又は手形の割引を受けることによって負担する債務）が含まれる個人根保証については，極度額の定めがなければ無効になるとし，また，極度額の定めについても書面性を要求していた（民465条の2）。

しかしながら，上記規制は，規制の必要性が類型的に強いとされた貸金等債務につきまずは導入されたものであったが，根保証契約の保証人の責任の範囲を金額的に画して予測可能性を高め，根保証契約の締結につき慎重な判断を求める必要性があることは，根保証契約一般に該当することだといえる。

そこで，今回の民法改正では，改正民法465条の2第1項で，「一定の範囲に属する不特定の債務を主たる債務とする保証契約（以下「根保証契約」という。）であって保証人が法人でないもの（以下「個人根保証契約」という。）の保証人は，主たる債務の元本，主たる債務に関する利息，違約金，損害賠償その他その債務に従たる全てのもの及びその保証債務について約定され

た違約金又は損害賠償の額について，その全部に係る極度額を限度として，その履行をする責任を負う。」と規定し，同条第2項で「個人根保証契約は，前項に規定する極度額を定めなければ，その効力を生じない。」と規定して，極度額の定めを必要的とする規律を，個人根保証契約全般に拡張した。

なお，これにつき，事業性のある債務を主たる債務とする（根）保証契約の締結に先立つ公正証書作成義務の規定（改民465条の6）のように，経営者が保証人である場合の除外規定（改民465条の9参照）はない。

(2) もっとも，元本確定期日の定めに関する民法465条の3の規定は，内容はそのままに，貸金等債務を主たる債務の範囲に含む個人根保証契約（個人貸金等根保証契約）についてのみ適用されることとされ，元本確定期日の定めに関する規律の個人根保証全般への拡張は見送られた（改民465条の3）。これは，例えば借地借家法によって保護される建物賃貸借契約における賃料債務の根保証を想定してみると，元本が一定の期日に確定しても，それを理由に賃貸人は貸す債務の提供を拒絶できないというように，当初から長期にわたって存続することが予定されている契約関係においては，元本確定後に債権者が反対給付を拒絶できないため，根保証による担保を継続させる必要性を否定できない場合があるとの配慮によるものである。また，そのように元本確定期日の定めの規律を個人根保証契約一般に拡張しなくとも，保証契約に長期にわたって拘束されることによる不都合は，判例上認められる特別解約権によっても回避し得ると説明されている（民法（債権関係）部会資料70A 3頁参照）。

(3) したがって，本件では，保証人が会社の代表者であり，主たる債務が継続的売買契約に基づく仕入代金債務であり，貸金等債務ではないとしても，当該根保証契約には極度額の定めを書面等により設定する必要がある。

もっとも，主たる債務の範囲に貸金等債務を含めないのであれば，元本確定期日を設定する必要はなく，元本確定期日を定めないことにより元本確定期日が契約締結日から3年間に限定されることもない（改民465条の3第1項・2項参照）。

しかし，元本確定期日を定めなくてもよいとしても，保証人の主たる債務者に対する信頼関係が害されるに至った等の相当の理由がある場合で，債権者に信義則上看過し得ない損害が発生する等の特段の事情がない場合は，保証人からの請求により元本が確定することもあり得るので，注意を要する(最二小判昭和39年12月18日民集18巻10号2179号等)。

2 元本確定事由

(1) 民法は，①債権者が主たる債務者又は保証人の財産について金銭の支払を目的とする債権についての強制執行又は担保権の実行を申し立てたとき（ただし，強制執行又は担保権の実行の手続の開始があったときに限る。），②主たる債務者又は保証人が破産手続開始の決定を受けたとき，③主たる債務者又は保証人が死亡したときを，個人貸金等根保証契約の元本確定事由として定めており，これは改正民法にも引き継がれた（改民465条の4第1項・2項）。

(2) そして，今回の民法改正では，貸金等債務を主たる債務の範囲に含まない個人根保証契約（改民465条の2により，今回極度額の定めが必須化された個人根保証契約一般）については，①債権者が保証人の財産について金銭の支払を目的とする債権についての強制執行又は担保権の実行を申し立てたとき（ただし，強制執行又は担保権の実行の手続の開始があったときに限る。），②保証人が破産手続開始の決定を受けたとき，③主たる債務者又は保証人が死亡したときが元本確定事由とされた（改民465条の4第1項）。つまり，強制執行等（①）及び破産手続開始決定（②）については，保証人について発生した場合に限るものとされた。

これは，元本確定期日の定めに拡張の当否の議論と同様，継続的契約関係の特殊性に配慮がされたことによる。すなわち，継続的契約関係の代表格である賃貸借契約の賃料債務を保証する根保証契約については，主たる債務者である賃借人につき，債権者が強制執行等の申立てをなし，又は賃借人が破産手続開始決定を受けたとしても，信頼関係の破壊と評価されない限りは，

賃貸人は賃貸借契約を解除することはできず，賃貸借契約が当然に終了することもないから，賃貸人は目的物を賃貸し続けざるを得ず，そのような場合に，そのような事由の発生以後に生じた賃料債務についても保証人に責任を負うことを求めても衡平を害するとはいえないし，同様のことは，例えば継続的売買契約に基づく継続的な商品供給義務についてもいえると考えられたのである。

(3) 一方，主たる債務者の死亡（③）については，個人根保証契約一般の元本確定事由とされた。これは，従来の判例理論（土地賃貸借の賃借人の保証人につき，賃借人の死亡後に生じた債務についても保証人としての責任を負うとした大判昭和12年6月15日民集16巻931頁参照）とは異なるものであるといえる。

また，保証人の死亡についても，元本確定事由とされている。従来判例は，建物賃貸借における賃借人の保証のケースでは，保証人の相続人は，保証人の相続開始後に生じた賃料債務についても責任を負うとしていた（大判昭和9年1月30日民集13巻103頁）。また，継続的売買取引における根保証契約のケースでは，限度額も保証期間も無限定のいわゆる包括根保証契約については，特段の事情のない限り，保証人の相続人は相続開始後に発生した主たる債務につき責任を負わないとされ（最二小判昭和37年11月9日民集16巻11号2270頁），一方，限度額のある根保証契約については，保証人の相続開始後に生じた債務についても，保証人の相続人は責任を負うとしていた（大判昭和10年3月22日法学4巻1441頁）。しかし，今回の民法改正では極度額が存在する根保証契約についても，保証人が死亡した場合は，主たる債務が何であるかにかかわらず，根保証契約の元本が確定するとしたのである。

(4) したがって，本件では，当該建築会社につき債権者が資産状態の悪化を認識し強制執行等を申し立て，又は当該建築会社につき破産手続開始決定があり客観的に資産状態の悪化が明らかになったとしても，建築資材仕入代金債務を保証する根保証契約の元本は確定しないこととなる。

以上，今回の民法改正による個人根保証契約の規制強化についてまとめる

と，次表のようになる。

【個人根保証契約の比較】

		個人根保証契約一般	個人貸金等根保証契約
極度額の定め		必要	必要
元本確定期日		不要 （定めなくとも，特別解約権による確定はあり得る）	必要 （5年以内，定めない場合は3年）
元本確定事由	強制執行等	主債務者・保証人	主債務者・保証人
	破産手続開始決定	主債務者・保証人	主債務者・保証人
	死　亡	主債務者・保証人	主債務者・保証人

※　□は強制執行等，破産手続開始決定，死亡の事由が生じた場合に元本確定事由となる当事者を示す。

Q5 建設工事請負契約の前金払の保証

> この度，住宅を新築するのですが，建設業者に前金払を求められました。しかし，工事途中に建設業者が倒産した場合，前払金が戻ってくるのか，また，工事の完成はどうなるのかが心配です。
> 上記のような事態に備える制度は何かありますか。

1 建設工事における前金払

建設工事においては，その請負人は，資材等を準備するために，着工に際して相応の資金が必要になる。しかし，請負人が必ずしも潤沢な資金を有し，又は金融機関からの融資を円滑に受けられるとは限らない。そこで，注文者が請負人に対して，請負代金の全部ないし一部を前金払することが実務上多い。

もっとも，何の保証もなく，注文者が前金払をしなければならないとすれば，前払金が他の工事や異なる債務の支払に流用され，あるいは持ち逃げされる等のリスクを，注文者が負わなければならないことになる。

そこで，建設業法では，建設工事における前金払に関する保証の規定を置いている。

2 建設業法の建設工事における前金払に関する保証

(1) 建設業法21条1項は，「建設工事の請負契約において請負代金の全部又は一部の前金払をする定がなされたときは，注文者は，建設業者に対して前金払をする前に，保証人を立てることを請求することができる。」と規定し，注文者の保証人を要求する権利を定めている。ここでいう「建設業者」とは，建設業法3条1項の建設業の許可を受けているものをいう（建設業法2条3項）。

(2) なお，建設業法21条1項は，上記に続けて「但し，公共工事の前払

金保証事業に関する法律（昭和27年法律第184号）第2条第4項に規定する保証事業会社の保証に係る工事又は政令で定める軽微な工事については，この限りでない。」と規定している。すなわち，①公共工事における特別な場合と，②工事金額が少額な場合は，注文者が負担するリスクは小さいといえるため，この保証制度の適用はないものとされている。

①の公共工事の前払金保証事業に関する法律に規定する保証事業会社とは，国土交通大臣の登録を受けて，国，地方公共団体等の発注する公共工事に関する前払金の保証をすることを目的とする事業を営む会社を指し，現在は，北海道建設業信用保証株式会社，東日本建設業保証株式会社及び西日本建設業保証株式会社の3社が存在する。

②の政令で定める軽微な工事とは，請負代金が500万円未満の工事とされている（建設業法施行令6条の2）。

3 保証人の種類

保証人を立てることの請求を受けた建設業者は，保証人を立てなければならないが（建設業法21条2項柱書），その保証人としては二つの種類の保証人が規定されている。

(1) 金銭保証人

まず，一つ目の種類の保証人は，「建設業者の債務不履行の場合の遅延利息，違約金その他の損害金の支払の保証人」，いわゆる金銭保証人である（建設業法21条2項1号）。

この点，注目すべきは，建設業法21条の保証制度の趣旨は前述のように前払金を負担する注文者の保護にあるのだが，金銭保証人の責任の範囲は，「債務不履行の場合の遅延利息，違約金その他の損害金の支払」と規定されており，前払金にとどまらず，広範囲に及んでいる点である。例えば，工期の有償延長の場合の遅延利息や，工事目的物の瑕疵による損害も担保されると解されている。

また，この金銭保証人は，催告等の抗弁権を有しない連帯保証人であると

解されている（商法511条2項）。

(2) 工事完成保証人

二つ目の種類の保証人は，「建設業者に代つて自らその工事を完成することを保証する他の建設業者」であり，工事完成保証人と呼ばれる（建設業法21条2項2号）。

建設工事においては，その不履行の場合に，前払金等を回収したとしても，工事が最終的に完成しなければ，注文者の求める結果は得られないことが多い。そこで，残工事につきその完成を引き受けるのが工事完成保証人である。そのような性質上，工事完成保証人は建設業者である必要がある。

(3) 保証人の種類の選択権

注文者から要求があったときに，金銭保証人を立てるのか工事完成保証人を立てるのかの選択権は，建設業者にあるとされる。したがって，注文者からの要求があったときに，建設業者はいずれかの保証人を立てれば責任を果たしたことになり，注文者は他の種類の保証人を立てるよう請求することはできないことになる。

なお，建設業法34条に基づき，国土交通省に設置されている中央建設業審議会が作成し，実施を勧告している建設工事標準下請契約約款のうち，比較的規模の大きい民間の建設工事に使用される「民間建設工事標準下請契約約款（甲）」では，前金払の保証人は金銭保証人とされている。また，民間（旧四会）連合協定が作成する「工事請負約款」においても，金銭保証人が採用されている。

4 効 果

注文者から保証人を立てるよう要求があったにもかかわらず，建設業者が保証人を立てない場合には，注文者は前金払をすべきとの契約内容にもかかわらず，前金払をしないことができる（建設業法21条3項）。

V 保証・約款・不法行為

Q6 定型約款とは

> 民法改正で規定される定型約款とはどのようなものですか。住宅請負契約等の条項に影響はあるでしょうか。

1 定型約款とは

現行民法には定型約款の根拠規定は存在しない。

改正民法では，定型約款の定義規定，定型約款に関するみなし合意要件，定型約款の内容開示義務，定型約款の変更に関する条項が新たに規定される。

定型約款とは，「定型取引（ある特定の者が不特定多数の者を相手方として行う取引であって，その内容の全部又は一部が画一的であることがその双方にとって合理的なものをいう。）において，契約の内容とすることを目的としてその特定の者により準備された条項の総体をいう」（改民548条の2第1項）とされている。

現代社会において，上記のような定型約款は，市民生活に関係する幅広い取引において利用され，大量の取引を合理的，効率的かつ迅速に行うため，重要な役割を有する。

改正部会では，定型約款として，運送約款や保険約款，銀行約款等が例示されており，日常生活において非常に身近に存在するものである。近年では，インターネットの流通により，パソコン等の通信機器で契約を締結する場合には，相手先企業等から，確認の上，同意を求められることも少なくない。

しかしながら，このような約款は，その定型性ゆえに，いわば「ワンクリック」で締結され，一つ一つの条項がきちんと確認されないことが多いとされてきた。

そして，内容を知る機会が乏しいゆえに，約款を作成していない側の当事者の利益が一方的に害されることも少なくなかった。このような問題がある

一方で，取引を円滑に迅速に，安定的に行うニーズもあることから，今回，改正民法では，定型約款の条文を新たに設けることになった。

2 定型約款の効果

改正民法548条の2第1項は，定型約款の締結を行った場合には個別の条項についても合意したとみなすと規定する。これは，細部にわたって契約を吟味しなかった場合でも，上記の取引の安定性の観点から，各条項についても，契約当事者間の合意があったものとされるとの趣旨である。一方で，「たくさんの条項の中に埋もれていて不利な条項を見落としてしまった」という事態が生ずることを防止するため，同条2項は，社会通念上，信義誠実の原則に照らし，相手方の利益を一方的に害すると認められる条項については「合意をしなかったものとみなす」としている。すなわち，このような不当条項は，契約内容にはそもそも含まれず，効力が生じない。消費者契約法10条にも，消費者契約において不当条項の規制があるが，改正民法の定款約款は消費者契約のみを対象としておらず，事業者間での契約にも当てはまることとなる。

3 建築・住宅関連分野における定型約款規定適用の可能性

現在，建築・住宅関連分野においては，住宅建築工事請負契約約款，住宅リフォーム工事請負契約約款，住宅瑕疵担保保険契約約款等，「約款」との名称の付された取決めが多数存在している。

しかしながら，これらの「約款」に一律に改正民法上の定型約款に関する規定が適用されるわけではなく，まず，上記❶で述べたように，「定型約款」は，①「ある特定の者が不特定多数のものを相手方として行う取引」であり，相手方の個性に着目せずに行う取引である必要がある。例えば，住宅建築工事請負契約は，本来的には，注文者の希望を重視して行うべき性質の取引と考えられるので，定型約款には当たらないと解されるケースが多いであろう。

次に，②「当該取引の内容の全部又は一部が画一的であることが両当事者にとって合理的である」必要がある。単に交渉力の格差があるために契約内

容が画一的である場合には，定型約款の合理性を満たしておらず，そもそも定型約款には当たらない。

すなわち，請負契約において約款が使用された場合であっても，交渉力の格差があるために注文者や下請業者が請負人や元請業者に当該約款に基づく契約を断ることができない（個別の条項の変更を求めることができない）ようなものについては，上記注文者や下請業者にとっては合理的といえず，定型約款には該当しないものと解される。

結果として，現時点において，建築・住宅関連分野において改正民法の定型約款規定が適用される可能性があるのは，保険約款等，一部に限られるのではないかと思われるが，今後，インターネット上でのリフォーム契約等，契約形態の多様化によっては，適用されるものが出てくる可能性もあると考えられる。

4 不当条項規制

約款には，様々なリスクを考慮し，問題が発生した場合に事前に調整する条項が設けられている。例えば，工事請負約款において工事が遅延した場合の条項がある。工事遅延には様々な要因が考えられ，請負人に起因する要因にとどまらない。しかし，請負人が定型約款の準備者であった場合において，注文者の要望に応えた施工である場合には例外なく請負人が免責される，との規定は，不当条項に該当する可能性が高いであろう。

他にも，定型約款の準備者側からの一方的な中止権や解除権が認められている場合において，他方当事者に生じた損害を賠償しないことを趣旨とする規定は不当条項に当たるとされる。

他方，瑕疵担保期間については，建築物の性質によって異なり，短期であるから不当条項であるとは一概にいえないと考えられる。

また，建築物に瑕疵がある場合の責任の所在についての条項も，不当条項になり得るかについては解釈の余地がある。現行民法では材料供給者を基準としているが，この民法の原則に反する条項だからといって全て不当条項と

277

はならないと考えられる。不当条項であるように思われても，他の規定で調整されている場合もあるし，何が不当条項に該当し，無効となるかについては，契約ごとに解釈が必要となる。

5 その他の定型約款に関する規定

(1) 定型約款の内容の表示

改正民法548条の3第1項では，定型約款の準備者は，①取引合意の前又は後の相当期間内に，②相手方から請求があった場合に，③遅滞なく，④相当な方法で，⑤その定型約款の内容を表示することが義務づけられている(既に定型約款を記載した書面・電磁的記録を提供していた場合を除く。)。同2項では，取引合意前に，正当な理由なく1項の請求を拒んだときは，定型約款の合意のみなし規定は適用されないとされる。

この規定は，定型約款の性質上，契約者に約款内容を知る機会を与えるものである。

④の「相当な方法」については，書面で行う場合や，利便性を考慮してメールやウェブ上の開示が考えられる。ウェブ上で開示する場合，そのリンク先を示すことも相当な方法に含まれるだろう。事業所に掲示する方法等，わざわざ足を運ぶ必要がある場合や，ウェブページへのログインが複雑で困難な場合などは相当といえないとされる場合もあるため注意が必要である。

(2) 定型約款の変更

改正民法548条の4第1項では，定型約款の変更を行う場合に，以下の①又は②の条件を満たす場合には，変更後の約款条項につき，個別に相手方との合意があったとみなされるとしている。

①相手方の一般の利益に適合するとき（1号），②変更が契約目的に反せず，かつ，変更の必要性，変更することがある旨の定めの有無及び内容の相当性等の契約変更の事情に照らし合理的であるとき（2号）である。

不当条項を一方的に新たに追加するような変更は，契約当事者間の合意があったとはみなされず，個別の合意が必要となる。

2項は，変更後の定型約款の効力発生時期を定め，その内容及び時期を周知すべきとし，3項でこの周知がなされない場合には，効力が生じない旨規定している。

4項では，契約内容の変更のみなし規定が不当条項の場合には排除されるとされている。

このように，改正民法は，定型約款の締結時のみならず，変更時においても，約款の内容を契約当事者が知り得ないときは，それ自体の責めを一方当事者に負わせることを妥当とせず，不利益に扱われないように保護し，公平な取引を目指しているのである。

Q7 不法行為債権の時効と合意による時効完成猶予

> 私は，建設会社の孫請け会社の社員で，建築現場で働く作業員ですが，建築現場の事故で大怪我をしてしまいました。労災は下りましたが，それだけでは納得がいかないので，損害賠償請求をしたいと思うのですが，事故の責任が誰にあるのか分かりません。
> ① いつまでに損害賠償請求をしなければならないでしょうか。
> ② 不法行為での請求と債務不履行での請求で違いが出ますか。
> ③ 消滅時効の完成を延ばす方法はありませんか。

(1) 不法行為による損害賠償請求権の消滅時効

不法行為による損害賠償請求権の消滅時効は，5年間にすべきという議論もあったが，最終的に，現行民法と同様，3年とされた（改民724条1号）。もっとも，人の生命又は身体を害する不法行為による損害賠償請求権については，「損害及び加害者を知った時」から5年間と変更された（改民724条の2）。

「加害者を知った時」とは，加害者に対する損害賠償請求が事実上可能な状況のもとに，請求可能な程度に知ったことをいうとされているから，合理的な期間で責任の所在を調査してから損害賠償請求をすればよい。

なお，以前は除斥期間と捉えられていた「不法行為の時から20年を経過した時」について，改正民法では消滅時効であることが明らかになるよう規定された（改民724条2号）。民法724条後段における不法行為の時から20年という期間制限について，最一小判平成元年12月21日民集43巻12号2209頁は，除斥期間を定めたものであり，除斥期間の主張が信義則違反又は権利濫用であるという主張は，主張自体失当であるとしている。これに対しては，学説上の批判が強く，その後の判例も具体的な事案の解決に当たっては，正義・公平の理念に照らして修正を図っているといわれている。そこで，時効期間の見直しに当たって，同条後段のような客観的起算点からの長

期の期間制限についても，除斥期間ではなく時効であることが明確にされたのである。

(2) 債務不履行と不法行為

債務不履行の消滅時効は5年とされているので，時効の面では，不法行為での請求のほうが時効期間は短い。もっとも，現在では安全配慮義務という概念が定着しており，労働契約法5条にも明文化されているので，現場での事故のような場合には，安全配慮義務違反があったとして債務不履行による損害賠償請求をすることができるケースが多いであろう。

(3) 協議を行う旨の合意による時効完成猶予

「協議を行う旨の合意による時効完成猶予」の制度が新設された。すなわち，権利についての協議を行う旨の合意が書面でされた場合には，①合意があった時から1年経過した時，②合意において当事者が協議を行うと定めた期間（ただし，1年に満たないものに限る。）が経過した時，③当事者の一方が相手方に対して協議の続行を拒絶する旨の書面による通知をした時から6か月を経過した時，のいずれか早いほうまでの間は時効が完成しない（改民151条1項）。合意による時効完成猶予期間中の再度の合意は有効であるが，通算で5年を超えることはできない（同条2項）。この「5年」という期間については様々な議論があり，上限を設けること自体について否定的な意見もあったが，あまりに長い期間協議の合意を続けることができるとすることも適当ではないとして，一応の区切りとして5年が採用されたようである。

さて，これまでは，債権者が時効の完成を阻止するためには，裁判上の請求や調停申立て等の手続によって時効を中断する必要があった。改正民法で新たに制定された，合意による時効完成猶予の制度は，債権者がそのような重い手続によることなく，また，債務者にとっても承認による時効中断（改正民法では「時効更新」）のような重い効果ではなく，一定期間時効完成が猶予されるという効果であることから，消滅時効の完成を延ばす新しい手段として有効であると思われる。

もっとも，最初の協議の合意は，もともとの時効期間経過前にしなければ

ならない（同条3項）。時効期間経過ぎりぎりに催告をして，その後もともとの時効期間経過後に協議の合意をしたとしても，その合意には効力がない。実務上，後の交渉を念頭に置いて催告をすることが多いことを考えると，この点には注意が必要である。反対に，協議の合意をしてその期間経過前に催告をした場合も，その催告に効果はないとされている。この点，例えば，現実の協議を続けていたが時効期間が満了しそうになったとき，あと6か月もあれば協議は調うであろうと考えた債権者が，とりあえず催告をしたが，不幸にも協議が調わず，なお協議続行する合意をしたい，というようなケースにおいて，問題が生じ得ることが，審議会で指摘されている。

V 保証・約款・不法行為

Q8 隣家の工事について

　Aは30年以上前に購入した一戸建て住宅に居住していますが、隣接建物に住むBが既存の建物を壊して新築を予定していることを、工事が始まって初めて知りました。Aはどのような工事予定なのか知るためBの工事現場に行くと、Bに依頼されたC建設に「説明するは必要ない」と強い口調で言われ、不安に思い役所で計画概要書を確認したところ、①B宅は境界ぎりぎりに建てるのでA宅の日照条件が極めて悪くなること、②建築に当たっては工事業者が自分の土地に入る可能性があることの各事実が判明しました。さらに、工事が実際に始まると、③工事業者が朝6時から搬入をすることがあり、Aが住むに耐え難い状況となりました。
　AはB、Cに対し、どのような法的手段をとり得るでしょうか。

(1) 隣接建物の工事によるリスク

　隣接地に新築又は改修工事が始まると、その計画内容や実際の工事方法によってトラブルが生ずることは少なくない。

　大規模計画となれば、周辺住民に対する説明や協定等をとるように条例によって義務づけられているが、その説明方法が不適切であったり、工事計画があまりにも周囲の不動産価値を考慮しない内容であったりすれば、損害を蒙る人々が一致団結をして住民運動へと発展する。

(2) 建設前・建設中の法的手段

ア 差止請求訴訟・工事禁止の仮処分

　隣接建物の工事が、建物所有権、人格権、環境権などを侵害する場合は、これらの権利に基づく差止請求訴訟、工事禁止の仮処分を求めることができる。また、併せて損害賠償を請求できる（民709条）。

　一般的に、差止訴訟は判決までに1年以上の期間がかかることが多く、認

められる要件は厳しいものの，2～4か月で決定が出る工事禁止の仮処分が選択されることが多い。

これらの訴訟の判断基準は，各権利によって様々であるものの，概括していえば，侵害されている権利の性質を踏まえ，被害の種類，内容，被害者側の損害回避可能性，防止措置の効果，代替手段の可能性，差止めによる犠牲にされる利益と差止めを認めないことによる損失の利益を比較衡量して判断される。

① 日照権

建築基準法の日影規制によって，高さ7～10m以上又は3階建の建物では，隣地の日影時間が確保されるようになっている。

建築基準法の日影規制において許される場合には，およそ不法行為に当たらないと考えられるので，これらの建物については日照権侵害で争うことは困難である（もっとも，保育園・学校等の施設について日照権侵害が認めた裁判例もある。）。

しかし，10m未満の建物や，増築の場合，建築基準法の規制を受けないために，そもそも日照権を検討していないことがあり，受忍限度を超えるような場合も見られる（最三小判昭和47年6月27日民集26巻5号1067頁，東京地判平成10年10月16日判タ1016号241頁，東京高判平成14年11月18日判時1815号87頁）。

② 通風権

③ 景観権

④ 騒音・振動（騒音規制法，振動規制法）

騒音・振動は各地域の条例で定められている。住宅地域では昼は40～45dbであり，建築計画がそもそも騒音をもたらす可能性がある場合は，同権利を侵害するとされる。

⑤ その他法令・条例違反

建築基準法42条の接道義務，条例等の要件を充たさない建築計画は，人格権などの侵害が認められ得る。

イ 工事方法

建築工事は受忍限度を超えるような施工方法は許されない。

どのような程度で受忍限度違反となるかは，各地域の条例で細かく規制され，地域によって様々である。また，法律・条例で規定されないことでも，平穏な生活を侵害するような工事方法は人格権の侵害となり得る。

法律・条例違反の工事方法が認められた場合は，警察・行政等に，相手方に対して工事中止又は是正を申告するように求めるとともに，場合によっては，損害賠償や，工事禁止の仮処分を請求することが検討し得る。

① 騒音・振動（騒音規制法，振動規制法）

上記のとおり騒音・振動は条例で定められているが，工事期間の場合，概ね，騒音は80〜85db，振動は65〜70dbが限度とされる。

大規模な建築現場であれば，外部に騒音計を設置している場合もある。また，簡単な騒音計，振動計は，区役所・市役所で借りることができる。建築期間中，あまりに騒音が酷い場合には，差止仮処分などを検討し得る。

また，特定の騒音を発生する作業・振動を生ずる機械については，行政に7日前までに事前に届出を出すよう求める条例もある。特に，明らかに著しい騒音を起こす工事機械の作業は，特定作業に含まれている場合が多い。

② 工事時間

工事ができる作業時間，1日における延べ作業時間，同一場所における連続作業時間，日曜・休日における作業の可否が，場所ごとによって定められていることが多い。目安として，住宅街では，午前7時から午後7時までの作業時間，1日延べ10時間，同一場所の連続作業時間は6日以内，日曜・祝日は不可となる。

③ 工事車両の駐車（道路交通法）

道路使用許可を受けると，工事関係車両は，工事施工中に路上駐車できる。ただし，それは，工事の作業帯内であって，かつ，実際に工事等に使用し又は使用しようとする車両は道路に駐車することができることに限られる。

また，作業員運搬車や通勤用マイカーなどは工事車両に含まれない。

(3) 建設前・建設後の法的手段

実際に建物が建ってしまった後には、どのような法的手段が可能であろうか。建物建設によって、不動沈下、悪臭、騒音などの現実に損害が発生している場合は、人格権・環境権の侵害による不法行為に基づく損害賠償（民709条）を請求し得る。他方、日照、通風、景観のように、そもそも享受していた権利を阻害するにとどまる場合は、その建築が社会観念上妥当な権利行使としての範囲を逸脱している場合に限り、不法行為に基づく損害賠償請求をなし得る。

損害の程度があまりに著しい場合は、物権・人格権・環境権に基づく一部建物撤去の請求をなし得る。

ア　地盤沈下

隣接建物の工事によって地盤沈下が生じた場合、施主・請負人ともに当該隣接建物の傾斜、損傷を防止する注意義務があり、同義務違反として、工事を発注した建築主と、工事を施工した請負人の両名に対する共同不法行為に基づく損害賠償の請求をなし得る。

隣接建物が元から構造上の欠陥を有しているような場合を除いて、概ね損害賠償請求が認められる傾向にある（大阪地判昭和55年2月20日判時968号94頁、京都地判平成26年9月17日判時2249号72頁）。

イ　建築基準法違反の建物

建築基準法違反の建物が建築された場合、近隣住民は、行政に対して建築除去命令を出すように求めることができるが、建主がこれらの命令に従わない場合もある。

建築基準法違反が直ちに不法行為に該当するとはいえず、その建物の存続が、社会観念上妥当な権利行使としての範囲を逸脱している場合にのみ、権利の濫用として不法行為の損害賠償が認められる（前掲最三小判昭和47年6月27日）。

(4) **A（隣家の住人）のとり得るべき行動**

Aは、Bに対して、

① 日照権侵害がある場合には，日照権に侵害に基づく工事差止請求訴訟，工事差止めの仮処分
② 建築期間中に土地に入らないようにするための土地侵入禁止の仮処分
③ 6時からの工事車両の侵入に対して警察・行政に指導を求め，同時に，裁判所に対し当該工事方法の禁止の仮処分

の法的手段をとり得る。

このような裁判を見越した上で，AはBに対し，C建設の工事方法を是正するように話合いの場を持ち，工事内容・工事方法の適切な取決めを持つべきであろう。

しばし，工事業者は期間内に建てられないと施主に対する遅延損害金が生ずるために，違法を承知で強行的に工事を進める場合があり得る。施主であるBも話合いの場に入れて取決めを求めるほうが話がスムーズにまとまることがある。

(5) B（施主）のとり得るべき行動

ア 施主にとって，工事が始まってからの工事遅延は，工事経費，引越経費が加算し，著しい問題となる。また，その後もその場所で生活するのであり，近隣とは円満な関係を持っておくに越したことはない。

イ このような工事期間中の近隣との摩擦を避けるために，Bは自ら次のような行動をするべきであろう。

① 隣家に配慮した設計をすること，その不利益を適切に説明できる業者を選ぶこと

施主の希望だからという理由で，境界付近に高い建物を建てる，窓の眼隠しをしないなど，設計図から明らかに隣接建物に配慮できない業者は，その後トラブルを引き起こす可能性が高い。

② B自らが工事前の挨拶を行う

できる限り施主自らが挨拶するか，少なくとも直接施主への連絡先を伝えるとよい。介護や育児をしている家庭や，一人暮らしか，など，各人に合った配慮が可能となる。実際に工事の不満は，現場監督よりも近隣住民から直

接施主に話が来る。

③　工事期間中に現場を確認する

　現場に自ら赴くと，工事の騒音や工事態度が確認できる。悪質な工事業者は，近隣トラブルを隠して強行的に違法な工事方法を行い，近隣トラブルを引き起こしても責任を持たず，施主だけが裁判・紛争に巻き込まれることがある。

④　工事期間に余裕を持つ

裁判例年月日別索引

【大正8年】

6.30 大判（民録25-1200）……… 241

【大正10年】

2.10 大判（民録27-255）………… 33

【大正15年】

11.25 大判（民集5-763）…………… 96

【昭和4年】

3.30 大判（民集8-226）…………… 34

【昭和5年】

4.16 大判（民集9-376）…………… 41

【昭和9年】

1.30 大判（民集13-103）………… 270

【昭和10年】

3.22 大判（法学4-1441）………… 270

【昭和12年】

6.15 大判（民集16-931）………… 270

【昭和24年】

10.4 最三小判（民集3-10-437）…… 9

【昭和36年】

5.26 最二小判（民集15-5-1440）‥ 157

【昭和37年】

6.11 仙台高判（下民集13-6-1179）‥ 93
6.21 大阪高判（判時309-15）‥ 132, 160
11.9 最二小判（民集16-11-2270）‥ 270

【昭和38年】

4.18 東京地八王子支判（判タ147-114）
………………………………… 71

【昭和39年】

12.18 最二小判（民集18-10-2179）‥ 269

【昭和40年】

9.10 最二小判（民集19-6-1512）… 25
11.24 最大判（民集19-8-2019）‥ 9, 93
12.3 最二小判（民集19-9-2090）… 97

【昭和42年】

8.16 山口地岩国支判（訟月13-11-1333）
………………………………… 39

【昭和43年】

2.23 最二小判（民集22-2-281）…… 24
12.24 最三小判（民集22-13-3413）‥ 108

【昭和45年】
7.16　最一小判（民集24-7-982）・・・108
9.10　最一小判（民集24-10-1389）・・241

【昭和46年】
1.27　東京地判（判タ261-314）・・・・108

【昭和47年】
2.29　東京地判（判時676-44）・・・・・・71
6.27　最三小判（民集26-5-1067）・・284

【昭和49年】
11.28　高松高判（判タ318-254）・・・・104

【昭和52年】
6.30　大阪地判（判タ366-273）・・・・108

【昭和53年】
3.16　東京地判（判タ369-247）・・・・108
9.21　最一小判（判時907-54）・・・・・・114

【昭和54年】
2.20　最三小判（判タ397-72）・・・・・・108

【昭和55年】
2.20　大阪地判（判時968-94）・・・・・286

【昭和56年】
1.29　東京高判（判タ437-113）・・・・222
2.17　最三小判（判時996-61）・・・95, 99

【昭和57年】
5.27　大阪地判（判タ477-154）・・・・131
6.17　最一小判（判時1058-57）・・・・・・10

【昭和58年】
10.27　大阪高判（判時1112-67）・・71, 227

【昭和59年】
3.29　東京高判（判時1115-99）・・・・・87, 222
9.18　最三小判（判時1137-51）・・・・・・16

【昭和60年】
10.30　東京地判（判タ593-111）・・・・105

【昭和62年】
2.18　大阪地判（判タ646-165）・・・・131
11.26　最一小判（民集41-8-1585）・・100

【昭和63年】
5.30　神戸地判（判時1297-109）・・・131

【平成元年】
12.21　最一小判（民集43-12-2209）・・81, 280

【平成2年】
2.27　東京地判（判タ743-180）・・・・・・66

【平成3年】
12.25　東京地判（判時1434-90）・・・・・・71

12.26　東京地判（判時1418-103）… 232

【平成4年】

10.20　最三小判（民集46-7-1129）… 34, 71, 114
12. 4　京都地判（判時1476-142）… 80, 219
12. 8　仙台高判（判時1468-97）… 228

【平成5年】

3.16　最三小判（民集47-4-3005）… 10, 93
3.29　東京地判（判時1466-104）… 27
8.30　東京地判（判タ844-252）… 202
10.19　最三小判（民集47-8-5061）… 101

【平成6年】

1.24　東京地判（判時1517-66）… 20
2.24　東京高判（判タ859-203）… 52, 228
3.22　最三小判（民集48-3-859）… 9
5.25　東京高判（判タ874-204）… 140
7.26　東京地判（判時1525-83）… 108
8.25　千葉地松戸支判（判時1543-149）
　　　　　　　　　　… 49, 135, 139
8.31　福岡高判（判タ872-289）… 203
9. 2　東京地判（判時1535-9）… 202

【平成7年】

1.30　神戸地姫路支判（判時1531-92）
　　　　　　　　　　… 228
3.14　水戸地判（判タ879-215）… 12

6.29　福岡高判（判時1558-35）… 19
8.29　東京地判（判時1560-107）… 52
8.31　東京地判（判タ911-214）… 202

【平成8年】

3.18　東京地判（判時1582-60）… 19
8.23　東京地判（判時1604-115）… 13

【平成9年】

2.14　最三小判（民集51-2-337）… 76
2.19　東京高判（判時1619-71）… 108
7.15　最三小判（民集51-6-2581）… 76
8.26　神戸地判（欠陥住宅判例1-40）
　　　　　　　　　　… 131
9. 8　神戸地判（判時1652-114）… 51
10.15　東京地判（判タ982-229）… 246

【平成10年】

3.20　札幌地判（判タ1049-258）… 222
5.11　東京地判（判タ994-187）… 53
5.28　東京地判（判タ988-198）… 12
9.16　東京地判（判タ1038-226）… 27, 54
10.16　東京地判（判タ1016-241）… 284
10.26　東京地判（判時1680-93）… 19

【平成11年】

1.28　東京地判（判タ1046-167）… 106
7.30　神戸地判（判時1715-64）… 138

【平成12年】

- 3.21 最三小判（判時1715-20）・・・・230
- 10.16 京都地判（判時1755-118）・・・・35
- 12. 4 東京地判（ウエストロー 2000WLJPCA12040002）・・・19
- 12.15 大阪高判（判時1758-58）・・・・・27

【平成13年】

- 1.29 東京地判（欠陥住宅判例2-126）・・・・・・・・・・・・・・・・・・・・・66
- 3.29 名古屋高判（判時1767-48）・・・11
- 11. 8 東京地判（判時1797-79）・・・・24
- 11.27 最三小判（民集55-6-1311）・・・35
- 12.19 東京地判（判時1787-128）・・・153

【平成14年】

- 9.24 最三小判（判時1801-77）・・50, 81
- 11.18 東京高判（判時1815-87）・・・・284

【平成15年】

- 1.24 東京地判（LLI/DB判例秘書 L05830207）・・・・・・・・・・・・・・・85
- 2. 5 名古屋高判（LLI/DB判例秘書 L05820284）・・・・・・・・・・・・・・91
- 2.25 神戸地判（裁判所ウェブサイト）・・・・・・・・・・・・・・・・・・・・80
- 3. 7 東京地判（LLI/DB判例秘書 L05830987）・・・・・・・・・・・・・・・85
- 4.10 東京地判（判時1870-57）・・・・・54
- 5.16 東京地判（判時1849-59）・・・・140

- 6. 4 東京地判（ウエストロー 2003WLJPCA06040004）・・・18
- 8.15 東京地判（LLI/DB判例秘書 L05833248）・・・・・・・・・・・・・・84
- 8.27 東京地判（LLI/DB判例秘書 L05833403）・・・・・・・・・・・・・・87
- 10.10 最二小判（判時1840-18）・・73, 129
- 11.14 最二小判（民集57-10-1561）・・・181

【平成16年】

- 4.23 東京地判（判時1866-65）・・・・139
- 5.26 東京地判（LLI/DB判例秘書 L05932207）・・・・・・・・・・・・・・84
- 6. 3 東京高判（金判1195-22）・・・・・77
- 7.26 東京地判（判例集未登載）・・・・106
- 7.30 東京地判（判時1887-55）・・・・・13
- 12. 2 大阪高判（判時1898-64）・27, 157
- 12.17 東京地判（判例集未登載）・・・247
- 12.22 東京地判（LLI/DB判例秘書 L05935205）・・・・・・・・・・・・・・85

【平成17年】

- 1.27 東京地判（ウエストロー 2005WLJPCA01270016）・・・11
- 4.26 大阪地判（判タ1197-185）・・・227
- 6.24 最二小決（判時1904-69）・・・・・40
- 8.26 名古屋地判（判時1928-98）・・・49
- 9.16 最二小判（判時1912-8）・・・・156
- 11.30 横浜地判（判自277-31）・・・・・40
- 12. 5 東京地判（判時1914-107）・・43, 54

【平成18年】

1.20　東京地判（判時1957-67）136, 139
1.31　東京地判（LLI/DB 判例秘書
　　　　L06131074）・・・・・・・・・・・・・・・140
2.15　東京高判（判タ1226-157）27105
3. 9　福岡高判（判タ1223-205）‥43, 53
6.12　最一小判（判時1941-94）‥‥218
6.30　甲府地判（判タ1268-204）‥‥84
8.31　東京地判（判タ1256-342）‥‥232
12. 8　東京地判（判時1963-83）‥25, 53

【平成19年】

1.16　大阪地判（判タ1355-143）・・・217,
　　　221, 243
3.26　東京地判（ウエストロー
　　　　2007WLJPCA03260006）‥245
4.25　東京地判（ウエストロー
　　　　2007WLJPCA04258002）‥‥44
6.29　東京地判（LLI/DB 判例秘書
　　　　L06232769）・・・・・・・・・・・・・・・85
7. 6　最二小判（民集61-5-1769）・・・82,
　　　119, 182
7.23　東京地判（判時1995-91）・・・・・49
12.25　東京地判（判時2033-18）・・・・・34

【平成20年】

1.25　東京地判（判タ1268-220）・・・183
3.27　東京地判（ウエストロー
　　　　2008WLJPCA03278014）‥‥34
4.11　東京地判（ウエストロー
　　　　2008WLJPCA04118009）‥‥44

4.28　東京地判（判タ1275-329）‥‥53
5.16　東京地判（ウエストロー
　　　　2008WLJPCA05168002）・・・24
5.20　大阪地判（判タ1291-279）‥‥27
5.29　東京高判（判時2033-15）・・・・・52
6.24　東京地判（ウエストロー
　　　　2008WLJPCA06248012）・・・35
6.25　大阪地判（判時2024-48）‥‥24
7. 8　東京地判（判時2025-54）‥49, 51
9.19　東京地判（ウエストロー
　　　　2008WLJPCA09198003）‥25, 44
9.24　東京地判（ウエストロー
　　　　2008WLJPCA09248007）‥34, 42
10.15　東京地判（ウエストロー
　　　　2008WLJPCA10158005）‥24, 34
10.29　奈良地判（判時2032-116）・・・118
11.10　東京地判（判時2055-79）・・・・・18
11.19　東京地判（判タ1296-217）・・・35
12.26　東京地判（ウエストロー
　　　　2008WLJPCA12268011）・・・34

【平成21年】

1.27　東京地判（ウエストロー
　　　　2009WLJPCA01278029）・・・35
1.28　東京地判（ウエストロー
　　　　2009WLJPCA01288011）・・・52
2.13　東京地判（ウエストロー
　　　　2009WLJPCA02138002）・・・43
2.24　名古屋地判（判時2042-33）・・・40,
　　　119
4.10　東京地判（ウエストロー
　　　　2009WLJPCA04108001）・・・27

4.15	前橋地判（判時2040-92）‥‥ 119		3.8	東京地判（ウエストロー2010WLJPCA03088001）‥‥ 53, 132
4.23	東京高判（判例集未登載）‥‥ 165		3.18	東京地判（判タ1340-161）‥‥ 104
5.27	東京地判（判タ1304-206）‥‥ 118		3.26	東京地判（ウエストロー2010WLJPCA03268023）‥‥ 42
6.4	名古屋高判（消費者法ニュース82-264）‥‥ 49		5.27	東京地判（判タ1340-177）‥‥ 43, 183
6.15	東京地判（ウエストロー2009WLJPCA06158003）‥‥ 42		6.1	最三小判（民集64-4-953）‥‥ 126
6.23	福岡地小倉支判（判タ1327-85）‥‥ 118		6.17	最一小判（民集64-4-1197）‥‥ 50, 227
6.26	東京地判（ウエストロー2009WLJPCA06268002）‥‥ 34		6.29	東京地判（ウエストロー2010WLJPCA06298001）‥‥ 34
6.30	東京地判（ウエストロー2009WLJPCA06308006）‥‥ 24		7.23	さいたま地判（裁判所ウェブサイト）‥‥ 34
7.31	東京地判（判タ1320-64）‥‥ 118		10.7	東京地判（ウエストロー2010WLJPCA10078003）‥‥ 45
9.11	東京地判（ウエストロー2009WLJPCA09118004）‥‥ 42		10.29	名古屋高判（判タ1363-52）‥ 119
9.25	東京地判（ウエストロー2009WLJPCA09258014）‥‥ 10		11.25	東京地判（判時2108-79）‥‥ 119
9.29	東京地判（ウエストロー2009WLJPCA09298023）‥‥ 42			**【平成23年】**
10.1	東京地判（消費者法ニュース82-267）‥‥ 52, 66		1.26	東京地判（判タ1358-148）‥‥ 118
10.16	東京地判（判タ1350-199）‥‥ 10		1.27	東京地判（判時2110-83）‥‥ 42
10.29	東京地判（ウエストロー2009WLJPCA10298003）‥‥ 35		2.23	東京高判（判タ1356-156）‥‥ 119
10.30	京都地判（判時2080-54）‥‥ 119		3.30	東京地判（判タ1365-150）‥‥ 119
11.12	東京地判（ウエストロー2009WLJPCA11128010）‥‥ 10		4.20	東京地判（ウエストロー2011WLJPCA04208001）‥‥ 34
	【平成22年】		4.22	最二小判（民集65-3-391）‥‥ 22
			4.22	最二小判（民集65-3-1405）‥‥ 16, 47, 158, 159
2.19	東京地判（判タ1358-130）‥‥ 76		5.25	東京地判（判タ1392-169）‥‥ 118

6.22 東京地判（ウエストロー
2011WLJPCA06228004）… 13

7.21 最一小判（判時2129-36）… 120, 182

10.21 東京地判（ウエストロー
2011WLJPCA10218002）… 53

【平成24年】

1.31 横浜地判（判タ1389-155）… 116, 183

2.7 京都地判（判自361-90）… 108

2.28 東京高判（判時2167-36）… 119

3.27 東京地判（判時2159-88）… 24

3.29 奈良地判（判自372-93）… 108

4.17 東京地判（ウエストロー
2012WLJPCA04178011）… 44

6.8 東京地判（判時2169-26）… 49

8.9 東京地判（ウエストロー
2012WLJPCA08098021）… 24

11.14 東京地判（ウエストロー
2012WLJPCA11148011）… 233

【平成25年】

1.16 東京地判（判時2192-63）… 31

2.28 最一小判（民集67-2-343）… 115

3.22 最二小判（裁判所ウェブサイト／裁判集民243-83）… 126

3.26 東京地判（判時2198-87）… 106

4.18 東京地判（ウエストロー
2013WLJPCA04188011）… 10

8.21 東京地判（ウエストロー
2013WLJPCA08218002）… 160

9.4 東京地判（ウエストロー
2013WLJPCA09048015）… 10

【平成26年】

4.15 東京地判（ウエストロー
2014WLJPCA04158008）… 132

4.18 東京地判（ウエストロー
2014WLJPCA04188006）… 12

5.14 東京地判（ウエストロー
2014WLJPCA05148014）… 91

5.16 東京地判（ウエストロー
2014WLJPCA05168016）… 252

5.23 東京地判（判タ1416-165）… 42

9.17 京都地判（判時2249-72）… 286

10.1 東京高判（判例集未登載）… 247

【平成27年】

3.25 東京地判（LLI/DB判例秘書
L07030267）… 183

295

改正民法・品確法対応
Q&A 住宅紛争解決ハンドブック

平成29年9月10日　第1刷発行

編　著　第二東京弁護士会住宅紛争審査会運営委員会

発　行　株式会社ぎょうせい

〒136-8575　東京都江東区新木場1-18-11
　　　　　　電話　編集　03-6892-6508
　　　　　　　　　営業　03-6892-6666
　　　　　　フリーコール　0120-953-431
　　　　　　URL：https://gyosei.jp

〈検印省略〉

印刷　ぎょうせいデジタル㈱　　　　©2017 Printed in Japan
※乱丁・落丁本はお取り替えいたします。

ISBN978-4-324-10384-5
(5108366-00-000)
〔略号：住宅紛争ブック〕